사회복지학의 이해

서 윤 강병연 박연희 서강훈
심미연 오복희 유명원 이원식
공저

Introduction to SOCIAL WELFARE

학지사

머리말

20세기 말엽에 찾아온 경제적 혼란은 선진복지국가를 지향하는 한국 사회를 엄청난 소용돌이에 휘말리게 하였고, 실직자와 노숙자를 대량으로 양산하였다. 특히 부모의 가출과 이혼 등으로 인한 가족해체는 사회구성의 기반을 흔드는 사회문제로 대두되었고, 저출산, 고령화의 추세는 사회복지정책에 새로운 방향을 모색하게 하였다. 즉, 사회복지정책을 효과적으로 실천해나가기 위한 제도적인 장치를 마련하는 한편 체계적인 사회복지실천을 강구하도록 한 것이다.

이 책은 원광대학교 대학원에서 사회복지를 연구하고 있는 교수 및 박사과정 대학원생들이, 학생 및 사회복지기관에서 근무하는 실무자를 위하여 제도화된 사회복지의 개괄을 이해하기 쉽도록 정리한 사회복지 개론서다.

이 책은 제1부 사회복지원론과 제2부 사회복지실천으로 구분되며, 총 16장으로 구성되어 있다. 집필진을 살펴보면, 서윤(제1장 현대사회와 사회복지, 제10장 노인복지), 박연희(제2장 사회복지의 개념, 제11장 장애인복지), 오복희(제3장 사회복지의 발달, 제12장 가족복지), 심미연(제4장 사회보장, 제13장 의료사회사업과 정신보건사회사업), 서강훈(제5장 사회복지 정책 · 행정 제14장 산업복지), 이원식(제6장 사회복지실천방법, 제7장 지역사회복지), 유명원(제8장 사회복지서비스, 제16장 교정복지), 강병연(제9장 아동 · 청소년복지, 제15장 학교사회사업) 등 여덟 분이 수고해주셨다.

이 책을 발간하게 된 궁극적인 목표는 이 책을 대하는 모든 분들께 사회복지에 대한 폭넓은 이해를 바라는 마음에서 시도한 것이므로 부족한 점이 있다면 독자 제현의 기탄없는 질정을 바라는 바다.

지난 봄부터 머리를 맞대고 준비해온 『사회복지학의 이해』는 수차례의 원고 교정과 워크숍, 편집회의를 통해 얻은 결과물이다. 글을 마치려니 지난날들이 주마등처럼 눈앞을 스쳐간다. 이 책이 세상의 빛을 보게 되기까지 수고해주신 집필진 여러분들께 이 자리를 빌려 심심한 감사의 말씀을 전한다. 원고를 수집하고 정리하느라 애쓴 오복희 선생과 졸고를 마다 않고 책으로 묶어주신 도서출판 학지사 김진환 사장님께도 감사드린다. 힘든 시절에 책을 묶어주신 은혜로움만큼 사업 또한 더욱 번창하시길 기원한다.

2005년 1월

공동 집필자 대표 서윤

차 례

제1부 사회복지원론

제1장 현대사회와 사회복지

1. 인간과 사회환경

1) 인간에 대한 이해

인간은 사회환경 속에서 태어나 죽음에 이르는 순간까지 사회환경과 사회관계를 맺고 상호작용을 하면서 삶을 영위하게 된다. 아리스토텔레스가 인간은 사회적 동물이라 하였듯이 인간은 단순한 인간이 아니라 '환경 속의 인간' 인 것이다. 인간을 돕는 실천학문인 사회복지는 이 환경 속의 인간을 주된 관심 대상으로 한다. 사회복지는 인간을 이해하기 위해서 인간의 행동에 주된 관심을 둔다. 인간은 행동을 통해서 사회환경과 상호작용을 하고 사회관계를 형성하기 때문이다.

(1) 인간행동에 대한 이해

인긴행동은 인간의 신체적 움직임을 말한다. 최근에는 신체적 행동뿐만 아니라 사고나 인지과정 등의 정신적 행동까시 포함하고 있다. 이들 행동은 특정 목적을 위해 의식적으로 일어나기도 하고 무의식적으로 나타나기도 한다. 인간의 행동은 자극에 의해 일어나는데, 자극이란 행동을 일으키는 동기며 개인의 욕구라고 할 수 있다(최옥채 외, 2004).

이러한 인간의 행동은 인간의 발달에 따라 변화한다. 각 발달단계는 고유한 특징이 있어서 그 이전 단계나 이후 단계와 구분이 된다. 즉, 유아기, 아동기, 청소년기, 성인기, 노년기 등과 같은 각 발달단계마다 인간은 특이한 행동을 하게 되므로 발달단계별로 발달적 특징을 이해하여 행동유형을 파악하는 것은 인간행동 이해에 매우 유용하다.

인간은 사회환경과의 상호작용에서 바람직한 행동유형과 바람직하지 못한 행동유형을 보이게 된다. 즉, 정상행동과 비정상행동(이상행동) 적응행동과 부적응행동, 기능행동과 역기능행동이 그것이다. 이 행동들은 개인의 사회적 기능과 문제해결능력에 따라 좌우되는데 바람직하지 못한 행동유형인 이상행동, 부적응행동, 역기능행동은 개인에게 욕구와 문제를 갖게 하고 이로 인해 생활의 어려움을 유발한다. 사회복지는 실천적 개입을 통해 개인의 사회적 기능과 문제해결능력을 향상시켜 이상행동, 부적응행동, 역기능행동을 감소 또는 제거하는 것을 목표로 한다. 사회복지가 인간의 행동에 관심을 두는 이유가 바로 이 때문이다.

(2) 인간행동을 이해하는 방법

인간행동을 이해하는 방법에는 두 가지가 있다. 하나는 심리학적 방법이고 또 하나는 사회학적 방법이다.

심리학적 방법은 성격이론적 접근방법으로서 '인간은 왜 그렇게 행동하는가?' 하는 인간행동의 근거를 인간의 내면적인 심리와 성격에서 찾고자 한다. 사회학적 방법은 사회체계이론적 접근방법으로서 인간행동의 본질과 의미를 개인과 사회와의 관계 속에서 찾으며 인간행동의 근거를 문화와 사회라는 사회체계 속에서 찾고자 한다(최순남, 1997). 전자는 개인을 중심으로 한 미시적인 차원의 접근이며, 후자는 개인을 둘러싼 사회환경과의 관계에서 인간행동을 이해하고자 하는 거시적인 차원의 접근이다.

심리학적 방법에서는 인간행동을 이해하고 규명하기 위한 성격이론을 다양하게 모색하고 있다. 프로이트(Freud)를 중심으로 한 정신분석학적 성격이론가들은 인간행동이 유전적 기질, 특성, 또는 다른 내부의 심리적 힘에서 비롯된다고 보며, 스키너(Skinner)와 같은 행동주의 성격이론가들은 인간행동이 환경 속의 강화인자에 의해 비롯되고 변화한다고 말한다. 또 이 두 입장과는 달리 인본주의 성격이론가들은 인간의 자유의지를 강조하여, 사람은 자기가 하려고 마음먹은 것을 할 수 있다고 한다. 따라서 인간의 행동은 유전적 기질, 환경요인 그리고 인간이 가지고 있는 자율성에 의한다는 것이 전통적인 견해다. 반면 사회학습이론을 강조한 반두라(Bandura)와 같은 성격이론가들은 인간행동은 이 세 가지 요인들이 상호작용해 이루어지므로 세 요소 중 어느 것을 도외시하고서는 인간행동의 결정요인을 설명할 수 없다는 상호결정론의 입장을 취한다.

사회학적 방법에서는 많은 사회학자나 문화인류학자들은 인간이 개인, 가족, 집단, 조직, 지역사회, 그리고 문화로 구성된 사회체계 안에서 출생하고 성장하고 교육받으며 언어를 습득하고 행동양식과 가치를 내면화한다고 본다. 사회체계는 인간행동에 영향을 주는 기본체계이다. 사회체계론자들은 이러한 체계들 중 어디에 초점을 두느냐에 따라 의견을 달리한다. 즉, 개인을 사회체계 내의 단위로 보고 개인의 행동은 사회체계에 의해 결정된다는 거시적 입장과 개개인의 행동이 합해져서 하나의 사회체계가 이루어진다는 미시적 입장의 양극적인 견해를 보이고 있다.

파슨즈(Parsons)와 같은 거시적 기능주의자들은 전체체계인 사회를 중요시하기 때문에 인간의 행동은 사회의 목표나 욕구에 의해 변화되어 간다고 봄으로써 인간행동의 문화결정론을 주장한다. 그러나 반대로 베버(Weber), 미드(Mead), 그리고 블루머(Blumer)와 같은 사회적 행동주의자와 상징적 상호작용주의자들은 사회는 체계의 최소 단위인 개인행동에서 출발한다고 보고, 사회는 개인행동들로 구성되는 것이라고 하였다. 즉, 인간은 사회화과정에서 문화의 영향을 크게 받지만 문화환경을 무조건 받아들이는 것이 아니고 자율성을 가지고 선택적으로 받아들인다는 입장이다.

인간행동에 대한 이 두 가지 접근방법들은 모두 인간행동을 이해하고 문제를 해결하고자 하는 목표를 갖고 있으나, 사회복지가 대상으로 하는 인간은 환경 속의 인간이므로 어느 한 가지 접근방법만으로는 충분하지 못하며 두 접근방법이 서로 통합되고 조화되어야만 인간행동과 사회환경을 폭넓게 이해할 수 있을 것이다.

2) 사회환경에 대한 이해

(1) 사회환경의 개념

사회환경은 인간행동에 영향을 미친다는 점에서 중요한 의미를 갖는다. 인간의 삶이 사회환경 속에서 이루어지기 때문에 인간 및 인간행동을 이해하기 위해서는 사회환경에 대한 이해가 필수 전제가 된다.

사회환경은 인간의 제반 생활에 직접 혹은 간접으로 영향을 미치는 조건이나 형편을 말한다. 여기에는 당시의 사회가 추구하는 사회성격, 문화구조, 사회제도와 전통 등이 포함된다.

초기 사회학자들은 사회환경을 내부환경과 외부환경으로 구분하였다. 내부환경은 사회환경을 의미하고 외부환경은 자연환경을 의미하는데, 사회환경은 가족, 집단, 조직, 지역사회 등과 같이 인간을 구성원으로 하여 만들어진 환경에 한정하고 있다.

20세기에는 사회체계이론에 의해, 사회환경은 보다 넓은 개념으로 확대되었다. 사회체계이론은 사회환경에 자연환경과 인공적 환경을 포함시킴으로써 모든 환경을 포괄하고 있다. 자연환경에는 지형, 고도, 기후, 날씨, 천연자원 등이 포함되며, 인공적 환경에는 인간에 의해 만들어졌거나 건설된 환경으로서 공동주택단지, 공장, 대중교통수단, 매연 등이 포함된다(최옥채 외, 2004).

사회체계이론은 인간과 환경 간의 상호작용을 중시하는 체계이론에 기초하고 있다. 체계이론은 크게 사회체계이론, 일반체계이론, 생태체계이론으로 분류할 수 있다. 사회체계이론은 인간행동에 영향을 미치는 다양한 체계수준 즉 개인, 가족과 조직을 포함하는 소집단, 그리고 지역사회와 같은 보다 복잡하고 넓은 사회체계에 관심을 둔다. 일반체계이론은 유기체와 환경 간의 체계적인 상호작용 혹은 상호관련성에 대해서 전체성, 상호성, 개방성의 개념으로 설명하고 분석하려는 일반과학이다. 생태체계이론은 유기체가 환경 속에서 어떻게 역학적인 평형상태를 유지하고 성장해 가는지에 관심을 두고 있다. 각 이론들은 모두 다양한 체계 수준에 관심이 있으며, 인간과 환경 사이의 상호작용을 강조한다. 이 중에서 사회복지실천에 많은 영향을 준 사회체계이론에 대해서 살펴보기로 한다.

사회체계이론은 사회환경 및 사회환경을 구성하는 구성요소를 하나의 '체계'로 보았다. 체계는 어떤 형태의 규칙적 상호작용이나 상호의존성에 의해 통합된 조직으로서 한 체계의 요소들은 상호간에 상호작용하고 영향을 미친다. 뿐만 아니라 외부 체계들과 지속적인 관계를 맺음으로써 생존하게 되고 내적기능의 변화와 발달을 이루게 된다. 한 체계의 변화는 체계 자체의 변화에 머무르는 것이 아니라 다른 체계와 사회환경의 변화를 야기시킨다.

이 체계는 부분성과 전체성을 동시에 갖고 있어서 그 자체로 하나의 전체가 되면서 보다 큰 체계의 부분이 된다. 따라서 모든 체계는 다른 체계의 하위체계인 동시에 또 다른 체계의 상위체계다. 예를 들어, 가족은 하나의 체계이면서 동시에 사회의 하위체계이며, 가족성원의 상위체계인 것이다. 체계는 경계에 의해 다른 체계와 구분된다. 체계들간에는 상호의존과 상호작용을 하며 한 체계에서 일어난 변화는 다른 체계 및 전체 사회체계에 영향을 미친다. 따라서 사회환경을 구성하는 체계들은 모든 부분이 서로 연계되어 있어서 상호의존하고 상호작용하면서 영향을 주고받는다.

(2) 체계수준에 따른 사회환경

인간은 출생과 동시에 가족이라는 집단에서 성장하고, 학교라는 조직에서 교육을 받고, 사회라는 조직체계에서 일을 하면서 살아간다. 사람들이 개별적 및 집합적으로 살고 행동하는 사회환경은 개인이 속한 가족, 집단, 조직, 지역사회 등으로 구성된다. 이 가족, 집단, 조직, 지역사회 등과 같은 다양한 사회체계들이 인간행동에 영향을 미치는 주요한 사회환경이 된다.

① 가족

- 정의 : 가족은 사회체계 가운데 가장 기본적 단위이며, 인간이 발전시켜 온 기본적인 사회제도 가운데 가장 오래된 것으로서 인간의 성장과 발달에 필요한 것을 가르치고 양육하는 일차적인 집단이다. 가족은 친밀한 대인관계 경험의 토대를 제공하는 사회적 환경으로서 개인의 행동과 성격형성에 지대한 영향을 미친다.

  가족이란 부부와 그들의 자녀로 구성되는 기본적 사회단위로서 구성원들은 이익관계를 초월한 애정에 기초한 혈연집단이며, 같은 장소에서 기거하고 취사하는 동거동재 집단이다. 그 가족만의 고유한 가풍을 갖는 문화집단이며, 양육과 사회화를 통하여 인격형성이 이루어지는 인간발달의 근원적 집단임과 동시에 사회변동과 함께 의도적인 정치적 개입에 의해 변화하며, 그러한 변화에 대해서 역동적으로 적응할 수 있는 사회제도의 하나다(조흥식 외, 2002).

- 가족의 기능 : 가족은 다양한 대내외적 기능을 수행한다. 전통적인 가족의 기능은 종족 보존의 기능, 자녀의 양육과 사회화의 기능,

성적 욕구충족 및 성행위의 규제 기능, 경제적 부양기능, 교육의 기능, 종교적 기능, 보호의 기능 등이라고 할 수 있다. 그러나 이러한 가족의 전통적 기능들은 사회와 시대의 변화에 따라 많은 부분이 다른 사회제도로 이양되고 최근에는 가족이 담당하는 고유하고 핵심적 기능만 남게 되었다. 현대 가족의 고유한 기능으로는 첫째, 친밀한 관계의 근원 제공 기능, 둘째, 경제적 협조의 단위 기능, 셋째, 자녀 출산과 사회화의 기능, 넷째, 가족구성원에게 지위와 사회적 역할 부여의 기능 등을 들 수 있다.

- **가족의 유형** : 현대사회의 가족의 유형은 매우 다양하지만 대개 가족의 크기, 가족의 구성, 가족의 구조 등에 따라 핵가족, 확대가족, 노인가족, 한부모가족, 소년소녀가족, 재혼가족, 독신자가족 등으로 구분된다.

② 집단

- **정의** : 집단이란 두 사람 이상이 공동목적이나 관심을 가지고 모여서 서로 인지하고, 감정을 공유하며, 집단기능을 위해 규범을 만들고, 행동을 위한 목표를 수립하며 응집력을 발전시키는 사회적 조직형태를 말한다.

- **집단의 특성** : 놀린과 체스(Norlin & Chess, 1997)에 의하면 집단의 특성은 다음과 같다. 첫째, 일정한 구성원을 갖는다. 둘째, 공통된 목적이 존재한다. 셋째, 정체성을 갖는다. 넷째, 집단은 개인의 행동에 영향을 미친다. 다섯째, 상호작용은 일차적으로 정서적 맥락에서 이루어진다. 여섯째, 집단참여에는 한계가 있다.

- **집단의 유형** : 집단의 유형은 사회적 관계에 따라 일차집단과 이차집단, 집단의 구성 동기에 따라 자연집단과 형성집단, 구성원의 가입·탈퇴의 자율성에 따라 개방집단과 폐쇄집단, 집단의 목적에

따라 지지집단, 교육집단, 성장집단, 치료집단, 사회화집단, 과업집단 등으로 구분된다.

③ 조직

• 정의 : 현대사회는 조직사회이고, 우리는 일생의 대부분을 조직 속에서 조직의 구성원으로 활동하면서 조직과 불가분의 관계를 갖고 생활하고 있다. 즉, 조직 속에서 태어나고 조직에 의해 교육을 받으며, 조직을 위해서 일하고 조직 속에서 여가를 보내며 조직 속에서 죽어간다.

파슨즈(Parsons, 1960)는 조직이란 특정한 목표를 추구하기 위한 사회적 단위 또는 집단으로서 회사, 군대, 학교, 교회, 교도소 등이 조직에 포함되며 부족, 계급, 인종집단, 친목집단, 가족은 조직에서 제외된다고 하였다. 밀러(Miller)는 조직은 여러 가지 목표를 가지고 있으며, 목표를 추구하려고 상호작용하는 하위체계들로 구성된 체계라고 정의하였다.

• 조직의 특성 : 파슨즈(Parsons)는 조직은 첫째, 분업, 권력, 의사소통의 책임, 둘째, 조직의 협동노력을 통제해서 목표로 지향시키는 권력의 집중, 셋째, 구성원의 교체라는 세 가지 특성을 갖는다고 하였다.

골드너(1961)는 조직의 특성을 다음과 같이 세 가지로 정리하였다. 첫째, 조직은 하나의 체계이며 유기적인 속성을 갖는다. 둘째, 조직의 구조적 변화는 합리적인 작용에 의해서보다는 조직의 평형상태를 깨뜨리는 위협에 대한 누적적, 비계획적, 적응적 반응의 결과다. 셋째, 조직의 욕구 중 가장 중요한 것은 목표의 달성이다.

• 조직의 형태 : 파슨즈(Parsons)는 조직의 형태를 개별조직과 사회전체와의 관계에 관심을 가지고 체계이론의 기본틀을 조직에 적용하여 각 조직이 사회의 유지 발전에 어떤 공헌을 하느냐에 따라

생산조직, 정치조직, 통합조직, 잠재적 형태유지 조직으로 구분하였다. 블라우와 스코트(Blau & Scott)는 조직의 활동으로부터 누가 가장 이익을 얻느냐를 기준으로 하여 호혜조직, 기업조직, 봉사조직, 공익조직으로 조직을 분류하였다. 에치오니(Etzioni)는 복종을 기준으로 하여 강제적 조직, 자발적 조직, 공리적 조직으로 구분하였다.

④ 지역사회

- **정의** : 지역사회란 다른 지역과 구별될 수 있는 독립적인 일정한 지역에 모여 살면서(지리적 공동), 구성원간의 상호작용을 통해 서로의 생활에 도움을 주며(생활의 공동), 같은 전통, 관습 및 규범 그리고 가치를 공유하는 공동체(문화의 공유)라고 할 수 있다(최순남, 1997). 이런 맥락에서 지역사회는 지리적 공간, 생활공간, 지역사회 주민, 조직, 상호작용으로 구성된다고 하겠다. 따라서 지역사회는 다양한 욕구나 문제를 가지고 있으며, 일정한 규모의 지리적 공간 안에서 지역사회 주민의 상호작용이 활발하게 이루어지고, 지역사회의 욕구나 문제를 해결하기 위해 사회복지실천이 가능한 일정 규모의 장이라고 정의할 수 있다.

- **지역사회의 특성과 유형** : 지역사회의 특성은 역동성, 변화성, 서비스 요구성, 변화능력, 다양성, 시민의 변화를 위한 최적 단위 등이라고 할 수 있다.

  지역사회의 유형을 로스(Ross)는 지리적 지역사회와 기능적 지역사회로 구분하였으며, 퇴니스(Tönnies)는 공동사회(Gemeinschaft)와 이익사회(Gesellschaft)로 구분하였다. 또한 지리적 위치에 따라서 농촌지역사회와 도시지역사회로 구분할 수 있다.

- **지역사회의 기능** : 워렌(Warren)은 지역사회의 기능으로 첫째, 생산 · 분배 · 소비의 기능, 둘째, 사회화의 기능, 셋째, 사회통제의 기

능, 넷째, 사회통합의 기능, 다섯째, 상호부조의 기능의 다섯 가지를 들고 있다.

2. 인간의 욕구와 사회문제

1) 인간의 욕구

인간은 생활 속에서 욕구가 발생하게 되고 이 욕구가 충족되지 않으면 생활에 부적응을 겪게 되거나 생활에 만족할 수가 없게 된다. 사회복지는 인간의 욕구 불충족을 해소시켜서 생활의 적응과 만족을 얻도록 하는 서비스다.

사회복지학에서 중요하게 고려되고 있는 욕구는 인간 욕구, 기본 욕구, 사회적 욕구다.

(1) 인간 욕구

욕구(needs)의 사전적 의미는 '무엇을 얻거나 무슨 일을 하고자 바라는 일' 이다. 심리학에서는 욕구를 '유기체가 건강한 상태를 유지하여야만 하는 세포가 지닌 본질' 로 규정하고 있으며, 일반적인 의미로는 '개인이 그의 복지에 유해한 것으로 느껴지는 어떠한 결핍 혹은 부족' 을 말한다. 욕구는 대부분 어떤 목적을 위해 좋은 것, 필요한 것, 필수적인 것을 의미하는 것으로 목적을 위해 필요하거나 필수적인 것이 결여되거나 결핍된 상태를 말한다.

사회복지학에서는 욕구를 '생존이나 안녕, 충족을 위한 신체적, 심리적, 경제적, 문화적, 사회적 필요' (Robert, 2003)라고 정의하거나, 또는 '인간이 사회생활을 영위함에 있어서 충족시켜야 할 기본적인 욕구를 일반적으로 나타내는 말' (대구대학교 사회복지연구소 편, 1985)이라고 설명하고 있다.

이상의 내용을 요약하면 욕구는 유기체가 존재하기 위해 필요한 것을 구하는 본질적인 현상을 의미한다고 할 수 있다.

인간의 일반적인 욕구의 내용을 적절하게 제시하였다는 점에서 사회복지학에서는 매슬로우(Maslow)의 욕구이론이 폭넓게 인용되고 있다. 그는 인간의 욕구를 다섯 단계로 분류하고 있다. 즉, ① 생리적 욕구, ② 안전의 욕구, ③ 사랑의 욕구, ④ 존경의 욕구, ⑤ 자아실현의 욕구 등이다. 이 욕구들은 세 가지 특징을 가지고 있다. 첫째, 그 욕구충족이 실패하였을 때, 상대적으로 역기능적이거나 혼란상태가 유발된다. 둘째, 욕구를 충족시켜 회복됨으로써 역기능을 치유할 수 있다. 셋째, 자유로운 상태에서 하나의 기본적인 욕구의 충족은 다른 욕구의 충족으로 옮아간다.

(2) 기본 욕구

기본 욕구는 두 가지 요소를 포함하고 있다. 어떤 최소한의 필요를 포함하는 것과, 필수불가결한 요소를 포함하는 것이다. 즉, 기본 욕구란 인간 욕구들 중에서 누구에게나 공통적이면서 필수불가결한 최소한의 욕구를 의미한다.

기본 욕구는 다음과 같은 특성을 지닌다. 첫째, 모든 개인에게 공통적으로 존재하는 욕구다. 둘째, 모든 개인에게 필수불가결한 욕구다. 셋째, 모든 개인에게 최소한의 수준으로 있어야 하는 욕구다(현외성 외, 1997).

(3) 사회적 욕구

사회적 욕구는 인간이 지닌 기본 욕구가 개인적 차원에서가 아니라 사회적 차원에서 발생 가능하다는 인식에서 존재한다. 즉, 사회적 욕구는 기본적 욕구들 중에서 사회적 맥락을 지닌 욕구를 지칭한다. 사회적 욕구는 기본 욕구의 사회직 특성을 반영하고 있다.

개인의 구체적인 욕구가 사회적 욕구로 규정될 수 있느냐 없느냐에 관한 결정은 궁극적으로는 특정 사회의 정치, 경제, 사회, 문화적 특성과 시대적 변천, 그리고 개인의 가치판단에 따라 달라진다. 하지만 사회적 욕구는 두 가지 중요한 의미를 가진다. 첫째, 그것의 해결방법은 사회적이고 공통적이라는 의미다. 둘째, 욕구 해결의 주 동기가 이윤의 추구가 되어서는 안 된다는 것이다(김상균, 1987).

브래드쇼(Bradshaw)는 사회적 욕구를 ① 규범적 욕구, ② 체감적 욕구, ③ 표현적 욕구, ④ 비교적 욕구의 네 가지로 분류하였다(김성이 외, 1997). 또 하비(Harvey)는 ① 음식, ② 주택, ③ 의료, ④ 교육, ⑤ 사회 및 환경, ⑥ 소비재, ⑦ 레크리에이션, ⑧ 이웃분위기, ⑨ 대중교통 등과 같은 9가지 영역에 관한 욕구를 사회적 욕구로 제시하였다.

2) 사회문제

(1) 개인문제

먼저 문제의 개념부터 살펴보면, 문제란 '사람에게 그에 대한 해결 욕구를 유발시키는 불만족스런 상태 또는 조건'이라고 규정된다. 문제는 인간의 욕구충족을 가로막는, 때로는 욕구의 불충족 그 자체인 것으로 해석된다. 그러므로 사회복지에서 문제는 일단 욕구와 연관된 것으로서 존재하며, 사회복지의 중요한 관심거리다. 문제와 욕구는 일대일의 상대적인 대응관계를 지니고 있어서, 사회복지를 통한 욕구의 충족은 문제해결과 예방이라는 것으로 연결된다(현외성 외, 1997).

욕구가 충족되지 못했을 때 문제가 발생하며, 그 결과로 인간으로서의 생활을 영위하는 데 개인과 그 가족은 어려움에 처한다.

문제는 크게 개인문제와 사회문제의 두 가지로 분류된다.

개인문제는 사람의 성격 및 타인과의 당면한 관계의 범위 내에 있는 문제를 말한다. 즉, 개인문제는 문제 발생의 원인과 특성이 개인적인 성격을 지니고 있어서 개인적 차원에서 개인의 힘과 능력으로 해결 가능한 문제다.

(2) 사회문제

사회문제는 문제 발생의 원인과 특성이 사회적 맥락을 지니고 있어서 개인적 차원의 해결이 불가능한 문제를 말한다.

일반적으로 사회문제가 개인문제와 다른 점은 사회문제가 지니고 있는 사회성과 보편성에서 분명히 구분된다. 사회성이란 개인의 욕구충족이 어려운 사건과 상태가 특정 문제에 직면한 개인의 책임보다는 상대적으로 사회적 제도나 구조상의 결함과 실패로 인하여 야기되는 경우를 말한다. 즉, 문제발생의 사회적 맥락을 의미한다. 보편성이란 사회문제가 지닌 부정적인 영향력이 특정 개인에게만 한정된 것이 아니라 사회구성원 전체에 보편적으로 미칠 수 있는 영향력이 높다는 의미를 갖는다.

이런 점에서 사회문제는 개인문제와 엄격하게 구분이 되지만, 사회문제의 발생에는 개인문제의 발생이 선행되어야 하는 것이 전제가 되므로 사회문제의 출발은 개인문제인 것이며, 이러한 개인문제에 불특정 다수성과 사회적 중요성이 결합됨으로써 사회문제가 등장하게 되는 것이다.

어떤 사회적 현상이 사회문제가 되기 위해서는 다음과 같은 조건들이 충족되어야 한다. ① 사회적 가치(또는 규범)에서 벗어나고, ② 상당수의 사람들이 그 현상으로 인하여 부정적인 영향을 받고 있으며, ③ 그 원인이 사회적인 것이며, ④ 다수의 사람들이나 영향력 있는 일부의 사람들이 문제로 판단하고 있고, ⑤ 사회가 그 개선을 원하고 있고, ⑥ 개선을 위하여 집단적 · 사회적 행동이 요청되는 것을 말한다(최일섭 외, 1995).

이런 점들을 토대로 사회문제를 정의하자면, 사회문제란 사회구조의 결함이나 모순을 원인으로 하여 정상적인 사회조직이나 사회질서를 유지하는 데 역기능적으로 작용하는 제반 사회현상이 사회적으로 확산되어, 많은 사람들이 의식하게 되고 사회적인 해결을 요구하는 문제다.

이러한 사회문제를 해결하기 위한 사회적 노력이 사회복지인 것이다.

사회문제의 유형은 다음과 같이 다양하게 분류될 수 있다. 먼저 사회생활을 저해하는 직접적인 원인에 따라서 실업문제, 빈곤문제, 불평등문제, 주택문제, 공해문제, 환경문제, 교육문제, 마약문제, 매매춘문제, 비행문제, 범죄문제 등으로 분류할 수 있다. 발생지역에 따라서는 도시사회문제, 농촌사회문제, 지역사회문제 등으로 분류할 수 있으며, 해당 인적 요인에 따라서는 아동문제, 청소년문제, 노인문제, 장애인문제, 노동자문제, 농민문제, 미혼부모문제 등으로 분류할 수 있다.

또 사회문제의 성격에 따라 ① 구조적 문제, ② 해체적 문제, ③ 일탈적 문제의 세 가지로 분류하기도 한다(김영모, 1982). 구조적 문제는 빈곤문제, 소득배분문제, 노동문제 등을 말하며, 해체적 문제는 가족해체, 환경문제, 인구문제 등을 말하며, 일탈적 문제는 범죄문제, 청소년비행문제, 알코올중독문제 등을 말한다.

3. 현대사회의 특징과 사회복지의 필요성

현대사회의 특징은 현대사회가 사회복지를 요청하게 되는 측면에서 논의되어야 할 것이다. 즉, 인간의 욕구와 문제가 현대사회에서 어떻게 야기되며 어떻게 해서 사회복지가 필요하게 되는가 하는 것이다.

현대사회의 특징은 주로 자본주의, 산업사회, 도시화, 핵가족화 등으로 설명된다.

1) 자본주의

자본주의 체제는 과거 봉건적 체제와는 전면적으로 다른 사회경제적 체제로 변화되어 오면서 새로운 인간의 욕구 창출과 사회문제를 야기시켜 왔고 그 결과 사회복지의 출현을 필요로 하게 되었다.

자본주의의 경제원리는 영리주의, 자유경쟁, 사유재산 등에 바탕을 두고 있다. 이러한 원리를 기본으로 하여 모든 국민은 평등하고 자유롭게 경제활동에 참여하게 된다. 경제활동에 참여하는 방법은 생산수단을 소유한 자본가와 노동을 제공하는 노동자로 구분되는데, 이 자본가와 노동자의 관계는 이상적이고 평등한 관계라기보다는 불평등한 관계로 이루어진다.

자본가는 영리주의의 원리에 의거하여 이윤의 극대화를 추구하게 되고 그 결과 부를 축적하게 된다. 반면 노동력을 제공한 대가로 받는 임금이 생계의 주된 원천인 노동자는 노동력의 보존과 재생산이 어렵게 되고, 게다가 자본가의 이윤의 극대화를 위한 노동의 착취에 시달리면서 생활의 궁핍화를 초래하게 된다. 자본의 속성에 의한 이윤의 극대화로 인하여 대부분의 부는 소수의 자본가에게 집중되고 대다수의 노동자는 낮은 임금에 생계를 의지해야 하는 상태에서 자본가와 노동자의 소득의 격차는 더욱 커지게 되고, 소수의 자본가에게 부가 편중되는 '부익부 빈익빈' 이라는 사회문제가 야기되었다.

따라서 대다수를 차지하는 노동자들의 빈곤문제에 국가가 개입하게 되었는데 이것이 사회복지의 출발이다.

자본주의 체제에서는 노동력 있는 노동자들의 생활 빈곤도 문제려니와 한편으로 노동력을 갖지 못한 사회적 약자도 국가의 보호를 필요로 하게 되었다. 자본주의 시장경제 원리에 참여하지 못하여 스스로 삶을 영위하기 어려운 자들을 그대로 방치할 수만은 없게 된 것이다. 국가는 생존권 보장의 측면과, 이들을 방치할 경우 사회적 안정을 해치거나 혼란을 초래할 수 있기 때문에 전체 사회의 질서 유지와 사회통제라는 목적에서 사회적 약자의 보호 책임을 지게 된 것이다.

이와 같이 자본주의 체제는 생존을 위협하는 노동력 있는 노동자들의 빈곤문제, 노동력을 갖지 못한 사회적 약자들의 생활곤란에 대한 국가적 개입을 필요로 하게 되어 사회복지가 대두되게 된 것이다.

2) 산업사회

산업혁명으로 인한 산업화의 진전은 산업사회를 이루었다. 산업화의 영향에 대해서는 축복과 파국이라는 엇갈린 견해가 존재한다. 축복의 측면에서는 물질적 풍요, 정치적 자유, 개인의 자유·행복 추구의 권리, 법 앞의 평등 등을 들 수 있고, 파국의 측면에서는 빈곤, 도덕적 타락, 배금주의, 비인간적 노동, 계급의 분화, 인간소외 등을 들 수 있다.

산업화는 몇 가지 특성을 보이고 있다. 첫째, 노동력의 성질을 변화시켰다. 농민, 장인 등과 같은 자영인이 임금을 받는 피고용 노동자로 바뀌게 된 것이다. 둘째, 산업, 질병, 직업으로 인한 상해, 노령 등은 갑작스럽게 소득을 중단시키게 되고 이것은 노동력에 생계를 의지하는 노동자의 빈곤을 초래하게 되었다. 셋째, 자본가계급과 노동자계급의 양극화와 소득의 격차는 빈곤문제와 사회의 불안정 문제를 야기했다. 넷째, 산업화는 도시화를 수반하게 됨으로써 공중보건문제, 주거문제, 도시환경문제 등을 발생시켰다. 다섯째, 산업사회는 잘 교육된 노동력과 일반 대중을 필요로 하게 됨으로써 일반 대중을 교육시키는 것이 불가피하게 되었다. 여섯째, 지역적, 직업적 인구 이동의 증대로 인한 대가족제도의 해체와 핵가족제도의 형성은 가족부양의 책임을 약화시켜 이것을 국가의 책임으로 이양시켰다. 일곱째, 정서적 유대감이 약화되어 무관심, 소외가 증대되면서 사회적 변화과정에 잘 적응하지 못하는 사람들이 많아지게 되었다(남세진, 1992).

이러한 산업화의 진전에 따라 산업현장에 종사하는 노동자는 점차 늘어나게 되고 이들은 산업활동에서 초래되는 각종 산업재해, 질병, 실업 등의 위험에 노출되게 되었다. 또한 퇴직한 이후의 소득보장문제, 산업화에 따른 기술인력, 대중 시민의 교육문제, 사회 구성원들의 분화와 계층화, 사회연대성의 약화, 가족부양 책임의 약화 등은 여기에 대처하는 사회복지의 필요성을 증대시켰다.

3) 도시화와 핵가족화

도시화는 인구의 이동을 통한 인구집중을 가져와서 거대도시를 형성하게 함으로써 생활방식이 많이 바뀌게 하였다. 도시에서는 거대하고 인구밀도가 높으며 이질적인 배경을 가진 인구가 새로운 생활방식에 따라 생활하게 됨으로써, 비인격적이고 실리적이며 단편적인 이차적 인간관계가 널리 퍼지게 되었다. 이동이 빈번해짐으로써 사람들은 피상적인 접촉을 하게 되었고, 사람들은 무관심하고 무감각한 태도를 갖게 되었다. 일차집단에 의한 통제가 사라지고 공식적이며 이차적인 통제의 중요성이 증대되었다. 또한 거대한 조직체와 자발적인 결사체들이 등장하는 한편, 개인들은 개별화되었고 사회생활은 원자화되어 참여의식의 상실을 가져왔으며, 대중매체를 통하여 쉽게 조종되게 되었다.

이러한 특성을 갖는 도시는 이익집단적이라고 할 수 있으며, 인간관계의 소외와 고독의 문제, 익명성의 문제 등은 전통적인 상호부조를 약화시키고 서로간의 관계를 경제적 이익에 입각하여 수립하게 한다. 따라서 도시의 인간관계는 기존의 전통사회가 가졌던 정의적인 관계를 상실하게 되고, 한정된 지역에 이질적인 사람들이 함께 거주함으로써 각종 사회문제, 즉 빈곤, 보건, 위생, 불량주택, 청소년문제, 노인문제 등을 빈번하게 발생시키게 된다. 도시화로 인한 이러한 문제들은 그 해결책으로 사회복지를 필요로 하게 된다.

핵가족화 역시 사회복지를 필요로 하고 있다. 전통사회의 가족 형태인 대가족은 가족 안에서 자급자족이 가능할 정도로 가족의 기능이 강했으나, 산업화와 도시화에 적합한 가족 형태인 핵가족으로 변화되면서 가족의 기능은 약해져서 전통사회에서 가족이 담당했던 기능을 담당하지 못하게 되었고 그것을 대신할 사회의 제도적 장치가 요구되게 되었다. 예컨대 핵가족과 맞벌이 부부의 확대로 인한 보육문제와 노부모 부양문제가 중요하게 대두되었고, 이에 대한 사회복지대책으로서 보육사업과 노인복지사업이 필요하게 된 것이다. 현대사회에서 핵가족

화로 인한 가족기능의 약화는 그것을 대체해줄 사회복지의 필요성을 더욱 증대시키게 된 것이다.

참고문헌

김상균(1987). **현대사회와 사회정책**. 서울대학교 출판부.

김성이 · 채구묵(1997). **욕구조사론**. 아시아미디어리서치.

김영모 편(1982). **현대사회문제론**. 한국복지정책연구소출판부.

남세진(1992). **인간과 복지**. 한울아카데미.

남세진 · 조흥식(1995). **한국사회복지론**. 나남출판.

대구대학교 사회복지연구소 편(1985). **사회복지사전**. 경진사.

박용순(2002). **사회복지개론**. 학지사.

이인정 · 최해경(2004). **인간행동과 사회환경**. 나남출판.

장인협 외 공역(1998). **인간행동과 사회환경**. 집문당.

조흥식 외(2002). **가족복지학**. 학지사.

최순남(1997). **인간행동과 사회환경**. 한신대학교출판부.

최옥채(2001). **지역사회실천론**. 아시아미디어리서치.

최옥채 외(2004). **인간행동과 사회환경**. 양서원.

현외성 외(1997). **사회복지학의 이해**. 유풍출판사.

Norlin, J. M., & Chess, W. A. (1997). *Human Behavior and the Social Environment: Social System Theory*. Boston: Allyn and Bacon.

Parsons, T. (1960). *Structures and Process in Modern Societies*. Glencoe. IL: Free Press.

Robert, L. B. (2003). *The Social Work Dictionary (5th)*. Washington, D. C.: NASW Press.

제2장 사회복지의 개념

1. 사회복지의 정의

1) 어의적 정의

사회복지는 social welfare로서 사회(social)와 복지(welfare)의 합성어다. 복지(welfare)란 'well'과 'fare'의 합성어다. 사전적으로 well은 satisfactorily, successfully, property fitting, reasonably 등의 뜻이고, fare는 state of thing으로 welfare는 '불만이 없는 상태', '만족할만한 상태'를 의미한다. 그러므로 복지란 안락하고 만족한 상태, 건강하고 번영한 상태를 말하며 행복 추구에 대한 가치 이념을 의미한다고 볼 수 있다. 따라서 복지(welfare)에 사회(social)란 말이 첨가되어 사회복지는 '사회적으로 행복한 생활상태'를 뜻하게 된다.

webster 사전에 의하면, welfare는 '안락하고 만족한 생활상태', 또는 '인간의 건강과 번영의 상태'라고 정의되어 있다. 이러한 이의의 배경에는 인간은 어떠한 상태에 놓여 있더라도 하나의 가치적인 존재이기 때문에 행복을 추구하여 충실한 삶을 누릴 수 있도록 하는 것이 우리들의 이상이며 생활목표가 된다는 사상이 내재되어 있다. 이러한 생활목표를 실현하기 위해서는 모든 사람에게 신체적, 정신적, 지적, 감정적 발달의 기회를 부여해야 하며 이것을 목적으로 실행하는 것이 사회복지실천인 것이다.

그러므로 사회복지란 한 사회나 국가의 가치관 또는 이념을 포함하는 소위 문화적, 정치 · 경제적 요소, 그리고 사회 구성원들 사이의 관계를 나타내는 총체적인 제반 사회적 요소를 말한다. 이러한 점에서 결국 사회복지는 국가에 따라 다양한 차이를 나타내며 한 국가 또는 사회의 역사적 흐름과 그 특성을 반영하는 산물인 것이다.

2) 이념적 정의

이념적으로 사회복지란 구체적 의미로 사용되기보다는 막연한 의미로 사용되는 일련의 성책과 제도를 목표로 하는 목적적 개념이다. 즉, 인간의 복지를 의미하고 있으며 한 국가와 사회에서 다양한 목적으로 응용되고 있는 사회복지적 시책들의 목표 자체가 사회복지라는 의미로 파악할 수 있다.

오늘날 사회복지가 지향하는 세 가지 이념은 다음과 같다.

- 풍요의 이념(the idea of abundance)
- 상호관계의 이념(the idea of mutuality)
- 개발계획의 이념(the idea of developmental planning)

즉, 인간은 기본적 욕구를 충족시키기 위하여 물질적으로 풍요하기를 바라며, 그들의 대인관계를 통한 사회적 요구를 충족시키기 위하여 사회적으로 평등하기를 바란다. 또한 물질적 풍요와 사회적 평등은 정치 · 사회 및 경제적 개발계획의 구체화로 가능하다. 따라서 사회복지는 다양한 사회문제를 해결하고 불평등의 요인을 해소시키는 데 있다. 국민의 생활향상을 위해서는 이러한 이념을 바탕으로 한 목표를 구체화해야 한다. 사회복지는 추상적이면서도 실천적인 개념을 공유하고 있어서 매우 다면적일 뿐만 아니라 관련분야에서 특수한 상태로 원용되며, 또한 시대와 사회에 따라 전개되는 사회복지의 역사적 배경이 다르기 때문에 명료하게 정의하기에는 어려운 점이 있다. 그럼에도 불구하고 목적 정의로서 사회복지의 개념은 현실사회에 존재하는 사회복지의 한계와 약점을 이해할 수 있게 해주는 동시에 지적 통찰력을 제공하는 유익한 기능을 한다. 이것은 현실적으로 사회복지 시책의 인도자로서 혹은 자극제로서 중요한 역할을 한다.

또한, 인간의 욕구 · 소득 · 보건 · 교육 · 주택 · 비행 · 자살 · 약물중독 · 사회환경 등 복지제도의 결함 또는 미비로 인한 제반 사회문제를 다루는 정부와 민간의 노력을 말하며 현대적 의미의 사회복지도 사회사업과 사회정책 · 사회보장 등 사회생활의 영위에 긴밀한 사회적 시책을 총칭한다.

3) 기능적 정의

사회복지는 목적달성을 위한 현실적인 수단으로 존재하는 것을 의미한다.

기능적 차원에서 사회복지의 개념을 명료하게 설명한 학자는 윌렌스키와 르보(Wilensky & Lebeaux)이며 잔여적 개념과 제도적 개념으로 구분하고 있다.

(1) 잔여적 개념

잔여적 개념은 보충적 개념으로 표기된다. 이 개념은 가족과 시장이라는 두 가지 사회적 기제의 기능성을 그 바탕으로 삼는다. 즉, 인간은 일차적으로 혈연집단인 가족을 통해서 그의 삶에 필요한 욕구와 필요를 충족시키며, 이들은 시장기제의 원리에 따라 자연스레 조정된다고 보는 것이다. 따라서 가족과 시장이 기능적으로 움직이지 못하거나 불충분할 때 제3의 대안으로서 사회적 책임에 의해서 사회복지 조직의 개입을 정당화하는 것이다. 이런 차원에서의 접근이므로 주로 요보호 상태에 놓인 사회적 약자가 중심 대상이 되며 좁은 의미의 사회복지라고 할 수 있다.

(2) 제도적 개념

제도적 개념은 현대산업 사회에 있어서 사회복지가 수행하는 정상적이며 우선적인 기능을 말한다. 이 개념은 어떤 긴급함이나 비정상적인 문제들에 국한되지 않는 광범위한 제도나 정책을 수립함으로써 사회복지문제에 대해서 예방적 · 계획적 · 조직적으로 대처하려는 측면이다. 즉, 문제를 지닌 사람들을 보충적으로 도와주는 것보다는 일차적인 사회제도로서 사전에 계획된 절차에 따라 도움을 주는 경우를 말한다. 따라서 현대산업사회에서 제도적 개념을 사회복지 실현에서 일차적 보호 기능을 하는 것으로 개념화되며, 사회복지를 복지권의 구현으로 간주하는 것이다. 이러한 차원에서 넓은 의미의 사회복지라고 할 수 있다. 한 사회가 위의 두 가지 개념 중에서 어느 것을 선택하는가에 따라 사회복지의 내용은 달라진다. 그러나 현실적으로 볼 때 이 두 개념이 항상 상호 배타적인 것만은 아니다. 실제로 미국에서는 윌렌스키와 르보(Wilensky & Lebeaux)에 의하면 사회복지의 개념이 시대적 상황이나 요구에 따라 그 개념이 다음과 같이 변화해 나아가고 있다.

- 보완적 개념에서 제도적 개념으로
- 자선의 차원에서 시민권으로
- 특수한 서비스 활동에서 보편적인 서비스 활동으로
- 최저기준의 달성에서 최적기준의 달성으로
- 개인적 개혁에서 사회적 개혁으로
- 자발적인 것에서 공공적인 것으로
- 빈민구제의 차원에서 복지사회 건설로 변화

2. 사회복지의 이념과 가치

사회복지의 이념은 일반적으로 사회복지의 주체, 대상, 기능 및 재원 등을 구속하는 이데올로기를 의미한다. 그 밖에 사회복지의 동기나 원리를 내포하기도 한다. 일반적으로 사회복지의 이념은 자유주의, 사회민주주의, 마르크스주의 등을 말하고 있으나, 이것 이외에도 인도주의와 민주주의, 개인주의와 집합주의, 자선사상과 박애사상, 자발주의와 협동주의, 선택주의와 보편주의 등이 지적되고 있다(김영모, 1999 : 61). 여기에서는 사회복지의 이념을 사회복지의 실천적 동기 중심으로 살펴보기로 한다.

1) 사회복지의 동기

사회복지 실천 활동은 인간의 욕구와 문제를 해결하기 위해 노력해왔다. 인간의 문제를 해결하고 욕구를 충족시키기 위한 노력의 총체로서 제도화된 것이 사회복지라면 제도화되기 이전의 많은 사람들의 사회복지에의 동기는 매우 중요하게 언급되어야 할 것이다. 일반적으로 사회복지의 동기로 제시되고 있는 종교적 · 인도주의적 · 공리주의적 및 전문직업적 동기로 분류하여 동기에 따라 발달사적 단계를 중심으로 살펴보면 다음과 같다.

(1) 종교적 동기

종교적 동기는 자선적 동기의 의미를 가진다. 인간은 사회적 · 종교적 동물이라는 전제하에서는 도움을 받는 자와 도움을 주는 자도 한 인간으로서 종교적인 가정과 신념을 가지고 있다. 타인을 돕는다는 것은 약자에 대한 본능적 동정심을 기반으로 하는 것이며, 인간의 정서에서 직접적으로 발생하는 가장 자연적인 개인적 시여의 형식으로 나타난다. 권리로서 사회복지의 개념이 부각되면서 종교적 동기에 의한 사회복지는 약화되었지만, 우리의 자원봉사활동이나 종교단체의 복지활동에서는 여전히 중요한 동기인 것은 틀림없으며, 사회복지 발전사에 미친 영향 또한 매우 크다.

(2) 인도주의적 동기

사회복지는 박애주의 · 인도주의 · 평등 · 사회 · 정의 등의 이념이 중요한 동기가 되어 하층계급과 빈곤자를 돕는 자선을 합리화시켜왔다.

(3) 공리주의적 동기

공리주의는 19세기 영국학자 벤담과 밀 등에 의해 제창된 것으로서, '최대다수의 최대행복' 을 인간행위의 규범으로 채택한다는 윤리학설이다. 이는 사회의 최대다수 구성원의 최대 행복을 늘리는 데 최고의 목적을 두는 주의로 사회 전체의 복지를 중시한다. 사회복지의 궁극적 목적이 모든 국민과 사회가 동시에 만족하고 바람직한 사회를 실현하고자 하는 데 있는 것을 공리주의적 동기에 기초를 두고 있다.

(4) 전문직업적 동기

사회복지는 역사적으로 종교, 자선, 박애 등의 동기에서 유래된 것이지만 사회복지사가 이와 같은 구제의 사명, 희생의 의타심 등의 동기에 사로잡힐 이유는 없다고 본다. 그것은 다른 전문직 즉 법률가, 의사, 교육자, 종교인 등이 자신의 철학과 기본원리에 입각해서 최선의 서비스를 제공하고 그 대가를 받는 것처럼 사회복지사가 맡은 일을 소신껏 수행해 나가는 것이 중요하다. 그러므로 사회복지사가 확고한 철학, 전문적인 지식과 기술을 가지고 사회복지서비스를 충실히 수행하는 것은 사회복지의 전문직업적 동기에 입각하고 있음을 말해준다.

2) 사회복지의 가치

인간의 행동에는 반드시 일정한 목표가 있다. 그 목표는 가끔 자신이 속한 기반이나 조직의 목표와 일치할 수도 있고 그렇지 않을 수도 있다. 인간은 누구나 장구한 시간과 특정한 공간을 거쳐 성장해온 사고방식과 생활방식을 기준으로 자신의 행동을 표출한다. 이때 사고방식과 생활방식은 자신이 속해 있는 기존의 가치체계와 대단히 밀접한 관계가 있다. 적극적이든 소극적이든 간에 어떠한 가치체계가 강하게 뒷받침하는 데서 국가발전은 물론 인간과 그들의 사회관계 유지가 지속되며 사회질서와 사회정의가 구현되는 것이다. 프리드랜더(Friedlander)는 사회복지사업의 기본적 가치관을 다음과 같이 제시하고 있다.

- 인간존중의 원리 : 모든 사람은 인간으로서의 가치 · 품위 · 존엄을 가진다.
- 자기존중의 원리(자기결정의 원리) : 개인이 무엇을 요구하며 그것을 어떻게 충족할 것인가를 자기 스스로 결정할 권리를 가진다.
- 기회균등의 원리 : 모든 인간에 대한 균등한 기회를 말하며 이는 각자의 능력에 따라 제한될 수 있다.
- 사회연대의 원리(상호부조의 원리) : 사람은 자기 자신 · 가족 및 사회에 대해 책임을 진다.

오랫동안 널리 인정받아왔던 사회복지의 가치는 '모든 인간의 가치와 존엄' 이었다. 위의 개념들을 총체적으로 요약해보면 사회복지의 가치는 개인주의적인 측면을 강하게 반영하고 있으며 사회복지가 사회의 복지이기 이전에 개인의 사회적 복지임을 깊이 인식해야 한다고 강조하고 있다. 오늘날 급격한 사회변동에 따라 가치관도 변화되고 있는데 이러한 변화를 적절히 수용해 나아가야 한다. 사회복지 관점에서 상호부조 · 인간존중 등의 가치관은 계승발전 시켜나가야 하며 평등사상 · 복지사상 · 효율성 등의 가치는 적절히 수용하여 우리의 것으로 발전시켜야 할 것이다. 현실적으로 부적절한 가치는 배제되어야 하겠지만 우리들이 계승해야 할 바람직한 사회복지의 가치들을 고찰해보면 다음과 같다.

- 인간존중의 사상
- 상부상조의 공동체 의식
- 자유와 평등사상
- 복지국가주의 목표
- 국가적 효율성

사회복지를 이해하고 관여하기 위해 기존의 전통적 가치는 물론 급격한 사회변동으로 요구되는 제 가치들을 총체적으로 내면화시켜서 자신의 가치관을 확립해야 한다.

이와 같은 가치관의 확립을 통해서 현존의 복잡한 제 사회문제를 해결하고 복지국가와 복지사회의 형성에 복지의 새로운 패러다임이 설정되어야 할 것이다.

3. 사회복지의 실천윤리

사회복지 실천윤리는 가치로부터 나오기 때문에 가치와 윤리 간에는 불가분의 관계가 있다. 가치는 무엇이 좋고 바람직한가를 논하고 윤리는 무엇이 옳고 바르냐를 논한다는 차이점은 있지만 사회복지사는 클라이언트 중심의 이타주의 가치를 중요한 요소로 삼는 전문직이기 때문에 윤리성이 크게 강조된다. 윤리란 사회적 관계에 있어서 사람으로서 마땅히 행하거나 지켜야 할 도리다. 이러한 맥락에서 볼 때 사회복지 전문직의 윤리는 전문인으로서 행하거나 지켜야 할 도리며, 이것이 바로 전문직 행동의 기준이 되고 원칙이 되어야 한다. 즉, 사회복지서비스가 클라이언트로 하여금 인간의 존엄성을 유지하고 사람답게 살

수 있도록 직접적인 도움을 줄 뿐만 아니라 그것을 뒷받침할 수 있는 제반 조건을 정비하는 것이라면 여기에는 개인과 사회의 가치가 필수적으로 반영된다. 특히 사회복지사는 사회적으로 취약한 사람을 대상으로 하는 전문직이기 때문에 클라이언트의 인격과 인권을 존중하는 윤리성이 강하게 강조되는 것이다. 이를 위해 한국사회복지사협회가 제정한 사회복지사 윤리강령을 중심으로 정리하면 다음과 같다(최옥채, 2001).

㉠ 전문가로서의 품위 · 자질 · 책임

사회복지사는 사회로부터 신뢰를 받고 활동하고 있으므로 이에 걸맞게 인격을 갖추어야 한다. 나아가 자신이 실천한 모든 업무에 자신감을 가지고 임하여야 하며 그 업무에 대해서는 책임을 질 수 있어야 한다.

㉡ 전문직의 가치 · 지식 · 기술

사회복지사의 품위와 자질을 높이는 길은 우선 사회복지사가 갖추어야 할 전문지식과 기술의 배양이라고 할 수 있다. 지식과 기술의 함양은 사회복지사로서의 가치관을 바탕으로 이루어져야 하고 이러한 기반에서 전문가로서 자신감을 가질 수 있어야 한다.

㉢ 공공복지를 위한 성실성

사회복지사의 활동은 매우 다양할 뿐 아니라 여러 전문 분야의 성원들과 접촉하고 함께 일하기도 한다. 이때 사회복지사는 자신의 영리를 위해 한치의 부정한 행위를 할 수 없으며 오직 클라이언트에 도움과 공공복지 향상에 힘써야 한다.

㉣ 클라이언트의 권익 우선

대부분의 클라이언트는 자신의 문제와 처해 있는 상황을 이유로 권리와 이익을 침해받고 있다고 해도 과언이 아니다. 그러므로 사회복지사는 여러 관계 속의 활동에서 먼저 클라이언트의 권익을 보호해야 한다.

㉤ 클라이언트의 자기결정권을 위한 도움

사회복지사는 클라이언트의 문제를 해결하는 데 해결사로 군림하는 것이 아니고 문제를 해결할 수 있도록 돕는 것이다. 그러나 클라이언트는 스스로 자신의 문제해결을 위해 판단하고 결정할 수 있는 능력이 결여되어 있는 경우가 많다. 따라서 사회복지사는 클라이언트가 최선의 결정을 내릴 수 있도록 배려해야 한다.

ⓑ 클라이언트에 대한 평등한 대우

사회복지사는 클라이언트의 환경, 즉, 그의 성, 나이, 사상, 종교, 지위, 계층뿐 아니라 지역적 제 특성을 불문하고 클라이언트에게 합당한 서비스를 제공해야 한다.

ⓢ 클라이언트의 생활에 대한 비밀보장

클라이언트는 이웃과 정부를 포함한 사회로부터 도움과 서비스를 받아야 하는 처지에 있으므로 자신들의 사생활과 관련 정보가 노출되는 것을 용납하지 않는다. 그러므로 사회복지사는 이들과 관련하고 있는 실상들에 대한 비밀을 보장해야 한다.

ⓞ 동료에 대한 존중과 신뢰

사회복지사는 자신이 근무하고 있거나 관계하고 있는 기관의 동료나 하급자, 상급자와 신뢰할 수 있는 관계를 형성해야 한다.

ⓙ 동료나 기관의 부정에 대한 합법적 대응

사회복지사는 동료 혹은 기관의 부정한 행위에 대해서는 합법적인 절차를 통해 해결해야 한다.

ⓒ 사회복지 발전을 위한 협력적 참여

사회복지사는 클라이언트와의 활동에 능동적이어야 할 뿐 아니라 사회복지 발전을 위한 관련기관이나 단체와도 협력하는 데 적극적으로 임해야 한다.

위에서 언급한 사회복지사의 윤리강령은 사회복지사가 인간의 존엄성, 정의, 공평 등의 가치를 추구하면서, 균등하고 차별없는 서비스를 받을 클라이언트의 권리를 존중하고, 사회복지사 개인의 이익을 배제하고 전문적 지식과 기술 개발을 위해 계속해서 노력할 것과, 전문가의 팀워크, 전문인으로서의 책임성 등을 강조하고 있다.

이상과 같은 사회복지사의 윤리강령은 사회복지사뿐 아니라 사회복지 분야에 종사하는 모든 사람들에게도 적용되어야 할 것이다.

4. 사회복지의 관점과 이데올로기

사회복지사는 이론적 관점의 차이에 따라서 사회현상과 사회문제에 대한 인식과 대응 방법에 차이가 있다. 또한 사회복지와 관련된 이데올로기로부터 사회복지는 직접적인 영향을 받을 뿐 아니라 그 가치와 원리, 방법까지도 결정된다고 할 수 있다.

1) 사회복지의 관점

사회복지는 이를 보는 관점의 차이에 따라서 정의에 차이가 있다. 여기에서는 사회복지 이론의 중심인 기능주의(functionalism)와 갈등주의(conflictism), 그리고 통합주의, 일명 신 갈등주의(neo-conflictism)에 대해서 살펴보겠다(이영철 외, 2002).

(1) 기능주의

기능주의 이론은 사회진화론에서 유래된 이론으로서 사회질서가 사회를 구성하는 사회성원의 일반, 즉 가치합의에 의해서 형성되었다고 보는 견해다. 기능주의자는 사회가 상호관련되어 있고 상호의존되어 있는 체계이며, 균형 · 조화 · 일치 · 합의로 구성되어 있다고 보고 있다. 이것은 생물학적 유기체의 유추에서 나온 것이다. 이러한 사회체계가 그러한 기능을 지속하지 않으면 사회는 해체되고 변화된다는 것이다. 기능주의적 관점에서 이론적 대상은 사회부적응으로 사회 구성원의 적응을 목표로 한다. 중심 이론으로서는 체계이론, 구조(기능)이론, 형태

이론, 구조기능분석이론 등이 있다. 대표적 학자로는 콩트(Comte), 뒤르켐(Durkheim), 파슨즈(Parsons), 머튼(Merton) 등이 있다.

사회복지의 기능주의적 접근방법은 다음과 같다. 첫째, 사회를 안정시키고 통합시키기 위해서 분열적 요소를 제거한다. 둘째, 사회 구성원으로 하여금 사회에 적응하도록 한다.

(2) 갈등주의

갈등주의 이론은 갈등론자들에 의해서 유래된 이론으로 사회질서가 힘과 강제 즉 지배와 복종으로 형성되었다고 보는 견해다. 사회란 이해관계에 의해서 형성되어 있고, 이익 또는 자원의 차이는 갈등을 일으키며 갈등이 사회복지를 증진시킨다고 본다. 그러므로 갈등론자들에 의하면, 갈등의 원인은 희소자원의 배분이 균등하게 재조정되고 자기의 지위를 개선하고 유지하며 자신의 이익을 추구하기 위하여 사회의 법률제도를 이용한다(김영모, 1982 : 10). 중심 이론은 갈등이론이며, 마르크스(Marx), 짐멜(Simmel), 다렌도르프(Dahrendorf), 코저(Coser) 등의 학자가 있다.

갈등주의적 접근방법은 첫째, 다수의 이익을 보장하려는 정책을 수립한다. 둘째, 전통적 사회사업에서 벗어나 자본주의 사회경제체제의 변혁을 원한다와 같은 특징을 갖고 있다.

(3) 통합주의

통합주의 이론은 갈등주의 이론과 마찬가지로 갈등론자들에 의해서 발전된 이론이다. 갈등을 사회악으로 보는 기능주의자들의 태도와는 달리, 갈등은 사회화의 한 형태로 사회를 분열시키는 것이 아니라 재통합시켜 준다고 주장한다. 이 이론의 중심은 신 갈등주의이며 사회복지의 통합주의적 접근방법은 다음과 같다.

첫째, 사회갈등의 제도화를 통해서 사회통합을 이룬다. 둘째, 소유와 경영의 분리, 중간계층의 활성화 및 계급갈등의 사회화를 주장한다. 셋째, 불균형 상태에 있는 체계부분간을 균형 상태로 환원하고 역동적인 통합을 주도한다.

2) 사회복지의 이데올로기

idea(신념)와 logie(논리)의 합성어인 이데올로기(ideology)는 한 개인 또는 한 집단이나 계층의 성원들에 의해서 공통으로 소유되는 신념이나 가치의 체계다. 그것은 소유집단의 사회적 위치나 상황집단이 지향하는 목표나 미래상 또는 가져야 할 이미지에 관한 신념체계로서, 집단 성원들은 이를 행동의 관계로 받아들이게 된다. 사회복지 제도나 실천 내용 역시 이데올로기로부터 직접적인 영향을 받을 뿐 아니라 그 가치와 원리, 방법까지도 결정된다고 할 수 있다.

5. 사회복지 구성체계

1) 사회복지의 구성개념

사회복지의 구성은 주체 · 객체(대상) · 방법(기능)으로 구성되어 있으며 이러한 구성 요소는 상호 밀접한 관계를 맺고 있다. 사회복지의 주체와 객체는 원조관계에 있으므로 이에 원조의 기능도 그것에 따라 결정된다.

전통적 개념에서 박애사업 · 자선사업 그리고 인보사업 등을 볼 수 있으며 현대적 개념인 사회복지 · 사회사업 · 사회계획 · 사회보장 등은 조사 협의 및 단체교섭과 같은 복지제도로서 나타난다. 이러한 산업사회의 복지기능은 사회의 통합과 연대를 조성해야 하는데 이것이 미흡하기 때문에 적극적으로 국가가 개입하고자 자발적 민간단체에 의하여 근대적인 복지제도가 발달하게 된 것이다. 현대 산업사회일수록 빈부간 또는 노사간 갈등이 심화되기 때문에 이러한 갈등 관계를 변화시키기 위하여 필요한 것이다.

2) 사회복지의 목적

(1) 사회복지의 일반적 목적

사회제도를 통해 혜택을 받는 개인이나 국민에 대한 목적은 다음과 같다.

- 인간의 존엄성 유지
- 인간다운 생활의 보장
- 자립적인 생활의 촉진
- 인간의 건강한 성장과 발달의 보장
- 정상화 이념의 확보
- 사회적인 통합의 촉진

여기서는 인간의 존엄성 유지와 개인의 자립성 유지, 그리고 개인적 성장과 발달을 중심으로 간략히 알아본다.

① 인간의 존엄성 유지

인간의 존엄성은 개인이 인종 · 종교 · 연령 · 성 · 교육수준 · 경제사회적 신분 등의 차이에 관계없이 한 인간으로서의 존엄한 가치를 지닌 존재라는 것을 의미한다. 인간의 존엄성 사상은 오랜 역사적 기원을 가지고 있지만 특히 현대사회에서 중시되고 있는 사상이며 가치로 간주되고 있다. 오늘날 복지국가를 지향한 세계의 모든 국가에서는 국민의 복지를 위해 요람에서 무덤까지 인간의 존엄성을 위한 각종 사회복지적 노력을 강구하고 있다. 한 개인의 존엄성을 확보해주기 위하여 그의 충족되지 못한 다양한 욕구에 대응하고 제반 서비스를 제공하고 있으며 특히 사회복지서비스를 제공하는 과정에 있어서도 개인의 존엄성 확보를 위해 세심하게 배려하고 있다. 우리나라 헌법 제34조에 의하면 "모든 국민은 인간다운 생활을 할 권리를 갖는다"고 명시되어 있다. 이것은 사회복지의 목적이며, 기본가치로서 중요한 의미를 지니고 있는 것이다. 즉, 인간다운 생활을 통해서 인간의 존엄성이 유지되고 확보되는 것을 사회복지의 최고 목표로 두고 있다.

② 개인의 자립성

사회복지의 이상과 목표는 타인에 의한 의존에서 벗어나 자기 스스로 삶을 영위하는 데 있다. 사회복지서비스가 아무리 전문적이고 수준이 높아도 자신의 생활을 결정할 수 있는 사람과는 비교할 수 없는 것이다. 자립의 목표는 개인이 스스로 자신의 생활을 결정하고 영위할 수 있는 자립성 혹은 자율성의 유지로서 사회복지 실천의 목표를 의미한다.

③ 개인적 성장과 계발

사회복지는 인간의 문제를 해결하고 예방하는 것은 물론 개인 · 가정 · 집단 · 지역사회 · 국가 등이 성장하고 발전할 수 있는 잠재력을 갖도록 하는 데 있다. 그러므로 사회복지는 모든 사람들이 각기 잠재능력에 따라 성장하고 발달할 수 있도록 원조하는 데 목표를 두고 있다.

(2) 사회복지의 사회기능적 목적

① 사회통합과 안정

사회복지에 대한 사회적 목표는 사회적 약자들의 어려움을 해결하고 사회질서의 유지와 사회안정을 도모하는 데 있다. 사회복지는 사회제도의 하나로서 다른 사회제도가 제 기능을 상실하게 되었을 때 그 제도를 일시적으로 보충하고 보완하게 함으로써 사회전체의 통합에 기여한다는 입장으로 이해되고 있다. 하지만 논의는 사회질서의 유지와 사회안정 혹은 사회통합이냐 그렇지 않으면 기득권의 유지와 현상유지를 위한 사회통제이냐 하는 상반되는 주장으로 대립되기도 한다.

② 경제성장과 안정

사회복지가 경제에 미치는 영향이 부정적인가 긍정적인가 하는 것은 역시 고전적인 논쟁거리가 되어왔다. 일반적으로 단기적으로 볼 때 사회복지는 경제에 '마이너스 효과'를 가져오지만 장기적으로는 '플러스 효과'를 가져오는 것으로 인정되고 있다. 사회복지가 경제성장에 플러스 효과를 가져오는 요인은 사회복지적 활동을 통해 인적자본의 질적 수준을 높임으로써 가능하다. 여기에는 건강과 보건 · 교육 · 주택 · 기타 사회복지 서비스 등이 노동자의 복지증진은 물론 노동력의 질적 수준을 향상시킨다는 것으로 이해된다. 대부분의 국가에서는 사회복지 재원으로서 누진적인 직접세를 채택하기 때문에 경기변동에 기여하는 바가 크다고 본다.

③ 정치적 안정

사회복지는 정치적으로 중요한 기능을 하는 것으로 오랫동안 인정되어 왔다. 이와 더불어 사회복지 발달 역시 정치적 소산이기도 하며, 어떤 경우에는 사회복지 대상자와 시민들의 정치적 권리의 신장과 조직적 활동 및 참여의 결과로 사회복지 수준과 내용이 끊임없이 성장 발달되어온 것도 사실이다. 그러므로 각종 사회복지제도에 불평등의 해소와 사회적 갈등을 해소하는 데 초점을 맞추어 나아가야 한다.

3) 사회복지의 주체

사회복지의 주체란 사회복지의 실천을 하는 주된 자가 누구인가에 대한 물음이다. 일반적으로 사회복지의 주체는 공공부문과 민간부문으로 구분할 수 있다. 공공부문은 국가와 지방자치단체이고 민간부문은 법인의 형태로 운영되는 것과 종교단체 · 기업 · 자원봉사단체 등으로 구성된다.

오늘날 사회복지 주체가 지니고 있는 특성을 이해함으로써 이들 양

〈표 2-1〉 공공사회복지와 민간사회복지의 특성

구분	공공사회복지	민간사회복지
장점	• 세금이 재원, 재정적 안정 • 국민의 최저생활 보장 • 보편적이고 계속적인 서비스 제공 • 형평성과 책임성 확보 • 서비스 접근의 권리성	• 법의 제약을 넘어 욕구에 대응 • 국가에 대해 대상자의 입장에서 대변, 비판 • 수혜대상자의 자존심 유지 • 독창적인 서비스 접근 개발 • 다양한 서비스와 혁신성 있는 프로그램 개발
단점	• 운용의 관료성, 획일성 • 탄력성과 융통성 결여 • 법적, 재정적 제약으로 즉각적 대응 결여 • 지역간의 격차	• 재원 확보의 불확실성 • 지속적인 서비스 제공 내지 운영에 차질 • 자선적인 측면에 그치기 쉬움 • 부분에 국한된 서비스 제공

자를 적절히 원용할 수 있을 것이다. 〈표 2-1〉에서와 같이 공공부문사회복지와 민간부문사회복지 양자의 발전을 위해서는 이들의 장단점을 상호 보완하면서 우리나라 실정에 맞는 사회복지의 주체별 운용이 오늘날 필요하다.

앞으로는 사회복지 개념의 확대로 인하여 사회복지의 주체가 다양하게 변화하리라 본다.

4) 사회복지의 대상

사회복지의 대상이란 사회복지가 일차적 관심을 가지고 있는 것으로 문제에 봉착한 사람들이나 문제 자체 혹은 문제를 야기시키는 조건 등을 말한다.

오늘날 사회복지 대상자는 특정 계층에만 관계되는 것이 아니고 국민 전체로 확대되었다. 따라서 빈곤, 질병, 교통사고, 기타의 새로운 공해에 의해 노동력, 재산상의 파괴의 위험성을 안고 있는 오늘날의 현대인은 누구나 할 것 없이 사회복지의 대상이 될 가능성에 직면하고 있다. 즉, 현대사회복지의 대상은 각계 각층의 모든 국민이 포함되며 그들의 일상생활에서 직면하게 되는 개인 · 집단 및 지역사회의 문제들도 포함한다.

한편 오늘날 사회복지의 변천과정을 살펴보면 사회복지 대상자에 있어서도 개인 중심의 서비스에서 국민 전체의 서비스로 확대되고 변화해가고 있는 모습을 볼 수 있다.

5) 사회복지의 접근방법

(1) 정책적 접근방법

사회복지의 정책적 접근은 사회문제와 사회복지를 역사적, 사회적 존재 형태로서 사회제도의 결함으로 생긴 사회문제를 해결하는 사회정책으로 보는 견해나. 정책적 접근방법으로서 사회복지정책 또는 사회보장은 일반적으로 사회보험, 공공부조, 사회복지서비스 등의 세 가지 부문이 중심이 되고 있다.

(2) 전문적 접근방법

전문적 접근방법은 개인의 성격 결함에 대한 인간관계의 조정 기술로 보는 견해다. 전문적 접근방법은 일반적으로 '사회복지방법' 으로 인식되고 있으며, 사회복지 대상의 개별성을 강조하고 있기 때문에 융통성을 발휘할 수 있다는 것이 특징이다. 이러한 전문적 접근방법으로서 사회복지의 방법은 개별사회사업, 집단사회사업, 지역사회복지사업, 사회복지행정, 사회복지조사 등으로 분류될 수 있다.

(3) 통합적 접근방법

통합적 접근은 위의 두 가지 접근방법을 병행하는 중간적 의미의 사회복지 방법을 말하는 것으로 주로 사회해체의 결과로 생긴 사회문제

(가출 · 이혼 · 홍등가 빈민지역)를 예방 · 치료하기 위한 것을 말한다.

사회해체로 생긴 사회문제는 정책적 또는 전문적 접근방법만으로는 해결될 수 없고, 이 두 가지의 방법이 동시에 적용되어야 해결이 가능한 문제다. 그러므로 사회의 기본 단위인 가족을 비롯하여 집단 · 지역사회 · 직장 등의 복지를 위한 방법에 관심이 많은 것이다. 사회복지의 분야를 구체적으로 살펴보면 아동복지, 청소년복지, 여성복지, 노인복지, 장애인복지, 가족복지, 교정복지, 의료사회사업, 학교사회복지, 군(軍)사회복지 등으로 분류할 수 있다.

참고문헌

고승덕(2003). **사회복지개론**. 교문사.

김만두(1982). **현대사회복지총론**. 홍익재.

김만두(1993). **현대사회복지개론**. 홍익재.

김상규 · 전재일(1990). **사회복지론**. 형설출판사.

김안호 외(2002). **사회복지학개론**. 청목출판사.

김영모(1978). **한국사회복지론**. 경문사.

김영모(1999). **사회복지학**. 한국복지정책연구소 출판부.

박상하 외(2003). **사회복지개론**. 양서원.

제3장 사회복지의 발달

1. 서양의 발달

1) 빈민법 이전시대

(1) 종교적인 자선의 시대

현대사회의 복지는 거의 산업화 이후에 발전되었으나, 그 이전에도 사회복지의 실체는 존재했다. 빈민법 이전의 사회복지는 종교적인 자선이나, 박애의 형태를 띠었다. 자선은 궁핍하거나 의존적인 자에 대한 개인적인 소규모 도움행위며, 박애는 궁핍한자를 돕거나 공동체의 삶의 질의 향상을 위한 것에 공감하여 비교적 대규모로 이루어지는 기부행위를 말한다. 자선과 박애는 기부의 행위로서 종종 부유한 자가 가난한 자에게 어떤 조직이 매개자로 행동함으로써 이루어진다.

기독교의 자선은 네 이웃을 네 몸과 같이 사랑하라는 성경의 뜻에 따라 빈민과 무능력자를 정당하게 대하는 의무가 특별히 강조되었다. 361년 기독교가 공식적인 자선기관을 설립했으나 일부는 교구민을 돕기보다는 사신의 사욕을 위해 이용하기도 했다. 6세기경 불행한 자를 돌보는 것을 일차적 임무로 하는 종교 집단을 세웠고, 8세기경 교인의 십일조가 의무화되었다. 특히 중세에는 빈민이 현세에서 지은 죄를 속죄할 수 있는 기회를 주는 신의 백성으로 인식했다. 한편 그리스, 로마시대의 박애는 인간에게 자애로운 신에 의한 인간 사랑의 의미로 시민권과 밀접한 관련이 있었다.

(2) 봉건시대의 빈곤

'사회복지의 이전시기' 라고도 부를 수 있는 이 시기의 배경은 봉건사회의 빈곤을 보면 알 수 있다. 엄격하게 계층화되어 있던 봉건사회에서 빈곤이란 사회문제가 아니었으며, '출생' 그 자체가 자신의 운명을 결정짓는 주 요소였다. 다시 말하면 부와 빈곤은 변경할 수 없는 신분에 의해 결정되었다. 따라서 이 시기의 빈곤은 사회문제가 아니었으며, 국가는 이들의 빈곤의 상태를 개선시키기 보다는 빈곤으로 인하여 발생할 수 있는 사회불안에 대하여 강하게 통제하는 조치를 취하였는데 그것은 빈민의 이동을 금지하는 강력한 억압조치였다(박광준, 2001 : 62).

(3) 봉건제도 붕괴 후의 빈곤에 대한 태도

14세기 중엽에는 사회적, 경제적, 정치적 시스템[1]으로서 봉건제도가 대부분 소멸되어 갔고, 그로 인해 인구의 이동이 가능하게 되었다. 또한 임금은 노동자와 고용주 간의 계약이라는 방법으로 이루어지는 것이 일반화되었다.

이 시기의 국가의 관심사는 '노동능력이 있는 빈민' 이었다. 국가는 무관심을 통해 그들을 구제하려는 노력이 없음을 시사했고, 구걸을 하는 것에 대해서도 방관자적인 자세를 보였다. 또 한 가지는 빈민들을 적극적으로 공동체에서 배제하고 박해를 직접 행하고 조장하기도 했는

1) 양모 매뉴팩처의 성장, 농경지로부터 목장으로의 전환, 외국무역의 성장, 프랑스에서의 전쟁, 흑사병, 그리고 그 밖의 여러 경제적 · 사회적 변화를 의미함.

데, 그 대표적인 것이 마녀 박해였다(박광준, 2001 : 62). 마녀라는 집단 망상을 조장함으로서 공동체적인 질서를 무너뜨리는 등의 두 가지의 반응을 보였다.

2) 빈민법 시대

서양의 사회복지 역사는 크게 3가지로 빈민법 시대, 사회보험 시대, 복지국가 시대로 나눈다(원석조, 2001). 시대별 특징을 표로 정리해 보면 〈표 3-1〉과 같다.

〈표 3-1〉 각 시대 구분별 특징

	특징	사회복지 대상자	정책 주체	보호상태
빈민법 시대	절대왕정시대의 국가정책	걸인, 부랑자, 구제가치가 있는 빈민	절대주의 국가, 교회, 봉건영주	• 시설보호 (구빈원, 작업장) • 거택보호 (구호금품의 제공)
사회보험 시대	초기자본주의 시대의 사회복지, 독일의 사회입법에서 시작	노동자 계급(프롤레타리아트)	국가, 노동조합	• 보장의 대상 -사회적 위험 • 수급권 인정 • 잔여적인 복지유형
복지국가 시대	제2차 세계대전 이후 사회복지	전 국민으로 확대	국가, 민간단체	• 국민 최적수준 보장 • 복지 수급권 완전보장 • 사회복지와 경제는 대등관계

(1) 소극적 국가 개입기

1563년에 시작되어 1601년에 완성된 빈민법은 복지에 대한 새로운 시대를 여는 복지역사상 큰 전환점이라고 볼 수 있다. 소극적 국가 개입기라고도 할 수 있는 이 시기의 특징은 빈곤구제의 국가 책임을 인정하기 시작한 시기로서의 그 의미가 대단히 크다고 볼 수 있다. 그러나

이 법은 빈곤의 사회적 원인을 인정한 것은 아니지만 그것을 구제하는 것이 국가의 책임이라는 것을 소극적으로 인정한 시기다. 소극적 국가 개입기를 통하여 변화하지 않았던 것은 빈곤의 원인, 노동자의 속성에 관한 사회적 통념이었다. 빈곤의 원인을 당사자의 도덕적 결함에 있다고 보았다. 빈민들은 원래 게으른 존재로 최소한의 생활조건에서 노동하도록 하는 것이 당연하며, 그러므로 빈곤은 사회적 악이 아니며, 오히려 국가의 이익에 합치한다는 것이 변하지 않는 지배층의 사고방식이라고 할 수 있다(박광준, 2002 : 112).

(2) 빈민법 시기

① 엘리자베스 빈민법

1601년의 엘리자베스 빈민법은 튜더 빈민법을 집대성하여 이루어졌다. 그 배경이 된 것은 16세기 말 부랑자 수의 급증이었는데, 급증 원인은 계속된 인클로저, 흉작, 인플레로 인한 생활수준의 악화였다. 부랑자 문제가 억압과 교구의 구빈만으로는 해결되지 않는다는 것을 인정하고, 보다 합리적인 국가조치의 필요성을 인식하였다.

주요 내용으로는, 노동능력 유무에 따라서 빈민을 세 가지로 분류했고, 그에 상응하는 세 가지 처우를 했다. 노동무능력 빈민은 주로 노령자, 만성병자, 맹인, 정신병자 등으로 구빈원 또는 자선원에 수용 보호했으며, 노동능력 빈민은 작업장에서 강제 노역을 시키고, 아동은 도제로 삼았다.

이 법의 주요 규정은 빈민구제를 정부의 책임으로 인식, 행정적 기관의 수립, 세금의 활용, 친족부양의 책임을 강조, 걸인을 귀향조치한 것 등이었다.

② 빈민법의 변화과정

빈민법의 변화과정을 살펴보면 다음과 같다(이영철 외, 2002).

- **정주법**(The Settlement Act, 1662) : 각 교구는 자기 교구 내에서 출생한 법적 거주권의 소유자에 한해서 책임을 지려고 했으며, 빈민의 자유로운 이동을 금지하는 것을 법령으로 제정한 것이 정주법이다. 그러나 이 법령은 선의의 주거 선택의 자유와 정의에 대한 뚜렷한 침해라는 비판을 받았다.

- **작업장법**(The Workhouse Act, 1722) : 작업장법은 노동이 가능한 빈민을 이용하여 국가적 부의 증대에 기여하고자 하는 목적에서 제정되었다. 영국의 여러 교구들이 브리스톨 시에서 모여 하나의 연합체를 구성하고 공동작업장을 설치하여 빈민들에게 수입을 줄 수 있는 일자리를 마련해주었다. 이 법은 오늘날의 직업보도의 성격을 띤 최초의 프로그램이라는 데 의의가 있다.

- **길버트법**(The Gildert Act, 1782) : 길버트법은 하원의원인 길버트가 제안하여 통과된 법안이다. 작업장에서 빈민의 비참한 생활과 착취를 개선할 것을 목적으로 제정된 법으로, 노동은 가능하나 자활능력이 없는 빈민을 작업장에 보내는 대신 자기 가정이나 인근의 적당한 직장에서 취업하도록 알선해주는 원외구조를 인정하는 법이다.

- **스핀햄랜드법**(The Speenhamland Act, 1795) : 스핀햄랜드법은 가족규모에 따라 그것이 가정의 부양이든 혹은 저임금 보충이든 간에 빈곤자 가정에 대한 구호수당을 인정한 것이다. 이 법은 노인, 허약자, 장애인들을 위한 원외구호로 광범위하게 활용되었으며, 합리적인 구호제도로서 오늘날의 가족수당이나 최저생활보장의 기반을 이루는 법으로 볼 수 있다. 그렇지만 이법은 시민의 구빈세 부담을 증가시킴으로써 많은 문제점을 내포하여 비판의 대상이 되었다.

- **개정 빈민법**(1834) : 1832년에 발족된 왕립구빈위원회의 조사를 토

대로 하여 개정 빈민법이 제정되었다. 개정된 보고서에서 건의한 여섯 가지 내용은 다음과 같다.

첫째, 스핀햄랜드제도 아래서 시행되었던 임금보충제를 폐지한다.

둘째, 일할 수 있는 건장한 신청자는 모두 작업장 구호를 적용한다.

셋째, 병자, 노인, 허약자, 어린아이들이 딸린 과부 등에 대하여 원외구호를 제공한다.

넷째, 여러 교구의 구호행정을 하나의 구빈법 조항으로 묶어 조정한다.

다섯째, 구호의 수준은 그 지역사회에서 일하는 노동자의 최하위 임금보다 낮게 책정한다.

여섯째, 구빈정책을 통제하는 중앙기구를 설치한다.

이 시기의 구빈에 대한 태도는 교회가 아닌 정부의 구빈책임을 법적으로 천명하여, 지방정부의 구빈행정을 위해 지방세를 증액하고, 구빈감독관[2)]이 구빈업무와 구빈세를 부과하고 징수업무를 관장하였으며, 구빈감독관은 지역 유지 겸 무보수 시장인 치안판사를 임명하여 감독했다.

(3) 민간사회복지 시기

① 자선조직협회

케이스워크의 기원이라고도 할 수 있는 자선조직협회(Charity Organization Society: COS)는 빈곤에 대한 대책의 사회적 조직화의 필요성을 제기했다는 점에서 의의가 있다. 자선조직협회는 1869년 찰스 로크(Charles Stewart Lock), 찰스 보산케트(Charles Bosanquet), 에드워드

---

2) 1572년 처음 등장. 교구 구빈제도 운영자. 시장이 임명.

데니슨(Edward Denison), 옥타비아 힐(Octavia Hill)등 영국의 자유주의 유력 인사가 주도하여 런던에서 창립한 민간자선단체로 창립의 목적은 과학적 자선(scientific charity)의 지향이다.

그 특징은 중복 구빈을 없애기 위하여 여러 자선활동을 조정하였으며, 환경조사 및 적절한 원조를 제공하여, 이를 통해 자력으로 빈곤을 탈피하게 한 점이다.

그 성격은 '빈민에게 물고기를 주지 말고 물고기 잡는 방법을 가르쳐 주자'는 슬로건을 내걸었으며, 빈곤을 개인의 도덕적 결함의 결과로 간주하고, 그 사회 경제적 뿌리를 무시함으로써 보수적 빈곤관의 성격을 보였다. 전부 아니면 전무라는 양자택일적 원조와 사생활 간섭의 환경조사는 대상자에게 낙인을 가했다는 성격을 지닌다. 또한 과학적 환경조사는 자조의 개인주의 윤리(빈곤은 당사자 책임)를 지나치게 강조했다는 점에서 보수적이었다.

② 인보관운동

지역복지사업의 기원이라고 할 수 있는 인보관운동(Settlement Movement)은 1854년 데니슨(Edward Denison) 목사가 주축이 되어, 캠브리지대와 옥스퍼드대 학생들과 슬럼가의 노동자들을 결합시킴으로써 빈곤문제를 해결하려는 일종의 사회이상주의 운동으로 바네트(Samuel Barnett) 목사가 계승했다. 이들은 빈민가에서의 생활체험을 통해 빈곤은 경제적인 문제라기보다는 정신적인 문제고, 따라서 교육을 통해 빈민이 자신을 스스로 변화시켜야만 가난에서 벗어날 수 있다고 확신했다.

세계 최초의 지역사회복지관은 옥스퍼드대 학생으로서 인보관운동에 참여했던 토인비(Arnold Toynbee, 1852~1883)를 기념하기 위해 세운 토인비 홀이다.

③ 민간사회복지 시기의 특징

이 시기의 특징은 지본주의 발전과정에서 발생하는 다양한 폐해들이

고착화된 점이다. 봉건사회에서 자본주의사회로 전환되는 과정에서 가장 이익을 많이 본 신흥 자본가 계급이 가장 손해를 많이 본 계급인 도시빈민에 대하여 민간의 자격으로 사회복지의 활동을 행한 것이 민간복지활동의 시작이라고 볼 수 있다. 빈곤문제를 바라보는 입장이 민간복지의 주체에 따라 차이가 있지만 자신들의 활동을 국가에 의한 공적 복지활동과의 관계 속에서 규정하려는 데에 그 활동의 특징이 있다.

(4) 미국의 복지제도

① 미국의 빈민법

식민지 아메리카 빈민법은 1642년 플리머스에서 최초로 공포했으며, 빈민구제에 관한 사항을 시 공의회에서 논의했다. 식민지 도시들은 행정관인 교구감독관(parish supervisors)에게 구빈세를 징수할 수 있는 권한과 빈민구제 신청자들이 구제가치가 있는지의 여부를 조사하고, 구호물품을 배분하는 권한을 부여하였다. 구빈비용은 구빈세와 각종 벌금에서 충당했다. 벌금은 수확기에 일하기를 거부한 사람, 농산물 등 물품의 무게를 속인 사람, 교회에 불출석한 사람, 불법적으로 빈민을 시내로 유입시킨 사람 등에게 부과한 것이다. 구빈세를 징수하지 않는 도시에서는 법원이 구빈비용의 충당을 위한 기금을 조성하고 배분할 수 있는 권한을 행사했다.

② 빈민구제 대상자

빈민구제 대상자는 노인, 장애인, 고아, 사생아, 어린 자녀가 딸린 과부 등 노동능력이 없는 사람들, 특히 혼혈아, 주인으로부터 버림받은 나이든 노예, 천연두, 이질, 홍역, 황열병 등의 전염병 환자, 흉작으로 인해 굶주림에 처한 농민, 화재 피해자 등이 사회 약자였다. 그러나 빈민구제 대상자에 대한 프로테스탄트 이주민들의 태도는 매우 엄격하고 냉정했다. 빈민은 도덕적으로 결함이 있는 존재로 치부되 굴욕적인 거지선서를 해야만 했고, 그 이름이 시청이나 시장 등 공개적인 장소에 공시되었다. 부와 삶의 조건은 하나님의 뜻에 의해 결정되고, 구대륙과 달리 신대륙에서는 모든 사람에게 삶의 기회가 공평하게 부여되어 있다고 믿은 이주민들에게 삶에 실패한 빈민이 구제가치가 있는 사람으로 인식되기는 매우 어려웠다.

③ 식민지 초기 민간박애사업

식민지 초기에는 상호부조에 입각한 민간박애사업과 빈곤해결을 위한 취업알선 등의 노력이 있었다. 퀘이커교도들은 교도회의의 투표를 거쳐 요보호대상자들(비(非)퀘이커교도라도)에게 음식물, 피복, 거처, 연료 등을 제공하였고, 자선원, 작업장, 갱생원 등을 설립했다.

이 시기에 종교복지재단이 설립되었는데, 이들은 1713년 빈곤 퀘이커교도를 위한 필라델피아 친구 자선원(Friends Almshouse in Philadelphia for Poor Quakers), 1724년 설립된 보스턴 영국국교회협회(Boston Episcopal Society), 1767년 뉴욕에서 설립된 목수(예수의 직업)의 집 협회(Society of the House of Carpenters) 등이다.

④ 시설보호 중시 요인

맬서스 사상의 영향을 받아 원외구호 중심의 빈민구제에 대한 부정적인 인식이 확산되었다. 맬서스(Malthus)의 영향을 받은 미국의 박애사업가는 빈곤문제를 쟁점화하였으며, 빈민이 게으르고, 무지하며, 낭비적이고, 경솔하게 결혼하며, 전당포 · 매음굴 · 도박을 생활의 일부로 삼고 있다고 비난했다. 가장 큰 비난 대상은 빈민들의 무절제였으며, 술 또한 무절제와 빈곤의 원인으로 간주했다. 원외구호물품은 가난에서 못 벗어나게 만드는 마약과 같은 구실을 한다고 하여 시설보호의 중요성이 대두되었다.

⑤ 경매처분에 대한 부정적 인식

비인도주의적인 경매처분과 비능률적인 원외구호에 대한 자각도 한 요인으로 작용했다. 빈민법의 개혁운동가들은 근로능력빈민과 부양아동을 경매 처분하는 것을 비인도적 처사로 간주했다. 경매 처분된 사람들이 불결, 과밀, 무지, 질병 속에서 죽을 때까지 일한다는 사실을 인지했다. 빈민 구호예산이 요보호대상자보다는 빈민구제 공무원들을 위해 사용된다는 것도 파악했으며, 빈민을 시설에서 수용 보호하는 것이 원외구호에 비해 비용이 덜 들고, 보다 효과적이며, 보다 인간적이라고 확신했다.

⑥ 구빈행정의 변화

식민지 시대에는 지방정부의 권한과 책임이 절대적이었으나, 1800년대 이후 주정부의 권한이 강화되면서 빈민구제행정 권한이 시 · 군에서 주정부로 이양되기 시작했다. 따라서 주정부가 모든 군에게 자선원을 설립할 것을 요구할 수 있었다.

⑦ 빈민구제 개혁이념

노동능력과 근로의지가 있는 모든 성인 남녀와 청소년들에게 일자리를 제공했으며, 빈민은 근면, 성실, 절약 등을 통해 타인의 도움에 의지하지 않고 자립해야 한다고 했다. 빈민의 고통은 나태, 방탕, 낭비에 기인하므로 조세나 자선, 박애를 통해 빈민을 지원하는 것은 빈민들의 나태와 무절제를 야기시키고, 그로 인해 더 큰 고통만 준다고 하였다.

⑧ 시설보호의 악화

시설보호의 확대방침에 따라 구빈원은 크게 증가했으나 시설의 처우 수준은 대단히 열악했다. 시설의 감독관 보수는 시설 수용자들이 농장에서 일한 대가와 민간 회사와의 계약노동으로 받은 임금에서 충당했으며, 음식비, 피복비, 연료비를 낮추어 흑자를 낸 시설도 있었다. 수용자를 위한 각종 물품의 조달도 민간인과의 계약으로 충당했다. 시설감독자들의 부정부패가 만연하였으며, 구빈원은 수용인원의 증가와 감독의 소홀로 상황이 더욱 악화되었다. 모든 종류의 문제를 가진 사람들(고아, 기아, 미혼모, 매춘부, 범죄자 등)을 혼합 수용하여 위생이나 개인적인 사생활 보호 등과는 거리가 먼 생활들이었다. 심지어 고령자, 병자, 장애인 등 구제가치가 있는 빈민들도 함께 수용함으로써 시설 내의 문제가 심각했다. 이로 인해 부패된 구빈행정 타파를 위해 시설수용절차가 보다 더 엄격해지고, 유급 시설근무자가 배치되었으나 별로 나아지지 않았다.

3) 사회보험 시대

(1) 독일의 사회보험

빈민법이 봉건적인 사회복지정책이라면, 사회보험은 노동자와 자본가가 재정을 공동 부담하는 형식인 자본주의적인 사회복지정책이다.

19세기 말, 선진자본주의 국가인 영국이 아닌, 후발 공업국 독일제국에서 세계 최초로 사회보험이 탄생했다. 독일의 비스마르크(Bismarck)는 영토 통일에 이어 독일 민족의 내부적 통일, 즉 사회통합의 필요성을 통감하고 '당근과 채찍'[3] 정책을 의도했으나, 비스마르크의 원래 의도와는 다르게 세계 최초의 사회보험이 탄생하게 된 것이다. 1883년 건강보험, 1884년 산재보험, 1889년 노령폐질보험이 그것이다.

(2) 영국의 국민보험법

1906년 총선에서 토리당을 누르고 집권에 성공한 노동자계급을 지원했던 자유당은 지지에 대한 대가로 빈민법과는 질적으로 다른 사회복지정책을 도입했다. 그 정책의 일환으로 복지국가의 초석이 놓여졌다. 고용주의 산재보상의 책임을 규정한 노동자보상법(1907), 아동학대금지를 위한 아동법(1908), 보호관찰법, 국가 직업소개소망 구축을 위한 직업소개소법, 노령연금법, 영국 최초의 사회보험이라고 할 수 있는 국민보험법(1911) 등이 생겼으며, 건강보험은 로이드 조지(David Lloyd

3) 당근 : 노동자계급 사회통합을 위한 양보, 채찍 : 사회주의자 탄압책

George), 실업보험은 윈스턴 처칠(Winston Churchill)이 주도해서 생성되어 본격적으로 사회보험 시대로 발전했다.

(3) 미국의 사회보장법

미국 사회복지 역사의 분수령은 1935년의 사회보장법이라고 할 수 있다. 미국은 시민들의 개인주의를 중시하고, 시민의 사회경제생활에의 국가 간섭을 인정하지 않았으나, 1929년 대공황으로 국가개입의 불가피성을 인정하게 되어, 미국의 권리장전이라고도 불리우는 세계 최초의 사회보장법이 탄생하게 된 것이다.

4) 복지국가 시대

(1) 베버리지 보고서

1945년 영국 노동당의 집권과 함께 영국은 복지국가의 개념을 현실정치에 적용시킨 최초의 국가가 되었으며, 1942년에 발표된 베버리지(Beveridge, W.) 보고서를 근거로 하여 1944년에 영국정부는 사회보장청을 설치하고, 여러 법들을 제정하였으며, 노동당 집권 후 5년간 '요람에서 무덤까지' 를 보장하는 영국 복지국가를 유지했다.

핵심내용으로는 ① 모든 시민을 포함하고(보편주의), 대상자 집단을 경제적 곤란의 원인과 그 보호방법에 따라 분류한다. ② 국민보건서비스(NHS)와 보편주의적 가족수당을 전제조건으로 한다. ③ 연금은 자산조사 없는 정액급여, 최저수준 이상으로 한다. ④ 재정은 피보험자, 고용주, 국가(재정의 1/6) 3자 공동부담한다. ⑤ 소득에 관계없이 모든 국민이 정액 보험료 부담을 원칙으로 한다. ⑥ 사회보험으로 해결되지 않는 부분은 근대적이고 인도주의적인 공공부조가 담당한다 등이다.

베버리지는 결핍(want), 질병(disease), 무지(ignorance), 불결(squalor), 나태(idleness)를 5대 악(Five Giants)으로 규정하고, 사회적 해결과제로 삼았으며, 그중 결핍을 핵심과제로 꼽았다.

베버리지 보고서는 충분한 급여, 정액급여, 정액갹출, 통합관리운영, 포괄성, 분류화 등 6개 원칙을 세우고 복지에 적극성을 띠었다.

베버리지 보고서로 인해 여러 관련법들이 탄생되었다. 가족수당법(1945), 국민보험법(1946), 산업재해법, 국민보건서비스법, 국민부조법(1948), 입양법(1950) 등의 법들이 그 영향을 받아 생긴 것이다.

(2) 복지의 축소

① 대처리즘(Thatcherism)

1979년 마가렛 대처(Margaret Thatcher)가 이끄는 보수당 정부의 출범과 보수당 정부의 장기집권으로 영국의 복지국가 모델은 급격한 변화를 가져왔다. 케인즈주의에 기초한 국가개입과 수요중심의 경제모델을 대신하여 보수당 지배하에서는 시장 질서를 중시하는 공급중심의 신자유주의가 위세를 떨치게 되었다. 이에 따라 영국의 복지국가 모델은 신자유주의라는 우파 이데올로기에 의해 급격히 재편되는 과정을 겪어 왔으며, 사회복지의 형태 역시 크게 변화하였다. 그중 대표적인 것이 민영화 정책이다.

민영화란 '복지서비스에 있어서 사적 생산, 혹은 사적 재정의 상대적 역할증대를 의미하는 것' 으로 사회복지와 관련지어보면 국가 급여의 양이나 범위를 축소시킨다거나 어떤 프로그램에 의한 국가의 지원이나 보조를 삭감하는 것을 말한다(박광준, 2002).

대처정권의 민영화 정책은 사회복지 역사에서 큰 변화를 가져 왔는데 이는 전 세계적으로 복지가 전반적으로 축소되는 결과를 가져오게 하였다. 그 이유는 복지가 경제발전에 해가 된다고 하여 복지를 축소한 것이었으나 그렇다고 경제가 많은 발전을 보지는 못했다. 그 특징으로는 복지의 민간 공급 장려, 국가개입 축소, 자원의 선별적 활용, 자산조사를 통한 복지급여의 활용, 사회보험의 범위 축소 등이라고 할 수 있다.

② 신자유주의(New Freedom)

'국가개입은 비효율의 근원' 이라는 논리에서 출발하는 신자유주의는 시장기능의 복원과 확대가 개인의 자유와 행복을 증대시키는 길이라고 주창한다. 따라서 신자유주의자들은 시장에 대한 각종 정부규제의 철폐를 요구하기 시작했다.

신자유주의는 1990년대 들어 선진국의 시장개방 압력, 자유로운 활동을 위한 규제철폐와 같은 형태로 전 세계에 확산되었다. 그러나 신자유주의의 정책을 실시했던 국가들은 오히려 저성장과 고실업 문제를 해소하기는커녕 빈곤의 악순환이라는 부작용의 결과를 가져왔다.

③ 제3의 길(The Third Way)

1990년대 후반 젊은 지도자 토니 블레어(Blair, Tony)를 중심으로 노동당은 당 노선의 변화를 통해 18년만에 재집권에 성공하면서 기존의 노동당의 복지국가를 구성하는 여러 핵심 정책들에 대해 전통적인 사회민주주의의 이념의 원칙을 고집하기보다는 오히려 유연한 경영 관리적 입장에서 정책 사안에 접근하는 모습을 보였다.

이러한 노동당의 노선 변화는 세계화, 유럽통합 등 외부 환경의 변화와 밀접한 관련이 있다. 국제적인 수준에서 자본주의 경쟁이 가열된 상황에서 완전고용, 종신고용, 비경쟁적 공익성을 고려한 과거의 복지 국가모델을 그대로 유지하기란 쉽지 않을 것이며, 상대적으로 경제적 효율성의 제고, 국내 산업의 경쟁력 증대 등이 우선적으로 중요하게 되었다는 것이다.

이에 사회민주주의와 신자유주의를 대신한 새로운 정치 이념의 출현을 주장한 앤서니 기든스(Giddens, Anthony)의 '제3의 길'[4]은 블레어 정부의 '일을 위한 복지' 라고 말할 수 있다.

'일을 위한 복지' 는 기존의 복지국가의 비효율성을 극복하기 위해

4) 제1의 길은 베버리지가 제안한 복지국가, 제2의 길은 1970년대 중반 이후 등장한 신자유주의 사조라고 앤서니 기든스는 주장했다.

사회복지의 예방적 성격을 강화하고, 단기적인 복지정책을 장기적인 프로그램으로 전환시키며, 경제적 부양비 지원보다는 인적자본에 투자하는 데 중점을 두는 데서 볼 수 있다.

사회민주주의의 중요한 가치인 평등과 복지를 살리면서 제도적으로 신자주유주의의 핵심 가치인 효율과 경쟁을 중시하자는 생산적 복지 이념은 복지와 평등을 목표로 삼되, 효율과 경쟁을 통해 달성하자는 것으로 요약될 수 있으며, 매우 현실적이고 실용주의적인 관념이다. 미래는 과거와 같은 경직된 이데올로기보다는 삶의 질의 향상과 같은 현실주의적 실용주의적인 관념이 복지에 있어서 필요할 것이라는 점을 인정한다면, 블레어 정부의 '일을 위한 복지'는 '제1의 길'과 '제2의 길'을 초월한 진정한 '제3의 길'이라 할 수 있을 것이다.

2. 한국의 발달

우리나라의 사회복지제도나 사회복지사업은 시대적 상황과 맞물려 발달해왔다고 볼 수 있다. 이웃을 돕는 상부상조의 형식에서부터 국가가 개입하는 제도기와 일제시대, 6.25전쟁, 미군정, 1980대 이후 등 특정 사건에 따라 한국의 사회복지의 역사는 발달했다고도 볼 수 있다.

따라서 우리나라의 사회복지 발달은 대체로 근대 이전시기, 일제 강점기 및 미군정시기, 정비기 및 도약기, 발전기로 볼 수 있다.

1) 근대 이전시기

(1) 고대사회

고대사회의 사회정책은 그 자체가 고대국가의 존립을 위한 목적에서 취해진 것이라고 할 수 있다. 사회문제에 대한 국가의 대책은 소위 진궁구휼로 표현되는 구휼정책과 황정에서 구체화되고 있다. 이 시대의 대표적인 제도로서는 고구려의 진대법이 있다. 씨족 또는 혈연적 관계에 의하여 씨족간의 상호부조가 공고히 행해졌고, 따라서 제3자에 의한 구호는 필요치 않았다. 민생구휼행정이 역사기록에 뚜렷하게 나타난 것은 삼국시대에 와서며, 진대법 이외에도 삼국에서 실시된 각종 구제, 고아수양, 양로 등의 사업은 중국의 문화가 전래되면서부터 점점 발달한 것으로 보인다.

(2) 고려시대

고려시대는 구제제도가 조직화, 제도화되기 시작하는 시기다. 고대의 무계획적, 임의적인 것이 고려시대에 들어와서 지속적이고 법체계적인 제도화가 이루어졌다는 차이가 있다. 고려시대의 구제제도로 창제가 가장 대표적이며 창제의 주요한 종류로는 의창과 상평창을 들 수 있다. 고려시대의 궁민, 재민을 구제하는 기관으로는 제위보, 구제도감, 동서대비원, 혜민국 등이 있다. 아동복지사업으로서의 고아수양과 유아, 기아, 빈곤아의 보호사업, 노인복지사업이 이루어졌다.

(3) 조선시대

조선시대는 유교의 자혜사상을 기반으로 백성에 대한 구제사업이 보다 체계화되었다고 볼 수 있다. 조선시대의 민생구휼기관으로서는 구황청, 혜민국, 재생원, 활민서, 기로소 등이 있다. 조선시대의 구제제도로서는 창제와 환곡이 있으며 비황을 위한 제도로서 의창, 상평창이 있다. 국가기관의 구휼사업 외에 조선시대에는 민간조직의 활동들을 찾아 볼 수 있다. 경제적 이익을 도모하기 위한 계, 농민공동체의 조직인 두레, 주민이 교화의 목적을 달성하기 위하여 자치적으로 정한 규약인 향약이 있다.

근대적 사회복지사업은 조선 말엽인 1888년에 프랑스 주교가 설립한 천주교회에 의한 고아원이 개설된 것이 시초다. 사회사업 내지 사회복지사업의 발달은 개화기와 일제시대에 와서 본격화되었다.

2) 일제 강점기 및 미군정시기

(1) 일제 강점기

식민정책하의 구제사업은 식민지정책의 일환으로 실시되었다. 1921년 내무국에 제2과를 사회과로 개칭하여 사회사업을 담당하게 했고, 1932년 학무과로 이관하여 사회사업과 사회교육 및 종교 사무를 관장토록 하였다. 민간 사회사업지도기관으로는 조선사회사업협회가 있었다.

1944년에 조선구호령이 공포되었는데, 이는 65세 이상 노인, 13세 이하 아동, 임산부, 불구, 폐질, 질병, 상이, 기타 정신 또는 신체의 장애로 노동에 지장이 있는 자를 대상으로 생활부조, 의료부조, 조산부조, 생업부조, 장제부조를 실시하였다. 조선구호령은 1961년 생활보호법이 제정될 때가지 우리나라 공공부조의 기본법이 되어 왔다는 역사적 의의를 갖고 있다.

(2) 미군정시기

미군정시기의 사회복지사업은 일제시대의 제반 법규와 시설을 형식상으로 계승하였으나 실질적으로는 많은 제약에 놓이게 되었다. 1945년 10월 27일에 공포된 미군정 법령 제18호에 의하여 정부조직으로서 보건 후생과를 두었다. 미군정 3년 동안 자선활동에 의한 사회복지사업이 신장되어 독지가들에 의한 자선활동이 활발하였으나, 이에 대한 정부의 지원이 미약하여 임시 구빈적인 성격을 벗어나지 못했다. 아동노동법규를 공포하여 아동의 노동을 보호하기도 했다. 1948년 정부가 수립되었으나 약 1년여 동안은 원칙적인 변화 없이 미군정의 제도와 방법을 그대로 답습하였다.

3) 사회복지 기반 정비기 및 도약기(1960~1980)

한국전쟁으로 인해 수많은 요보호대상자가 양산되었고 이들을 보호하기 위해 시설구호사업이 양적으로 많이 확대되었다. 이 시기에 시설중심의 사회사업이 정착됨으로써 일차적으로 시설을 설립하여 수용 및 격리하는 전통을 형성하였으며, 또한 사회사업은 시설에 수용된 요보호자를 대상으로 하는 것이라는 인식을 널리 확산하게 되었다.

한국전쟁 이후 여전히 빈곤이 만연했으나 이를 극복하기 위하여 산업화에 치중하였고, 산업화와 도시화로 인해 새로운 사회문제가 초래되었다. 근대적 사회복지제도가 출현하였으나 편의적인 제도 시행과 기득권층을 우선시하는 복지제도의 발전양상(연금제도)과 사회복지에 대한 국가책임의 회피는 민간 복지계에 부담증대를 가져왔다.

1960년대에 들어와서 공무원연금법(1960), 생활보호법(1961), 아동복리법(1961), 고아입양특례법, 윤락행위 등 방지법, 군사원호법, 재해구호법, 사회보장에 관한 법률, 산업재해보상보험법 등이 제정되었고, 1970년대에는 사회복지사업법, 의료보호법 등이 제정되었다. 이를 바탕으로 사회보험과 공공부조, 사회복지서비스의 제도적 기반을 구축한 1970년대는 사회복지의 실험적 실천기라고 볼 수 있다.

4) 사회복지의 확대 발전기(1980년대 이후)

1980년대 이후는 사회복지의 제도적 정비기, 포괄적 복지제도의 확충기로서 사회복지가 확대 발전된 시기라고 할 수 있다. 1980년대에는 아동복리법이 아동복지법(1981)으로 전면 개정되고, 노인복지법, 장애인복지법 등이 제정 및 개정되었으며, 국민연금의 실시, 최저임금제의 도입, 모자복지법의 제정 등 일련의 입법조치와 복지행정의 확대가 이루어지기 시작했다.

(1) 제도적 정비기

문민정부 이후 국민의 정부, 참여 정부에 걸친 사회복지제도의 획기적인 변화를 보면 아래와 같다.

첫째, 사회보험제도의 정비로 전 국민을 대상으로 국민연금제도의 확대 실시(1998)와 더불어 전 사업장에 대한 고용보험제도의 적용, 의료보험의 통합으로 인한 국민건강보험제도의 출발 등으로 기존의 산업재해보상보험제도를 포함한 4대 보험이 제도로서 정착되어 발전되고 있다.

둘째, 공공부조제도로서 국민기초생활보장제도가 도입되었다. 국민기초생활보장제도는 국가의 도움이 필요한 빈곤한 모든 국민들에게 기본적인 생활을 제도적으로 보장하게 되며, 이를 위해 많은 사회복지전담공무원이 동사무소 등에 배치되어 있고, 더욱 확대될 전망이다.

셋째, 사회복지서비스 관련법의 제정 및 개정 등으로 각종 사회복지서비스가 지속적으로 확대, 발전되고 있으며 사회복지관을 비롯한 민간 사회복지조직이 급증하고 있고, 민간사회복지의 자율성이 강화되고 있다.

(2) 포괄적 복지제도 확충기

각종 사회복지관련법들이 제정 또는 개정됨으로써 포괄적인 복지제도의 확충을 가져왔다. 그 특징을 보면 아래와 같다.

첫째, 장애인 고용촉진법, 영유아보육법, 사회복지사업법 개정, 윤락행위 등 방지법 개정, 국민연금법 개정, 입양특례법 개정과 국민건강증진법, 성폭력범죄의 처벌 및 피해자 보호 등에 관한 법, 정신보건법, 여성발전기본법, 사회복지공동모금회법 등을 제정하여 복지행정을 확대하였다.

둘째, 1997년 말의 IMF 관리체제로 인한 실업자 폭주, 가족해체로 인한 다양한 사회복지서비스 요구가 증대되어 김대중 정부는 고용보험과 실업 및 빈곤대책을 확대, 전 국민연금을 확대실시하였다.

셋째, 국민기초생활보장법 제정 시행, 의료보험급여의 365일 연중실시, 성매매특별법(2004), 건강가정기본법(2004) 등 획기적인 사회안전망을 구축하였다.

넷째, 사회복지사업법 개정으로 시 · 도 사회복지협의회가 독립 법인화되었고, 1998년 사회복지공동모금회법을 기초로 하여 공동모금제도가 실시되어 민간사회복지의 조직과 재정의 자율성이 강화되었다.

다섯째, 금융위기는 정부와 시민단체들의 사회복지서비스에 관한 관심 증가와 전문적인 프로그램 개발의 큰 계기가 되었다.

여섯째, 사회복지전문인력이 양성에 있어서 양적 팽창이 이루어지고 있다. 1990년대에 전국적으로 각 대학에 사회복지학과가 급격히 증설되어 2003년 말 현재 4년제 대학 및 전문대와 대학원을 포함하여 275개가 있으며, 2004년도에는 졸업예정자가 총 15,331명에 이른다. 최근에는 아동복지학과, 노인복지학과, 가족복지학과 등 관련학과의 개설도 급증하고 있어 이들을 포함하면 훨씬 더 많은 대학에서 사회복지교육을 실시하고 있다고 볼 수 있다. 또한 학회활동도 활발히 전개되고 있는데, 오랜 역사를 갖고 있는 한국사회복지학회를 비롯하여 다양한 사회복지관련 학회의 활동이 활성화되고 있다. 한편 한국사회복지사협회는 1997년 사회복지사업법의 개정을 통해 법정 단체화되어 체제를 정비하고 사회복지사들의 자질 향상과 권익을 보장하기 위해 노력하고 있다.

또한, 사회복지시설생활자의 보호수준이 크게 개선되고 있고 사회복지관을 비롯하여 재가복지봉사센터 등 이용시설이 급증하게 되었다. 그러나 무엇보다도 중요한 변화는 1997년에 개정된 사회복지사업법에 의한 사회복지시설의 규제완화 조치일 것이다. 이 개정법은 사회복지사업을 종래의 7개 법률에서 13개 법률에 의해 규정된 사업으로 정의함으로써 그 영역을 확대시켰다는 의의가 있다. 이번 개정법을 통해 사회복지시설의 운영주체를 전 사회구성원으로 개방했으며, 시설 운영에 있어서도 투명성과 개방성을 제고시킬 수 있었다.

일곱째, 시설평가제의 도입과 사회복지사의 국가고시제 도입을 통하여 전문성을 기하고 있으며, 장애인복지법, 노인복지법, 아동복지법 등의 각종 법률이 개정되고 정부시책을 통해 사회복지시설이 더 한층 분화되었으며 아울러 전문적인 기능을 수행하는 것으로 방향을 잡아가고 있다.

참고문헌

박광준(2002). 사회복지의 사상과 역사. 양서원.

박상하 외(2003). 사회복지개론. 양서원.

원석조(2001). 사회복지역사의 이해. 양서원.

원석조(2001). 대처의 복지개혁에 관한 연구. 한국사회복지학, 통권 44호.

이영철 외(2002). 사회복지학. 양서원.

Giddens, Anthony, 한상진, 박찬욱 역(1998). 제3의길. 생각의 나무.

Beveridg, W. (1942). *Social Insurance & Ailled Services.* London: HMSO.

Pinker, J. A. R. (1935). Toynbee Hall: fifty Years of Social Progress 1884~1934, J. M. Dent and Sons Ltd.

복지인세상 http://www.dwin.or.kr

보건복지부 http://www.mohw.go.kr

제4장 사회보장

일반적으로 사회보장(social security)은 국가의 책임하에 뜻하지 않은 사회적 위험(social risk), 즉 질병, 사고, 정년퇴직, 실업, 출산, 결혼, 사망 등으로 인한 소득의 상실이나 결여 혹은 예외적인 지출 등에 대비하여 그 생활을 보장하기 위한 수단으로 볼 수 있다.

1. 사회보험

1) 사회보험의 개념

사회보험(social insurance)이란 사회보장 구성체계의 하나로서, 보험방식을 이용하여 국민을 대상으로 질병, 노령, 실업, 사망, 기타 장애 등으로 인하여 활동능력의 상실과 소득의 감소 등이 발생하였을 때 대처함으로써 국민건강과 소득을 보장하는 제도다. 이와 같이 사회보험은 빈곤화를 예방하는 것으로 사회적으로 정형화된 생활상의 사고에 수입중단이나 상실, 감소에 대한 일차적인 예방 대책으로서 역할을 한다.

2) 사회보험의 특성

사회보험은 다음과 같은 특성을 지닌다.

첫째, 사회보험은 강제가입을 법에 규정하고 있다.

둘째, 사회보험은 일종의 예방적 소득보장의 의미를 가진다.

셋째, 사회보험은 정기적으로 가입자가 내는 기여금으로 재원이 조달되는 경우가 많고 여기에 따라서 급여가 제공된다.

넷째, 사회보험은 보험급여 등 모든 시행이 법적으로 규정되어 있으므로 기계적 자동적으로 처리된다. 따라서 급여 자격, 시기, 급여 수준 등이 법적으로 규정되어 있고, 이를 변경하기 위해서는 법의 개정절차를 따라야 한다.

다섯째, 사회보험은 비영리적 국가사업이다.

여섯째, 사회보험은 소득재분배와 국민통합이라는 정책적 목표를 향하여 추진된다.

사회보험은 사보험과 구별되며, 사회보험과 사보험의 차이는 〈표 4-1〉과 같다.

〈표 4-1〉 사회보험과 사보험의 차이점

분류 \ 제도	사회보험	사보험
주 체	국가(사회)	보험회사, 개인
성 격	강제보험	임의 또는 자발적 보험
가 치	사회적 적절성 확보	개인적 적절성 확보
기여, 급여의 특징	법에 의해 결정	계약에 의해 결정

자료 : 정종우(2004). 233.

2. 사회보험제도의 현황

1) 연금보험

연금제도란 노동능력이 있을 때 일정금액을 갹출하여 재정을 마련했다가 노령, 질병, 장애, 사망 등으로 개인 또는 가족의 소득이 중단되거나 상실되었을 때 일정액의 급여를 받아 이전의 생활수준을 보장해주는 사회보장제도를 말한다. 연금제도는 주로 노후의 경제적 불안에 대한 대책이며, 점차 고령화하는 현대사회에서 많은 사람들의 은퇴 후 중요한 소득의 원천이다.

(1) 국민연금

① 적용대상

1998년 개정된 국민연금법에 따르면, 적용대상은 원칙적으로 18세에서 60세까지의 전 국민이다. 특히 2003년 7월 1일부터는 5인 미만 사업장에도 적용되어 2006년까지는 모든 사업장 근로자에게로 확대 적용될 예정이다.

② 급여

국민연금의 급여에는 노령연금, 분할연금, 장애연금, 유족연금, 반환일시금, 사망일시금이 있다. 급여액은 기본연금액과 가급연금액으로 이루어지고, 소득액수와 가입기간에 따라 영향을 받는다. 또한 기본연금액은 전체가입자가 똑같이 받는 균등부분과 개인의 소득에 따라 결정되는 소득비례부분으로 구성된다.

노령연금 수급연령은 원래 60세였으나, 1998년 개정된 국민연금법에 의해서 2013년부터는 5년마다 1년씩 연장된다. 따라서 2033년 이후에는 노령연금을 받을 수 있는 연령은 65세부터다. 노령연금을 받을 수 있는 최저 가입기간은 원래 15년이었으나 10년으로 줄었고, 55세 이상의 연령이 받을 수 있는 조기노령연금을 수혜할 수 있는 자격이 되는 기간도 20년에서 10년으로 줄어들었다. 장애연금 및 유족연금을 받을 수 있는 자격요건이던 '가입기간 1년 이상' 이라는 조건도 폐지되었다.

③ 재정 및 관리운영

국민연금제도의 재정은 가입자들이 납부한 보험료로 운영된다. 국민연금제도와 관장은 보건복지부가 맡고 있으나, 실질적인 운영은 국민연금관리공단에서 담당하고 있다. 사업장 가입자의 경우, 가입자와 사용자가 각각 4.5%씩 부담한다. 농어촌 및 도시지역 가입자의 경우 2001년 7월부터 5%를 납부하고, 매년 1%씩 인상하여 2005년 7월부터는 9%로 인상될 예정이다. 지역가입자, 임의가입자 및 임의계속가입자는 표준소득월액을 기준으로 가입자 본인이 연금보험료 전액을 부담하되 농어업인에 대하여는 2004년 12월 31까지 최저등급 보험료의 1/3 이상에 해당하는 금액을 국고에서 균등 지원한다.

(2) 특수직역연금

우리나라의 공적연금에는 전술한 국민연금 이외에도 공무원, 군인, 사립학교교직원 등 공직자를 대상으로 하는 연금이 있다. 이를 특수직역연금이라고 하는데, 국가 및 지방공무원, 법관, 경찰, 교육공무원을 대상으로 하는 공무원연금, 장기복무 하사관과 장교를 대상으로 하는 군인연금, 사립학교교직원을 대상으로 하는 사립학교교직원연금(사학연금) 등 세 가지가 있다.

이 세 가지 특수직역연금은 대상자와 관리운영 주체(공무원연금은 공무원연금관리공단, 군인연금은 국방부, 사학연금은 사학연금관리공단)가 다를 뿐 보험료율, 급여내용, 급여산식, 급여기준, 연금조정기준 등 공적연금의 핵심적 부분이 동일하다. 이들의 고용주에 해당하는 국가로서는 공직자들에게 동일한 조건의 부담(보험료)과 혜택(급여)을 보장해 주어야만 불만이 없을 것이란 점을 감안할 때 이는 당연하다(원석조, 2002 : 194-195).

2) 건강보험

건강보험제도란 노동능력이 있을 때 일정한 보험료를 납부하여 의료비 문제를 해결함으로써 개인의 건강과 가계를 보호하고, 나아가 소득 재분배와 위험분산의 효과를 실현하는 사회보장제도를 말한다. 즉, 질병, 부상, 분만, 사망 등으로 인한 추가적인 가계지출로 가족의 생계가 어려워지는 것을 막기 위해 보험원리를 이용하여 의료비 지출 부담을 모든 국민에게 골고루 분담시켜 국민생활의 안정을 도모하고 국민건강을 향상시키는 제도다.

① 적용대상

우리나라 건강보험은 과거 의료보험이라는 이름으로 1977년 500인 이상의 사업장을 대상으로 시작하여 1999년 1월에는 의료보험을 하나로 통합하는 '국민건강보험법'이 통과되어 사업장 가입자와 지역가입자의 구분 없이 통합된 국민건강보험제도하에서 의료보험의 적용을 받는다.

② 급여

국민건강보험 급여는 피보험자나 피부양자가 질병, 부상, 분만, 사망 등과 같은 사고가 발생했을 때 받는 급여며, 종류에는 법정급여와 부가급여가 있다.

법정급여는 법에서 반드시 제공하도록 정해진 급여를 말하는데, 요양급여, 분만급여, 사격상실 후 계속요양급여, 자격상실 후 분만급여, 요양비, 분만비, 건강진단 등이 있다. 부가급여는 법에 의해 낭연히 세공되는 급여가 아니라 임의로 지급되는 급여로서 장제비, 분만수당, 본인부담금 보상금 등의 급여가 있다.

현재 국민건강보험으로 진료를 받을 수 있는 요양급여 기간은 연간 365일이며, 만성신부전증 환자도 국민건강보험제도의 적용을 받는다.

③ 재정 및 관리운영

건강보험의 재정은 조세에 의한 방식과 기여금에 의한 방식이 있다. 우리나라의 경우는 기여금에 의해 재원을 조달하는 데 피보험자와 사용자가 절반씩 부담한다. 직장인의 경우 소득에 비례하여 기여하며, 자영자 등 지역가입자는 재산수준도 고려되고 있다.

국민건강보험제도의 관장은 보건복지부가 하도록 되어 있으나, 실질적인 운영은 법인 형태의 국민건강보험공단에서 한다. 1999년에 제정된 국민건강보험법에 따라 2000년 7월부터 모든 의료보험조합의 관리운영은 국민건강보험공단으로 단일화되었다.

3) 고용보험

고용보험이란 실직한 근로자에게 실업급여를 지급하는 전통적 의미의 실업보험에서 더 나아가 적극적인 취업알선을 통한 재취업 촉진, 근로자의 직업안정 및 고용구조 개선을 위한 고용안정사업, 근로자의 능력개발사업 등을 함께 실시하는 사회보험제도다.

① 적용대상

고용보험제도는 4대 사회보험 가운데 가장 늦게 도입되었다. 1993년 제정된 고용보험법에 따라 1995년부터 실시되고 있으며 2004년 1월부터는 일용근로자도 고용보험의 적용을 받을 수 있도록 적용대상이 확대되었다. 여기서 말하는 일용근로자란, 1개월 미만의 기간 동안 고용되는 근로자로 주로 건설근로자(비계공, 벽돌공, 목수, 용접공 등)가 해당되며, 그 외에 중국집 배달원, 급식조리원, 식당 주방보조원, 백화점 등에 세일기간 동안 고용된 사람, 1개월 미만의 일시적 사업에 고용된 사람

등이 해당된다.

② 급여

고용보험법상 실업급여를 받을 수 있는 자격을 갖추려면, 먼저 실직 전 18개월 중 6개월 이상 고용보험의 적용을 받는 사업의 피보험자로 고용되어야 한다. 또한 실직사유가 수급자격 제한 사유에 해당하지 않아야 하고, 취업의사와 능력을 가지고 구직활동을 하는 사람이어야 하며, 수급기간 내에 신청해야 한다.

고용보험제도는 실업급여사업을 통해 실업자에게 구직급여, 각종 연장급여, 조기재취직수당, 직업능력개발수당, 광역구직활동비, 이주비를 지급한다. 또한 직업능력개발사업을 통해 실업자재취직훈련 지원, 수강장려금 지원, 교육수강비용 대부, 훈련관련사업주 지원 등을 제공하고, 고용안정사업을 통해 고용유지, 채용장려, 고령자 · 여성고용촉진사업을 실시한다.

③ 재정 및 관리운영

고용보험제도에 필요한 재원은 보험료로 마련된다. 실업급여사업의 보험료는 피용자(고용된 사람)와 사업주(고용한 사람)가 반씩 부담하고, 고용안정사업과 직업능력개발사업의 보험료는 사업주가 전액 부담한다.

고용보험사업의 관리운영자는 노동부다. 고용보험사업은 다른 사회보험사업과 달리 산업구조조정 촉진 또는 고용구조 개선 등과 밀접한 관련을 맺고 있다는 판단하에 노동부에서 맡게 되었다. 그러나 구체적인 사업 중 많은 부분은 근로복지공단에서 시행하고 있다.

4) 산업재해보상보험

산업재해보상보험이란 산업사회의 고유한 문제인 업무상 재해와 직업병으로 인한 소득상실을 보전함과 동시에 요양서비스와 재활서비스를 충분히 제공하여 성공적인 직업복귀를 도모하는 제도다.

① 적용대상

산업재해보상보험(1963)은 우리나라 4대 사회보험 가운데 가장 일찍 도입되었다. 2000년 7월부터 재해발생 위험이 높고 보상능력이 취약한 4인 이하 사업장에도 확대 적용되어 원칙적으로 모든 사업장에 산업재해보상보험제도가 적용된다.

소규모 사업장은 종업원뿐만 아니라 고용주도 본인이 원할 경우 산업재해보상보험을 적용받을 수 있으며, 사용자가 실수로 혹은 고의로 가입하지 않았다 하더라도 그 사업장에서 일한 근로자가 산업재해를 당하면 근로복지공단에 산업재해보상보험 혜택을 요구할 수 있다. 이 경우 근로복지공단은 산업재해를 당한 근로자나 가족에게 재해와 관련된 전액을 지불하고, 해당 사업주는 근로복지공단이 근로자에게 지불한 총액의 절반을 부담해야 함과 동시에 밀린 보험료도 한꺼번에 내야 한다(이용교, 2001 : 61).

② 급여

산업재해보상보험의 급여를 받기 위해서는 재해와 업무의 연관성을 인정받아야 한다. 산업재해보상보험법 제4조 1항 1호에 의하면, 업무상 재해란 '업무상의 사유에 의한 노동자의 부상 · 질병 · 신체장해 또는 사망'을 의미한다.

산업재해보상보험에서 제공되는 급여에는 산업재해로 인한 부상 또는 질병에 지급되는 요양급여, 재해근로자 사망 시 장제 실행자에게 지급되는 장의비, 산업재해로 인한 휴업에 지급되는 휴업급여, 산업재해로 인한 부상 및 질병의 치유 후 장애가 남았을 때 지급되는 장애급여, 재해근로자 사망 시 유가족에게 지급되는 유족급여, 2년 이상 장기요양을 하는 재해근로자가 폐질자로 판정될 때 지급되는 상병보상연금, 보험가입자의 고의 · 과실로 인한 재해에 지급되는 특별급여가 있다.

③ 재정 및 관리운영

산업재해보상보험의 보험료는 가입자인 사업주가 전액 부담한다. 산업재해보상보험료는 해당 사업장 또는 사업의 임금총액을 기준으로 부과되고, 여기에 각 사업이나 사업장에 해당하는 업종의 보험료율을 곱해서 보험료액을 결정한다.

산업재해보상보험제도의 관리운영은 노동부와 근로복지공단에서 담당한다. 보험료율과 보험급여수준 결정과 같은 정책업무는 노동부가 맡고, 보험료 징수와 보험급여 지급 등 집행업무는 노동부 산하의 근로복지공단이 담당한다.

3. 공공부조

1) 공공부조의 개념

공공부조(public assistance)라 함은 빈곤계층의 기본적 생활욕구 해결을 위해 소득보장, 의료보호, 교육, 주택 등 기타 서비스를 제공하기 위한 국가의 책임하에 무기여급부를 제공하는 제도다.

우리나라의 사회보장기본법 제3조 제3호에 의하면, "공공부조라 함은 국가 및 지방자치단체의 책임하에 생활 유지능력이 없거나 생활이 어려운 국민의 최저생활을 보장하고 자립을 지원하는 제도를 의미한다"라고 정의하고 있다.

2) 공공부조의 특징

공공부조의 특징으로는 다음의 네 가지 요소를 들 수 있다. 첫째, 국가나 공공단체가 주체다. 둘째, 재원은 일반조세로 조달된다. 셋째, 무능력자, 빈곤자 등에 대해 무기여급여가 지급된다. 넷째, 신청이나 요구 및 자산조사 등을 통해 해당사가 결정된다.

3) 공공부조의 원리 및 원칙

(1) 공공부조제도의 기본원리

① 생존권보장의 원리 : 모든 국민의 건강하고 문화적인 최저한의 생활보호
② 국가책임의 원리 : 빈곤의 사회적 책임 인정, 이의 해결과 대책의 수립
③ 최저생활의 원리 : 최소한의 욕구가 충족되는 수준
④ 무차별 평등의 원리 : 빈곤의 원인, 인종, 종교, 성별 등에 무관한 보호
⑤ 자립조정의 원리 : 자력으로 사회생활에 적응 · 유지할 수 있도록 조력
⑥ 보충성의 원리 : 가용자원의 최대한 활용을 조건으로 한 보완책 등이 있다.

(2) 공공부조제도 실시상의 원칙

① 직권 · 신청보호의 원칙 : 행정기관의 직권보호를 근간으로 하는 신청보호를 병행 · 보완한다.
② 급여기준과 정도의 원칙 : 제반 사정을 고려한 보호의 실시기준에 관한 실시의 원칙(수요측정의 원칙, 부족분 보완의 원칙, 생활능력심사의 원칙)을 준수한다.
③ 개별적 욕구충족의 원칙 : 개별화의 원리에 의거하여 급여의 일률성을 배제한다.
④ 가구(세대)단위의 원칙 : 가구(세대)를 주된 단위로 하되 예외적으로 개인단위도 보호한다.
⑤ 현금급여(부조)의 원칙 : 선택자유권과 명예보장과 행정의 간소화를 추구한다.

⑥ 거택보호의 원칙 : 생활 및 거주의 근거지인 거택을 주보호지로 한다.

사회보험과 공공부조의 비교는 〈표 4-2〉와 같다.

〈표 4-2〉 사회보험과 공공부조의 비교

분류＼제도	사회보험	공공부조
대상	기여할 능력이 있는 일반국민	기여할 능력이 없는 빈곤계층
재정	기여(노사정 3자 기여 원칙)	국가 일반예산(국고)
자격	기여를 한 사람	자산조사 및 능력조사에 통과한 자
권리	법적으로 권리가 보장됨(기여급여수급권 인정)	구호기대권을 가짐(생존권적 기본권화 되어감에 따라 청구권이 생기는 추세)
기본정신	기여한만큼 받음(떳떳함)	현금, 현물급여의 경제적 보상
서비스	기본적으로 능력이 있는 자들이므로 추가적인 서비스는 없음	사회복지서비스(사회사업가의 개입이 필요)
기원 및 발전	독일의 상호부조조직 (예: 공제조합)	영국의 빈민법

자료 : 정종우(2004). 233.

4. 공공부조의 현황

1) 국민기초생활보장

① 적용대상

원칙적으로 모든 국민은 국민기초생활보장제도의 대상이 된다. 누구든지 어떤 이유이든지 현재 생활이 어려운 사람은 수급권자가 될 수 있는 것이다. 그러나 생활이 어렵다는 것을 증명하기 위한 몇 가지 기준이 있다. 실제로 수급권자가 되기 위해서는 〈표 4-3〉에서처럼 많은 기

〈표 4-3〉 국민기초생활보장 수급자 자격요건

기준		내용
제1기준	주소지 기준	• 거주하고 있는 곳에 주민등록이 되어 있어야 신청 가능(2개월간의 긴급급여는 가능함)
제2기준	부양의무자 기준	• 부양의무자의 범위 : 직계혈족 및 생계를 같이하는 2촌 이내의 혈족 • 부양의무자가 부양능력이 없거나 미약할 경우 수급자로 신청 가능
제3기준	소득인정액 기준	• 1인 36만원 이하, 2인 59만원, 3인 81만원, 4인 102만원, 5인 116만원

자료 : 보건복지부(2003).

준을 통과해야 한다. 하지만 이러한 기준에 대해 너무 엄격하다는 평가와 비판이 뒤따르고 있어 개선이 요구되고 있다.

② 급여

국민기초생활보장법에서 급여의 종류는 생계급여, 의료급여, 교육급여, 해산급여, 장제급여, 자활급여, 주거급여로 구분된다(〈표 4-4〉 참조). 모든 수급자에게는 생계급여가 주어지고 수급자의 필요에 따라 의료급여, 교육급여, 해산급여, 장제급여, 자활급여, 주거급여 등의 부가급여를 함께 행하도록 하고 있다. 급여의 수준은 수급자의 기본적인 소득에 국민기초생활보장의 급여를 포함한 금액이 최저생계비 이상이 되도록 하여야 한다.

③ 전달체계

국민기초생활보장의 주무부서는 보건복지부다. 보건복지부는 기초생활보장을 위한 기본 정책을 수립하고, 예산을 편성하며, 기획과 조정 등의 업무를 관장하고 있다. 그러나 실제로 기초생활보장의 보장업무는 지역사회에 관한 정보를 갖고 있고, 지리적으로 근접해 있으며, 또 지역주민의 삶과 밀접한 관계를 맺고 있는 지방자치단체가 담당하고 있다. 따라서 수급자를 선정하거나 급여를 제공하는 것은 읍 · 면 · 동

〈표 4-4〉 국민기초생활보장제도의 급여 종류

급여종류		급여내용
생계급여	일반생계 급여	의복, 음식물, 연료비, 기타 생활에 기본적으로 필요한 물품에 대해 현금으로 지급
	시설수급자생계급여	주식비, 부식비, 연료비, 피복비 등을 현금으로 지급
	조건부생계급여	근로능력 있는 자에게 자활사업에의 참가를 조건으로 지급
	기 타	월동대책비, 설 · 추석 특별위로금
	긴급생계급여	긴급한 필요가 있을 경우의 생계급여
주거급여		임차료, 유지수선비, 주거안정지원비, 전세자금대여
교육급여		입학금 및 수업료
해산급여		분만 전후 필요한 조치, 보호
장제급여		장제조치에 필요한 금품
자활급여		자활지원계획에 따른 자활관련 서비스
의료급여		의료기관이용, 보청기, 안경, 의수족

자료 : 보건복지부(2003).

의 사회복지전담공무원에 의해서 이루어진다.

2) 의료급여

① 적용대상

국민기초생활보장 대상자들은 자동적으로 의료급여의 대상자가 된다. 의료급여는 기존의 의료보호를 대체한 것으로 빈민인 국민기초생활보장 대상자뿐만 아니라 국가유공자, 인간문화재, 이재민, 의상자 및 의사자 유족, 귀순북한동포 등 국가가 무상으로 의료서비스를 제공해야 할만한 사유가 있는 사람들도 대상으로 하고 있다는 점에서 국가의료보장제도라 할 수 있다. 하지만 대상자 대다수가 국민기초생활보장제도의 생계보장 대상자(1종)와 자활보호 대상자(2종)란 점에서 실질적으로는 공공부조제도에 속한다.

② 급여

국민기초생활보장 수급자 중 1종인 경우, 외래 및 입원비의 전액지급을 급여원칙으로 하며 입원 시 식대의 20%는 본인부담금으로 한다. 기초생활보장 수급자 중 근로능력이 있는 2종인 경우, 본인 일부부담을 제외한 전액지원을 급여원칙으로 하며 외래진료 시 제1차 진료기관은 1,000원, 제2차 · 제3차 진료기관은 20%의 본인부담으로 하고, 입원 시 총 진료비의 20%는 본인부담금으로 한다.

③ 재정 및 관리운영

의료급여의 재정은 국고보조금과 지방비로 충당된다. 이것으로 시 · 도의 의료급여기금이 만들어지고, 이 기금에서 의료기관에 진료비가 지불된다. 진료비 심사는 건강보험심사평가원이 맡고, 진료비 지급업무는 전술한 대로 건강보험공단이 한다(원석조, 2002 : 394-396).

5. 사회복지서비스

1) 사회복지서비스의 개념

사회복지서비스(사회복지사업 또는 사회적 서비스)는 사회보험, 공공부조와 더불어 사회보장정책의 중심을 이루고 있다. 사회보장기본법 제3조 제4항에 의하면 국가 · 지방자치단체 및 민간부문의 도움을 필요로 하는 모든 국민에게 상담 · 재활 · 직업소개 및 지도 · 사회복지시설 이용 등을 제공하여 정상적인 사회생활이 가능하도록 지원하는 제도를 말한다고 규정하고 있다.

2) 사회복지서비스의 특성

사회복지서비스의 특징으로는 첫째, 사회보험이나 공공부조는 소득이나 물질적인 급여가 주류를 이룬다면, 사회복지서비스는 비물질적 · 심리사회적 서비스를 주된 내용으로 한다. 둘째, 사회복지서비스는 사회보험과 공공부조에 비하여 개인적 욕구의 특수성에 따라 개별적 처우를 제공하기가 상대적으로 어렵다. 셋째, 사회복지서비스법의 급여는 서비스가 대부분이어서 서비스를 전달하는 사람들의 전문적인 개입과 기술이 중요하고, 이를 법적으로 규정하는 경우에 일선행정가에게 역할을 위임하는 경우가 대부분이다 등의 세 가지를 들 수 있다.

3) 사회복지서비스의 원칙

- 통합의 원칙(통합화) : 인간의 복지와 관계되는 제반의 프로그램과 서비스는 통합적으로 상호보완된다.
- 제도화의 원칙 : 보편적인 서비스는 항구적으로 제도화를 지향해야 한다.
- 전문화의 원칙 : 조직과 인력의 전문화를 통해 서비스를 전문화해야 한다.
- 선택의 원칙 : 대상, 재원, 프로그램과 서비스 및 방법의 차원에서 우선순위를 두어야 한다.

4) 사회복지서비스의 내용

(1) 사회복지서비스의 범위

사회복지서비스는 빈곤자, 아동, 노인, 여성, 장애인 등을 대상으로 전문적인 지식과 방법을 활용하여 이들의 제반 문제를 해결하고 원만한 사회생활을 할 수 있도록 돕는 데 그 목적을 두고 있다. 그러나 오늘날 사회복지서비스는 특정인이 아닌 일반인이 가지는 다양한 욕구를 해결하기 위한 보다 전문적인 사회복지서비스라고 해야 할 것이다. 우리나라 사회복지사업법의 정의에 따르면 기존의 사회복지대상뿐만 아니라 정신질환자, 성폭력피해자, 일본군 위안부 등을 포함한 복지사업과 사회복지상담, 노숙인보호, 지역사회복지, 의료복지, 재가복지 등의 모든 활동을 사회복지사업으로 규정하고 있다.

(2) 사회복지서비스 전달체계

사회복지서비스 전달체계란 사회복지서비스를 구체적으로 추진하고 실천하기 위하여 필요한 자원을 조달, 배분하여 공급자와 수요자를 연결시키는 조직적인 체계를 말한다. 사회복지서비스의 전달체계에 대한 자세한 내용은 제5장 사회복지정책 · 행정 부분을 참고하면 된다.

참고문헌

김영하 외(2004). 인간과 사회 그리고 복지. 양서원.
박경일(2001). 사회복지학강의. 양서원.
박상하 외(2003). 사회복지개론. 양서원.
박석돈(2003). 사회보장론. 양서원.
박용순(2003). 사회복지개론. 학지사.
보건복지부(2003). 국민기초생활보장사업안내.
원석조(2003). 사회보장론. 양서원.
이영철 외(2003). 사회복지학. 양서원.
이용교(2001). 복지는 생활이다. 인간과 복지.
정종우(2004). 사회복지학-문제와 해설. 학지사.

국민건강보험공단 www.npc.or.kr
국민연금관리공단 www.nhic.or.kr
근로복지공단 www.welco.or.kr

제5장 사회복지정책 · 행정

1. 사회복지정책의 이해

1) 사회복지정책의 개념

사회복지정책은 복지이념을 실체화하는 과정 또는 사회복지의 목표를 이루기 위하여 필요한 행동들에 관한 원칙이라고 할 수 있다.

사회복지정책[1]과 관련되는 사회정책에 대하여 알아보면, 사회정책이란 권위있는 공공기관이 사회정책 목표를 달성하기 위해 정치적 · 행정적 과정을 거치거나 당위성에 입각하여 공식적 · 의도적으로 선택한 미래의 행동지침이라고 할 수 있다.

이러한 사회정책의 개념은 각 나라마다 약간씩 차이가 있다. 우선 영국에서의 사회정책의 개념을 살펴보면, 마샬(Marshall)은 사회정책이란 그 의미를 기술할 수 있는 용어는 없다고 단정하면서 "서비스 혹은 소

---

1) 송근원 · 김태성(1995)은 정책을 특정한 목적을 이루기 위해 필요한 행동들에 관한 원칙, 지침, 일정한 계획, 혹은 조직화된 노력 등으로 간단하게 정의하고 있다. 이는 사회복지정책에 있어서 논의할 주 개념은 사회복지라는 용어에 있다고 보는 것이다.

득을 제공함으로써 사람들의 복지에 직접적인 영향을 미치는 정부의 정책"이라고 하고 있다. 또한 그는 사회정책의 목표를 빈곤의 제거, 복지의 극대화, 평등의 추구로 보며, 이들 중 사회정책이 추구해야 할 내용으로 복지의 극대화를 언급하고 있다. 한편 티트머스(Titmuss)는 "사회정책이란 일정의 물질적 · 사회적 욕구, 특히 요구호 욕구에 관하여 시장에서 충족하지 못하거나 충족할 수 없는 특정의 사람(요보호자)에게 일방적 이전(unilateral)이나 선물(gift) 형태로 부여하는 정부의 행위"라고 정의하고 있다.

그러나 미국과 독일에서는 각각 사회복지정책을 기존의 사회정책의 개념 속에 포함되는 것으로 정의하고 있다. 먼저 미국에서는 사회복지정책을 사회복지 관련 프로그램과 쟁점에 관하여 의사결정을 위한 지침으로 더 나아가, 제도적 관점에서 사회복지 기능을 하는 개념으로 보고 있으며, 독일에서는 사회복지정책 개념을 전통적인 노동정책 혹은 경제정책의 하나로 파악하는 사회정책 개념으로 보고 있는 것이다. 결국, 독일에서는 사회보장적 측면의 성격이 강한 사회복지 개념을 사회정책의 개념 속에 포함시킨다고 볼 수 있는 것이다.

이러한 개념 정의들을 종합해보면, 사회정책이란 개인이나 그 집단이 인간다운 생활을 영위하는 데 필요한 사회적 관계의 노선과 사회복지서비스의 확충 및 자원의 형평성 배분에 영향을 주고자 마련된 원리나 행동노선으로 정리할 수 있다.

이렇듯 사회복지정책이라는 개념을 정의하는 것은 각 나라마다, 시대마다, 그리고 정책을 형성하고 실현하는 요인들마다 다양하기 때문에 그것을 구체적이고 정확하게 포괄하는 개념을 정의할 수 없는 것이다.

2) 사회복지정책의 영역

사회복지정책의 고유 영역을 구분하는 것은 사회복지정책에 대한 개념을 어떻게 정의하는가에 따라 조금씩 상이하게 나타난다. 타운젠트(1970)는 소득보장, 건강, 교육, 주택 그리고 대인(對人)적 사회서비스 등 다섯 가지 항목을, 디니토(1995)는 소득보장, 영양, 건강, 사회서비스 등 네 가지 항목을 사회복지정책 영역으로 할 것을 주장한다. 그러나 사회복지정책의 개념을 포괄적으로 해석하는 티트머스(Titmuss)와 칸(Kahn)은 위에서 주장하는 항목에 각각 조세정책과 노동시장정책(고용정책)을 포함시키고 있다. 한편 로저스(1979)는 사회보장, 주택정책, 개별 사회서비스 등의 영역을 주장하고 있다.

결국, 사회복지정책을 광의의 개념으로 본다면 그 영역에 소득보장, 건강, 주택, 교육, 대인적 사회서비스, 조세정책, 노동시장정책 등 일곱 가지 영역으로 볼 수 있으며, 협의의 개념으로 정의한다면, 소득보장, 건강, 교육, 주택, 대인적 사회서비스 등 다섯 가지 영역으로 볼 수 있다.

3) 사회복지정책 내용의 분석 틀

① 급여

사회복지 재화나 서비스는 국가의 일방적인 이전의 형태로서 수요보다 공급이 적은 것이 특징이다. 사회복지정책의 가치와 관련된 급여의 쟁점은 첫째, 어떤 종류의 평등을 어느 정도 추구할 것인가? 둘째, 사회복지정책으로 야기되는 비효율적인 문제를 어느 정도까지 받아들일 것인가? 셋째, 사회구성원들의 자유를 어느 정도 제한할 것인가에 의하여 급여가 달라질 수 있다.

급여의 형태로는 현금, 현물, 서비스, 증서, 기회, 권력 등이 있는데, 현금과 현물이 거의 대부분이다.

② 재원

사회복지정책에는 재원이 필요하며 재원이 불충분하면 그 정책은 성공하기 어렵다. 또 사회복지정책의 재원이 어떤 재원에 의존하느냐에 따라 정책의 내용이나 목표가 달라질 수 있다. 사회복지정책에 사용되는 재원은 크게 공공부문과 민간부문의 것으로 나눌 수 있다.

③ 사회복지전달체계

사회복지 재화나 서비스는 여러 영역에 걸쳐 다양하므로 그 전달방법도 다양하다. 또한 전달체계에 따라 사회복지정책의 가치나 목적이 달라질 수 있기 때문에 전달체계는 매우 중요한 요소다. 사회복지정책의 전달체계는 중앙정부, 지방정부, 중앙정부와 지방정부의 혼합, 정부와 민간의 혼합체계가 있다.

2. 사회복지정책의 형성과정

사회복지정책의 형성과정은, 사회 구성원들이 가지고 있는 사회문제가 정책문제로 인식되기 이전 상태에서부터 국가나 공공기관의 사회복지정책 형성자에 의해서 사회복지정책 대상으로 채택되는 단계 등을 포함한다. 이들 각 단계들은 각 단계마다 명쾌하게 구분되어 있지 않고, 서로 중복되거나 순환적으로 상호 영향을 미치고 있다.

각 단계를 구분하는 방법이 다양하지만 이를 요약해 보면, 정책의제의 형성→정책의 결정→정책의 집행→정책 평가 등으로 종합하여 볼 수 있다.

① 사회복지정책 의제 확인과 형성 단계

사회복지정책 형성의 원인은 사회복지문제에 있다. 이는 사회복지정책이 추구하는 것이 바로 이 사회복지문제의 해결이기 때문이다. 그러기에 사회의 구성원인 인간으로서 기본적인 생활을 누리지 못하고 고통받고 있는 사람들이 그러한 상황이나 조건을 해결해야 할 문제로 인식하는 것을 사회복지정책 형성의 진정한 출발점이라 하는 것이다. 이렇게 출발한 사회복지정책 형성은 이러한 사회복지문제해결을 정부에 요청하는 형태로 나타나게 되는데 이러한 요청이 성공적으로 받아들여

지게 되면 이것들은 정책활동가(policy actor)들의 관심을 받으면서 그 해결방법들이 논의되기 시작한다. 이때 정책활동가들에 의해 논의되는 문제나 요구를 의제라고 하며 이러한 의제들의 모음을 아젠다(agenda)[2)]라고 한다.

사회복지문제나 요구가 정책 아젠다 위에 오르도록 하기 위해서는 정치적 논점으로 부각시킬 필요가 있다. 이때 정치적 논점으로 부각된 문제나 요구를 이슈(issue)라 부른다.

사회복지정책 문제가 이슈화되기 위해서는 첫째, 공공의 관심을 끌어야 하고, 둘째, 공공정책상의 논점으로 제시되어야 한다. 그렇게 되기 위해서는 클라이언트, 사회복지 전문가, 언론, 정치인들의 노력이 필요하다.

② 사회복지정책 아젠다의 형성과정 단계

사회복지정책 아젠다의 형성과정은 사회복지문제나 요구의 이슈화 과정이라고도 할 수 있다. 아젠다 형성이란 정부가 정책적 해결을 위하여 사회문제를 정책문제로 채택하는 과정 또는 행위, 즉 사회문제가 정책문제로 전환되는 과정이나 행위를 말한다. 사회복지정책 아젠다 형성과정을 간략하게 표시하면 다음과 같다.

문제의 발생(개인, 사회) - 문제의 인식(개인의 인식에서 사회로의) - 사회문제(social problem) - 사회적 이슈(social issue) - 공공으로 인정된 아젠다(public agenda) - 정부 아젠다(governmental agenda)

2) 아젠다(agenda)란 일련의 정치적 논쟁거리로서 특정한 시기에 대중의 관심을 끌 만하다고 인식되는 문제 또는 기존 정부기구의 합법적 관할권에 속하는 문제며, 정치체계의 구성원들에 의해 간주되는 문제를 말한다(Cobb & Elder, 1984).

③ 사회복지정책 대안(정당화) 형성 단계

정책 대안의 형성과정이란 정책문제가 무엇인지를 파악하고 문제를 둘러싼 상황을 파악하여 정책목표를 세우고, 그 목표를 달성할 수 있는 정책수단으로서의 정책대안을 개발하여 어떠한 정책대안이 가장 바람직한 것인가를 분석하는 과정을 말한다. 대안의 분석과정에서 기본적으로 사용하는 기준들로는 실현가능성(feasibility), 바람직성(desirability) 등을 들 수 있다.

④ 사회복지정책의 결정 단계

정책결정이란 권위 있는 정책결정자가 문제해결을 위해 제시된 여러 가지 대안들 가운데 하나를 선택하는 행위 또는 과정을 말한다. 이러한 정책결정 과정을 설명하기 위해 여러 가지 이론 모형이 있는데, 이러한 이론 모형들로 합리 모형, 만족 모형, 점증 모형, 혼합 모형, 최적 모형, 쓰레기통 모형 등을 들 수 있다.

⑤ 사회복지정책의 집행 단계

사회복지정책의 집행이란 의도된 정책목표를 달성하기 위하여 결정된 사항들을 실행하는 활동이다. 따라서 사회복지정책의 집행은 공적 적용에 기인하는 모든 활동을 포함한다.

⑥ 사회복지정책의 평가

정책 평가란 정책활동에 관한 평가로서 정책 실행 결과에 대한 정보를 수집하고 분석하며 해석함으로써 그 가치를 판단하는 것이다. 요컨대, 평가란 특별한 개입(평가)이 비용과 급여 그리고 목표 달성이란 의미에 있어 갖는 성공의 의의와 정도를 결정하는 체계적인 과정인 것이다.

3. 한국 사회복지정책의 방향성과 과제

우리나라가 진정한 복지국가로 도약하기 위해서는 먼저 사회복지정책의 방향성이 설정되어야 한다. 이는 사회복지정책의 기본 이념인 조세에 의한 재분배 효과, 경제활동을 통한 국민의 적정한 분배기회의 제공 등을 이루기 위해서도 반드시 필요한 것이다.

또한 사회복지정책의 방향성 설정은 21세기를 살고 있는 우리의 현실을 고찰해볼 때 더욱 절실해진다. 즉, 제도적 기반이 확정되어 있지 못한 상황 속에서, 국가의 복지정책을 실행하는 사회복지실천의 주체를 지방자치단체나 민간기관에 완전 위임하려는 것으로 상정할 때, 실질적인 복지국가는 요원해지기 때문이다. 국가가 실행해야 할 복지국가의 기반 설정을 사회적 연대책임에 기초한 보편주의적 · 제도적 · 예방적 복지정책으로 확정하고, 이에 따르는 서비스 실천에 있어서 국민 대다수가 참여할 수 있도록 지방자치단체, 민간기관들을 연계화, 통합하는 것이 필요하다고 본다.

4. 사회복지행정의 이해

1) 사회복지행정의 개념

일반적으로 행정이라 하면 한 사회의 정책적 목표를 현실 사회에 실현하는 과정을 말한다. 즉, 어떤 추상적인 목표를 실현하기 위한 구체적인 조직과 인력, 재정 관리, 프로그램 등을 총칭하여 행정이라 한다. 따라서 사회복지행정이란 사회적 합의에 의해 결정된 사회복지정책을 사회복지서비스로 구현하는 실천적 과정이라 정의할 수 있다.

트렉커(Trecker)는 사회복지행정이란 ① 지속적이고 동적인 과정(process)이며, ② 사회복지의 목적을 달성하기 위한 연속적 과정, ③ 공통의 목적이나 목표를 달성하기 위한 인적 · 물적 자원의 이용, ④ 인적 · 물적 자원의 활용을 위한 조정과 협력, ⑤ 이러한 정의에 함축되어 있는 기획, 조직, 리더십 등으로 사회복지 행정의 개념을 정리하였다(Trecker, 1977 : 24-25).

한편 사리(Sarri)는 사회복지행정을 조직 내에서 이루어지는 일련의 활동과정들로 정의하면서 이를 ① 사회복지의 이념 및 정책을 실행 가능한 정책과 목적으로 전환하는 활동, ② 프로그램의 계획 및 시행, ③ 자원 동원과 배분 활동, ④ 조직간 운영관리, ⑤ 인력 관리 · 감독, ⑥ 사회적 관계 설정, ⑦ 지역사회 교육, ⑧ 조직의 생산성 향상을 위한 모니터링 · 평가 · 혁신활동 등으로 제시하였다(Sarri, 1987 : 29-30). 이처럼 사회복지행정에는 사회복지 이념에 대한 이해에서부터 조직 운영, 자원관리, 지역사회활동, 평가와 피드백 활동 등 다양한 활동이 포함된다.

사회복지행정은 사회복지의 목표를 실현하는 과정 내지는 수단이라는 점에서 효과성(effectiveness), 효율성(efficiency), 공평성(equity), 접근성(accessibility)의 원칙을 충족시켜야 한다.

2) 사회복지행정의 분류

사회복지행정은 그 시행주체에 따라 크게 공공사회복지행정과 민간사회복지행정으로 구분된다. 먼저 공공사회복지행정은 중앙정부와 지방자치단체, 기타 공공조직에 의해 수행되는 것으로 그 운영재정은 원칙적으로 국민조세로부터 충당된다. 각국의 상황에 따라 일정 부분 차이는 있지만, 대체로 현대 복지국가의 공공사회복지행정에 있어 가장 중요한 부분은 국민연금 · 고용보험 · 산업재해보상보험 · 의료보험 등 4대 사회보험과 공공부조다. 공공사회복지행정은 사회안전망 구축의 기초로서 근대 복지국가 형성의 근간을 이루고 있으며, 대부분의 국가에서 그 중요성이 강조되는 추세라고 할 수 있다.

민간사회복지행정은 사회복지사업법에 의해 설립된 법인이나 사회복지시설에 의해 수행되는 것으로 그 형태나 서비스 내용이 매우 다양하며, 운영재정 역시 자체기금 및 국고보조금, 기부금, 수익금 등 다양한 경로로부터 충당된다. 사회복지시설과 사회복지관, 사회복지협의체 등이 이에 해당된다.

3) 사회복지행정의 특성 : 일반행정과의 비교

사회복지행정이 일반행정과 구분되는 가장 큰 특성은 비가치중립적이며 문화적 가치와 사회적 · 도덕적 정체성을 지니는 인간이 사회복지행정조직의 원료이자 산출물이라는 점이다. 따라서 사회복지행정은 휴머니즘적 가치에 의해 지향되기 마련이므로 몰가치적 · 합리적 원리에 의해 수행되는 기업이나 일반 관료조직의 행정과는 구분된다. 이 밖에도 사회복지행정은 조직의 운영 · 관리에 있어서 비영리 추구 목적에 대해 가치나 가격을 설정하는 데 따르는 어려움, 대인적 서비스 전달과정에 대한 외부 통제의 어려움, 생산자원 확보가 외부 환경에 의존하고 있다는 점, 다양한 이해집단의 개입으로 구체적 목표에 대한 합의가 어렵다는 점, 인간과 인간 변화에 대한 지식과 기술이 불확실하다는 점 등의 특징을 지니고 있다(김영종, 2001 : 87-89).

5. 사회복지행정조직

1) 조직의 개념

사회복지행정은 조직의 맥락에서 이루어진다. 다시 말해서, 오늘날 사회복지서비스는 국가에 의해서든 민간에 의해서든 간에 공식화된 조직을 통하여 계획되고 전달된다. 일반적으로 조직이란 특정한 공동 목표를 달성하기 위해 2인 이상이 결합하여 협력하는 체계로 정의된다. 그러나 이러한 일반적 정의로 조직의 다양한 측면을 이해하기는 힘들다.

우리가 어떤 조직을 분석할 때 가장 쉽게 접근할 수 있는 방법이 조직의 공식적 지위를 분석하는 방법인데, 이처럼 조직을 하나의 폐쇄적 단위로 보면 그 내부의 공식적 지위 분석에 초점을 두는 것을 조직에 대한 합리적 모델이라 한다.

합리적 조직 모델로 조직의 공식적 목표와 지위체계를 잘 설명할 수는 있지만, 이것으로 조직의 모든 측면이 설명되는 것은 아니다. 예컨대, 조직의 실세라든지 개인적인 매력이 풍부한 사람일 경우, 조직 내 공식지위가 영향력 있는 위치가 아니라 하더라도 그 사람의 조직 내 권위는 커지게 되며 조직 구성원간 관계도 그 사람을 중심으로 형성된다. 조직 내부의 권위관계, 명령전달체계, 업무분담관계 등은 조직 내의 비공식적 관계에 의해 큰 영향을 받는다. 개인적인 친소관계, 동료와 업무에 대한 태도, 조직 리더의 리더십 등 수많은 비공식적 조직특성들이 존재하는데, 이 특성들은 업무효율성이나 생산성과 직접으로 관련되지만 공식적 규정이나 규범으로 통제하기 어려운 것들이다. 이처럼 조직 성패에 큰 영향을 미치는 다양한 조직 내 비공식적 인간관계에 주목하여 조직을 파악하는 이론들을 인간관계론이라 한다.

위의 합리적 모델과 인간관계론은 비록 관심의 초점은 다르지만, 조직을 폐쇄적 체계로 보며 조직의 내적 구조 분석을 중시한다는 공통점을 갖는다. 하지만 어떠한 조직이라 하더라도 외부환경과 상호작용하지 않을 수 없으며 따라서 조직을 그 주위 환경과 관련하여 파악하는 것이 중요하다. 예를 들어, 어떤 기업조직이 문화적 · 사회적 환경이 전혀 다른 지역에 진출하였다고 하자. 이때 새로 진출한 지역에서의 이 조직의 생존 여부를 조직 내부의 구조 분석을 통해서는 제대로 파악할 수 없다. 이러한 경우 조직이 새로운 환경의 문화적 · 제도적 특성에 적응하여 얼마나 훌륭히 자체 구조와 성격을 바꿀 수 있는가, 또는 조직과 새로운 환경과의 관계가 어떤 식으로 형성되는가가 조직 성패에 중대한 영향을 미친다. 이처럼 조직을 그 주위 환경과 관련시켜 이해하는 접근방법에서는 조직을 폐쇄적 단위로 보지 않고 환경에 개방되어 끊임없이 상호작용하는 것으로 파악하는데, 이러한 접근을 취하는 이론들을 개방체계론이라고 한다.

2) 사회복지행정조직의 성격

사회복지행정조직은 일반행정조직과 공통점을 갖기도 하지만, 휴먼서비스를 지향한다는 점에서 여타 행정조직과 차별성을 보인다. 일반적으로 사회복지행정조직이 갖는 특성으로는 탄력성과 전문성, 클라이언트 지향성 등이 꼽힌다(박태룡, 1999 : 96-100).

사회복지행정조직은 사회복지의 목표가 추상적이고 유동적이기 때문에 조직구조가 탄력적이어야 한다. 만약 조직의 목표가 구체적이고 고정적이라면 조직구조를 그 목표달성을 위한 가장 효율적인 형태로 고정하는 것이 유리하다. 그러나 목표가 추상적이고 유동적이라면 개방적이고 탄력적인 조직구조를 채택하는 것이 바람직하다. 그렇게 해야 조직이 목표와 환경 변화에 잘 대처할 수 있으며 조직 구성원의 창조적 역량을 최대화할 수 있기 때문이다.

사회복지행정조직은 사회복지의 목표를 달성하기 위해 전문적인 지식과 기술을 동원한다. 특히, 오늘날 사회복지에 대한 양적 · 질적 요구가 급격히 확대되면서 사회복지행정조직의 전문성이 더욱 확대되고 있다. 우선 사회복지행정직이 늘어나면서 그 담당업무가 세분화 · 전문화되고 있으며, 다양한 일반의학 · 재활의학 전문가들과 치료기법 전문가들의 참여도 확대되고 있다. 또한 각종 사회복지시설과 기관도 전문성에 따라 세분화되고 있는 추세다.

3) 사회복지행정조직의 유형

사회복지행정조직은 그 운영주체에 따라 공공사회복지행정조직과 민간사회복지행정조직으로 구분된다. 공공사회복지행정조직은 다시 중앙정부 차원의 조직과 지방정부 차원의 조직으로 구분되는데, 중앙정부 차원의 사회복지행정조직에는 주무부서인 보건복지부를 포함하여 노동부, 여성부, 교육부, 법무부 등 거의 모든 부서가 직 · 간접적으로 관련되어 있다. 지방정부 차원의 사회복지행정은 광역시 · 도 중심의 광역자치단체, 시 · 군 · 구 중심의 기초자치단체, 읍 · 면 · 동 중심의 일선 행정기관 등의 차원에서 조직화된다. 민간사회복지행정조직은 설립주체와 담당 서비스, 지리적 범위, 서비스 제공방법 등 매우 다양한 기준에 따라 분류될 수 있으므로 그 성격을 일률적으로 파악하기 곤란하다. 한국의 경우, 각종 사회복지시설과 사회복지관, 사회복지협의체가 전형적인 민간사회복지행정조직에 속한다.

4) 사회복지행정 관리과정

모든 조직은 그 기능과정에 있어 목표를 수립하고 구체적 정책을 결정하며 인적 · 물적 자원의 동원 및 배분을 수행하고 평가를 통한 피드백 등을 하게 마련이다. 조직의 이러한 기능을 관리과정 혹은 행정과정이라고 하는데, 사회복지행정조직 역시 효율적 운영을 위해 그 관리과정을 최적화해야 한다.

최적의 관리과정을 모델화하려는 시도는 여러 학자들에 의해 수행되었다. 사회복지행정조직의 관리과정 모델화와 관련해서는 굴릭(Gulick)과 얼윅(Urwick)의 이론이 대표적인 것으로 꼽힌다. 이들은 행정관리자들이 필수적으로 수행해야 하는 관리기능을 유형화함으로써 행정관리과정을 제시하였는데(Gilick & Urwick, 1966), 이 기능에는 기획(Planning), 조직화(Organizing), 인력관리(Staffing), 지휘(Directing), 조정(Coordinating), 보고(Reporting), 재정(Budgeting) 기능이 포함된다. 흔히 이 기능들을 약어로 POSDCoRB라 하는데, 최근에는 평가(Evaluating) 기능까지 포함시키기도 한다.

이 기능들을 간단히 살펴보면 다음과 같다.

- 기획(Planning) : 목표 설정과 프로그램 관리를 위한 방법 및 절차 설정
- 조직화(Organizing) : 조직구조 설정 및 업무 할당
- 인력관리(Staffing) : 직원의 고용과 배치
- 지휘(Directing) : 효과적 조직운영을 위한 명령
- 조정(Coordinating) : 효율적 업무 수행을 위한 조직 하위부서 간의 상호 연계 및 업무 조정
- 보고(Reporting) : 조직활동에 대한 보고
- 재정(Budgeting) : 조직운영 예산산출 및 관리
- 평가(Evaluating) : 조직활동 결과 평가

6. 사회복지행정인력

1) 사회복지행정인력의 개념 및 역할

사회복지행정인력은 사회복지행정조직에 소속되며 사회복지서비스를 효과적·효율적으로 전달하는 전문인력을 말한다. 사회복지행정인력에는 다양한 전문가, 준전문가, 보조전문가, 행정 및 사무요원, 자원봉사자 등이 포함된다.

이들은 안내자로서의 역할과 조력자로서의 역할, 전문가로서의 역할, 사회치료사로서의 역할을 수행한다(전수일·봉민근, 1999 : 352-356). 즉, 사회복지행정인력은 안내사로서 클라이언트 스스로 문제해결 방인을 강구할 수 있도록 도와주고, 조력자로서 클라이언트의 불만족 상황을

능동적으로 포착하여 해결해야 한다. 또 전문가로서 복지욕구 해결을 위한 전문적 자료와 지식, 기술에 대해 조언해야 하며 사회치료사로서 지역사회에 대한 진단과 치료를 통해 지역사회의 공동적 협력을 유도해야 한다.

이러한 역할을 충실하게 수행하기 위해서 사회복지행정인력은 기본적으로 사회복지실천 관련 지식과 기술을 습득해야 한다.

2) 사회복지행정인력의 현황

(1) 공공부문 행정인력

공공부문 행정인력에는 사회복지관련 일반직 공무원, 사회복지전담공무원, 아동복지지도원, 노인복지상담원, 장애인복지지도원, 모자복지상담원, 여성복지상담원 등이 있다.

사회복지관련 일반직 공무원은 국가공무원임용령 및 지방공무원임용령에 따라 5급, 6급, 7급, 8급, 9급직에 배치된다. 이 중에서 5급직(사회복지사무관)에 대해서만 행정고등고시를 통해 공개 채용하고 있다. 사회복지전담공무원은 사회복지사업에 관한 업무를 전담하기 위하여 시 · 군 · 구와 읍 · 면 · 동에 배치된다. 이들은 지방공무원임용령에 의거하여 사회복지사 자격증 소지자를 대상으로 공개 채용된다.

최근 주목받고 있는 공공사회복지행정인력은 사회복지전담공무원이다. 이들은 기초생활보장 업무 등 공공부조사업에 주력하기 위해 1987년부터 저소득층 밀집 읍 · 면 · 동사무소에 배치되어 왔다. 이들은 지방공무원으로서 사회복지사 자격증 소지자(3급 이상) 중에 지방자치단체장이 임용하며, 기초생활보호수급대상자 선정 및 지원 업무를 담당한다.

(2) 민간부문 행정인력

민간부문 행정인력은 각종 생활시설 · 사회복지관 소속 인력과 의료기관 소속 인력, 자원봉사자 등으로 구분된다(남세진 · 조흥식, 1998: 148-156).

현재 각종 사회복지시설에는 기본적인 운영인력을 비롯하여 상담요원, 생활지도원, 직업보도요원, 보육사보조원, 의사, 간호사, 영양사, 각종 치료사, 경비원, 취사 · 세탁원 등이 종사하고 있다. 그러나 이들의 업무는 중복되고 비전문화되어 있으며 각종 처우가 열악한 실정이다. 사회복지관에는 관장과 부장 이외에 가정복지, 아동복지, 청소년복지, 지역사회복지 등을 담당하는 선임사회복지사와 일반사회복지사가 배치되어 있다.

7. 사회복지서비스 전달체계

1) 사회복지서비스 전달체계의 개념

사회복지서비스 전달체계란 사회복지서비스의 공급자와 수요자를 연결시키는 조직적 체계를 말한다. 전달체계에 대한 이해가 주요한 이유는 동일한 복지자원이라도 어떠한 체계를 통해 전달하느냐에 따라 최종적으로 전달된 복지의 양과 질이 달라진다는 데 있다. 즉, 사회복지서비스 전달의 효율성과 효과성이 전달체계에 의해 큰 영향을 받기 때문에 이에 대한 이해가 필요한 것이다. 또한 효율성과 효과성이 확보된다고 하더라도 전달된 사회복지서비스가 사회복지의 이상적 목표에 부합되지 않는 결과가 초래되기도 하는데, 이 역시 어떤 전달체계를 채택하느냐의 문제와 밀접하게 연관된다.

2) 사회복지서비스 전달체계의 현황

사회복지서비스 전달체계는 공공전달체계와 민간전달체계로 구분된다. 먼저 공공전달체계는 중앙정부→광역시 · 도→시 · 군 · 구→읍 · 면 · 동→사회복지서비스 대상자의 체계로 기초생활보장과 직접서비스가 전달된다. 공공전달체계는 조세를 통해 재원을 충당하고 고정된 행정조직을 통해 전달된다는 점에서 일관성 · 안정성이 우월한 장점이 있다. 반면, 관료주의로 인한 서비스의 경직성과 획일성이 단점이다. 민간전달체계는 공동모금 · 복지재단 · 사회단체 · 종교기관 · 자선기관→서비스 대상자의 체계로 직접서비스가 전달된다. 민간전달체계는 공공전달체계와 반대로 서비스의 융통성과 다양성의 장점이 있는 반면 체계적이고 안정적 서비스가 확보되기 어렵다는 단점이 있다.

공공전달체계와 민간전달체계는 각각 독자적으로 서비스 전달을 하기도 하지만 실제 사회복지서비스 전달의 많은 경우가 이 양 체계간의 다양한 협력과 네트워크를 통해 이루어진다. 즉, 민간사회복지조직과 중앙정부 · 지방자치단체가 상황에 따라 다양한 협력 관계를 맺은 상태에서 서비스 수요자들에게 직접서비스를 제공하는데, 이러한 경우 중앙정부 · 지방자치단체는 주로 재정지원을 담당하고, 운영과 프로그램 지원은 민간조직이 담당한다. 이러한 형태의 사회복지서비스 전달체계는 지역사회복지 혹은 제3섹터 복지가 확대되고 있는 추세에서 더욱 주목받고 있다.

3) 사회복지행정의 방향성과 과제

현재 사회복지서비스 전달체계는 몇 가지 문제점을 안고 있다. 먼저 공공전달체계는 부처간 통합이 제대로 이루어지지 않아 서비스 전달이 비체계적이고 비효율적이어서, 부처간 업무 통합 조정이 시급한 실정이다. 또한 최일선 행정기관의 전문인력 부족도 문제인데, 전문인력 확충과 업무전문화가 요청된다. 사회복지 관련 각종 위원회도 현재 유명무실한 상태로 운영되는 문제가 있다. 유사 위원회 통폐합 및 운영의 내실화가 필요하다.

민간전달체계는 재정자립 문제로 인한 서비스 내실화 부족과 비안전성 문제를 겪고 있는데, 지역사회로부터 재원을 동원할 수 있는 방법의 강구와 자원봉사 체계화로 자립성을 키워야 한다. 또 현재 민간조직에 종사하고 있는 인력에 대한 열악한 처우 역시 전문적 서비스 제공에 장애가 되고 있으므로, 이들의 전문성을 제고시킬 수 있는 처우 개선책이 강구되어야 한다. 사회복지서비스 대상자는 사회복지실천의 수동적 수혜자가 아닌 능동적 주체이다. 이들의 자발적 참여를 유도할 수 있는 사회복지전달체계의 확립이 필요하다.

참고문헌

김상균(1987). **현대사회와 사회정책**. 서울대학교 출판부.

김영종(2001). **사회복지행정**. 학지사.

김태성 · 성경륭(1996). **복지국가론**. 나남출판.

남세진 · 조흥식(1998). **한국사회복지론**. 나남출판.

박용순(1999). **사회복지개론**. 학지사.

박태룡(1999). **사회복지행정론**. 홍익출판사.

송근원 · 김태성(1995). **사회복지정책론**. 나남출판.

어윤배(1996). **사회정책의 이론과 과제**. 숭실대학교 출판부.

엄기욱 역(1996). **사회복지정책**. 신한.

이영천 역(1996). **사회복지정책**. 홍익재.

전수일 · 봉민근(1999). **지방복지행정론**. 학문사.

한국사회복지학회(1998). 한국 사회복지의 패러다임 전환. **추계학술대회자료집**. 한국사회복지학회.

한국사회복지학회(2000). 한국 사회복지의 개혁과제와 전망. **춘계학술대회자료집**. 한국사회복지학회.

현외성(1994). 한국과 일본의 노인복지정책 형성과정. 유풍출판사.

Gil, D. (1981). *Unravelling Soial Policy.* Cambridge. MA: Schenkman Publishing Company Inc.

Gilbert, N., Specht, H., & Terrell, P. (1993). *Dimensions of Social Welfare Policy.* Englewood Cliffs. NJ: Prentice-Hall.

Gulick. L., & Urwick, L. (1966). *Papers on the Science of Administration.* New York: Institute of Public Administration.

Harris, D. (1987). *Justifying State Welfare: The New Right versus, The Old Left.* New York: Basil Blackwell.

Hasenfeld, Y. (1983). *Human Service Organization.* Prentice-Hall Inc.

Marshall, T. H. (1965). *Social Policy.* London: Hutchinson.

Sarri, R. (1987). Administration in Social Welfare. *Encyclopedia of Social Work Vol. 1.*

Titmuss, R. M. (1976). *Commitment to Welfare* (2nd ed.). London: George Allen & Unwin.

Trecker, H. (1977). *Social Work Administration.* New York: Association Press.

Wilensky, H., & Lebeaux, C. (1965). *Industrial Society and Social Welfare.* Russel Sage Foundation.

제6장 사회복지실천방법

1. 사회복지실천방법의 개념과 발달

1) 사회복지실천의 개념

사회복지실천이란 용어는 'Social Work Practice'라는 용어를 우리나라 상황에 맞게 번역한 것이다. 사회복지사업법 시행령이 1998년 개정되면서 한국 사회복지사협회가 사회복지교육의 필수과목으로 '사회복지실천론'을 채택하였고, 그동안 사용되어 왔던 사회사업(Social Work), 개별사회사업(Social Casework), 임상사회사업(Clinical Social Work), 일반적 사회사업(Generalist Social Work) 등을 대신하였다.

(1) 사회복지실천의 정의

사회복지실천에 대하여 1973년 미국 사회복지사협회(National Association of Social Workers : NASW)는 개인, 집단 그리고 지역사회로 하여금 그들 각자의 사회적 기능을 증진 회복하도록 원조하고, 그들의 목적에 알맞은 사회적 조건들을 창출하도록 원조하는 전문적인 활동이 사회복지실천이라고 정의하고 있다(NASW, 1973 : 3).

NASW(1982)는 사회복지실천을 보다 구체적으로 정의하기를, 첫째, 인간과 사회환경 간의 생태체계적인 관점에 기초하여 개인, 집단, 가족이 자신들의 문제해결능력과 대처능력을 향상시키는 것이며, 둘째, 인간이 필요로 하는 사회자원, 서비스, 기회 등의 환경체계가 원활하게 상호작용할 수 있도록 도와주는 것이며, 셋째, 자원과 서비스를 제공하는 다양한 사회복지기관이나 조직이 클라이언트에게 보다 좋은 서비스를 제공할 수 있도록 효과적이고 효율적인 운영을 추구하는 것이며, 넷째, 새로운 사회정책의 개발과 향상을 목적으로 하는 사회복지실천 활동이라고 하고 있다.

미국 사회복지교육협의회(Council of Social Work Eduction : CSWE)의 사회복지실천에 관한 최근의 정의는 사회복지실천을 사회적 기능향상과 사회경제적 기능을 실현하기 위해 정부나 민간에서 제공하는 다양한 사회복지서비스라고 하였는데, 이 정의는 현재까지 가장 보편적으로 인용되고 있나(이영분, 2001 : 23).

미국의 사회복지실천의 정의를 수용하여 인간의 삶의 질 향상을 위해 개인, 소집단, 가족 또는 지역사회의 문제와 욕구에 권한부여적인 문제해결방법을 사용하는 종합적인 전문활동으로 사회복지실천을 정의하면서, 사회복지실천은 사회사업의 3대 방법론을 모두 통합하는 방법론이라고 하였다(양옥경 외, 2000).

따라서 사회복지실천은 사회복지사가 개인, 집단, 가족 그리고 지역사회를 대상으로 이들의 문제와 욕구를 스스로 해결하도록 도와주어 사회적 기능을 향상시키고 나아가서는 이들의 삶의 질을 높이는 데 목적을 둔 종합적이고 전문적인 실천활동이라고 정의를 내릴 수 있다. 전문적인 실천활동의 범위는 개인이나 가족 혹은 집단의 문제와 욕구를 해결하기 위한 임상적이고 미시적인 개입은 물론 정책적인 개입까지도 포함한다.

(2) 사회복지실천의 목적

미국 사회복지교육협의회에서 제시한 사회복지실천의 목적은, 첫째로 개인, 가족, 집단, 조직 그리고 지역사회가 목적을 달성하고 고통을 완화시키며 자원을 활용할 수 있도록 도와줌으로써 이들의 사회적 기능을 촉진, 회복, 유지, 강화시키는 것이다. 둘째로 인간의 기본적인 욕구를 충족시키고 인간이 갖고 있는 잠재력 및 가능성을 계발하는 것을 돕기 위해 필요한 사회정책, 서비스, 자원, 프로그램을 계획, 공식화, 시행하는 것이다. 셋째로 곤궁에 처한 집단에게 힘을 실어주고, 사회적, 경제적 정의를 실현하기 위해 조직적 또는 행정적 옹호 그리고 사회적 또는 정치적 운동을 통해 정책, 서비스, 자원, 프로그램을 추구하는 것이다. 넷째로 이러한 목적과 관련된 모든 전문적인 지식과 기술을 개발하고 시험하는 것이다.

2) 사회복지실천방법의 발달

사회복지실천의 기원은 가진 자가 못 가진 자에게 개별적으로 행하는 자선행위로부터 비롯되었다. 현대적 의미의 사회사업방법을 제시한 기원은 1869년 자선조직협회(Charity Organization Society : COS)[1] 이후라 하겠다. 자선조직협회의 목적은 시대적 상황을 극복하고 민간차원의 빈곤구제활동을 보다 효과적으로 전개하는 데 있었다. 또 하나의 사회복지실천의 기원인 인보관운동(Settlement House Movement)은 지역사회문제를 해결하기 위해서는 문제를 갖고 있는 지역사회에 뛰어들어

1) 최초의 자선조직협회는 1869년 런던에 설립되었으며, 미국의 자선조직협회는 버팔로(Buffalo)자선조직협회가 그 효시다. 자선조직협회의 주된 기능은 구제신청자에 대한 과학적이고 면밀한 조사, 구제중복을 피하고 효율적 구제활동을 전개하기 위한 구제등록의 실시, 여러 구제기관간의 연락 · 조정, 우애방문원이라 불리는 자원봉사자의 활용에 있었다. COS가 행한 이 같은 일은 이후 사회복지실천의 초석이 되었는데, 특히 우애방문원에 의해 시작된 가정방문, 면접, 기록, 사례연구 등의 활동 등은 개별사회사업실천기술의 기초가 되었다고 볼 수 있다.

빈민과 함께 거주하면서 생활환경의 개선과 빈민의 도덕적 교화에 힘써야 한다는 믿음을 갖고 있던 사람들에 의해서 주도되었다.

1917년 리치몬드(Richmond) 여사는 '사회진단(Social Diagnosis)'을 통해 사회개혁적 접근보다는 문제의 책임이 개인에게 있는 개별치료적 방법을 강조하였다. 이 시기에는 사회사업이 세분화되면서 개별사회사업방법론이 발달하고 전문사회사업가는 개별적 서비스를 제공하는 데 역점을 두게 된다.

1950년대로 접어들면서 사회과학의 발전을 원동력으로 인간행동의 사회적, 대인관계 등 사회관계에 대한 관심이 증가하면서 집단사회사업, 지역사회조직, 사회행동의 발전을 가져온다. 1957년 펄만(Perlman) 여사의 4P이론[2)]이 문제해결방법으로 제시되어 인간의 심리적인 측면보다 클라이언트가 제시한 문제에 대해서 사회환경적인 요인을 강조하기 시작하였다. 환경을 사회가 아닌 개인의 배경으로 밖에 생각하지 못한 것이 그 특징이다.

1960년대의 사회복지실천은 문제의 개인적 측면보다는 사회환경적 측면을 중시하면서 클라이언트의 문제를 개인이 아니라 사회구조상의 문제로 파악하였다. 1970년대 이후에는 사회사업의 통합화가 모색되는 시기로 개별사회사업, 집단사회사업, 지역사회조직사업, 사회복지행정, 사회행동 등 각 사회복지실천방법들 간에 공통점과 상호의존성이 존재함을 인정하였고, 문제해결에 있어서 통합적인 실천을 통해 비효율성을 극복하려고 노력하기 시작했다.

사회복지실천기술의 통합은 전통적 3대 방법의 틀을 넘어 접근하게 되었으며, 사회행동 · 조사 · 계획 · 정책론을 포함한 거시적 방향으로의 발전이 요구되었다. 이러한 방향은 클라이언트와 전문사회사업가라는 관계를 넘어서 가족을 전체로 받아들이고 클라이언트의 생활에 대

---

2) 펄만(Perlman)은 문제해결과정을 4P로 표현하였다. 즉, 문제(Problem)를 가지고 있는 사람(Person)이 어떤 장소(Place)에 자신의 문제를 해결하고자 방문하여, 사회복지사와 함께 문제를 해결하고자 노력하며 자원을 동원하는 과정(Process)을 말한다.

한 전체적인 이해 위에 필요한 서비스를 조정해 주는 사례관리(Case Management)나 자조그룹 활동에 대한 지원을 포함한 지지네크워크 형성 등 과거 미시적 수준의 원조와 거시적 수준의 원조를 통합한 새로운 영역으로 넓혀갔다(이영분, 2001 : 57).

2. 통합적 실천방법

1) 통합적 실천방법의 개념

사회복지실천에서 통합적 방법(integrated or unitary, generalist approach)이란 사회복지사가 개인, 집단, 지역사회에서 제기되는 사회문제에 활용할 수 있는 공통된 하나의 원리나 개념을 제공하는 방법의 통합화를 의미한다(전재일, 1981). 전통적 사회사업은 개인과 집단과 지역사회의 욕구와 문제를 대상으로 개별사회사업(social casework), 집단사회사업(social groupwork), 지역사회조직사업(community organization)의 전문적 방법을 중시하였다. 그러나 이와 같은 전통적인 각각의 방법으로는 변화된 사회적 상황에서 발생하는 다양한 인간의 문제에 효과적으로 대응하기 어려워, 1970년대 이후에는 전통적인 사회사업방법들의 통합화 논의가 활발하게 전개되었다. 그 결과로 등장한 것이 일반적 접근의 사회복지실천이다(남기민, 2001 : 156).

일반적 접근(generalist approach)이란 사회복지사가 한 개인의 문제를 볼 때에도 그가 속한 집단과 지역사회의 맥락에서 파악하고, 치료 내지 변화를 시도할 때에도 개인은 물론 집단과 지역사회의 변화를 동시에 꾀하는 것이 이상적이라고 보는 접근방법이다.

2) 통합적 실천방법의 특성

통합적 실천방법의 특성은 다음과 같이 정리할 수 있다(임은희, 2004).

첫째, 통합적 실천방법은 사회복지실천에 본질적인 개념, 활동, 기술, 과업 등에 있어서 공통적인 기반이 있음을 전제한다.

둘째, 통합적 방법의 가치는 클라이언트의 잠재성을 인정하며, 이들 잠재성이 계발될 수 있다고 보고 미래지향적인 접근을 강조한다.

셋째, 사회복지의 지식은 과거의 심리내적인 정신역동적 측면으로부터 상황 속의 인간을 이해하고자 하는 일반체계이론까지 확대된 개념을 사용한다.

넷째, 과거 사회복지 개입은 주로 인간에게 초점을 두거나 환경에 초점을 두는 2궤도 접근으로 이루어져 왔으나, 통합적 방법은 이 양면적 상호작용에 초점을 둠으로써 인간과 환경의 공유영역, 즉 사회적 기능 수행영역에 사회복지사가 개입해야 함을 강조하고 있다.

통합적 실천방법의 특성은 무엇보다 클라이언트의 존엄성을 인정하고 클라이언트의 참여, 자기결정, 개별화를 강조하며 사회복지실천과정에 있어서 계속적인 평가를 강조하는 것이라 하겠다.

3) 통합적 실천방법의 모델

대표적인 통합적 방법론은 핀커스와 미나한(Pincus & Minahan)의 4체계모델, 골드스타인(Goldstein)의 단일화 모델, 콤튼과 갤러웨이(Compton & Galaway)의 문제해결모델, 저매인과 기터만(Germain & Gittermann)의 생활모델, 역량강화 모델 등을 들 수 있다.

(1) 4체계모델

4체계모델은 1973년 핀커스와 미나한이 체계이론을 사회사업실천에 응용한 접근방법이다. 이 모델은 인간은 만족한 삶을 위해 주변 환경 속에 있는 체계에 의존하므로 사회복지실천은 이러한 체계에 초점을 맞추어야 한다고 주장하고 있다.

사회복지사는 사회복지실천과정에서 4체계, 즉 변화매개체계, 클라이언트체계, 표적체계, 행동체계 등과 관련되어 활동을 하게 되는데, 사회복지사의 과업은 개입을 위한 표적체계를 설정하고 변화와 관련이 있는 체계들을 찾아내고 이 체계들을 변화과정에 끌어들이는 것이다.

(2) 생활모델

1970년대 초에 저매인과 기터만이 생태체계적 관점을 이론적 준거틀로 도입하여 개발한 모형이다. 이 모델은 인간과 환경의 상호작용에 초점을 두고 개인, 집단, 지역사회 등 제반체계에 개입할 수 있도록 하는 실천원칙과 기술을 통합한 것으로서 생활과정 안에서 사람들이 문제를 해결해 나가도록 하는 실천모델이다. 이 모델의 특징은 문제를 단순히 개인적인 장애로만 파악하지 않고 생활의 맥락 안에서 파악하고자 하는 것이다.

(3) 문제해결모델

문제해결모델(problem-solving model)은 1950년대에 펄만에 의해 개발된 이래 1975년 생태체계적 관점을 도입한 콤튼과 갤러웨이에 의해 더욱 정교해졌다.

이 모델의 기본 가정은 클라이언트의 근본적인 어려움이 특정 문제가 아니라 문제를 해결하는 태도에 있다는 것이다. 따라서 치료목적은 클라이언트의 문제해결능력 회복에 있다. 또한 이 모델은 문제를 클라이언트 개인의 내적인 문제가 아니라 일상생활에서 경험하는 다양한 문제로 본다(남기민, 2001 : 164).

(4) 역량강화모델

1970년대 일반체계이론과 생태학이론이 사회복지실천의 주요한 이론틀로 활용되면서 생태체계적 관점에 근거한 강점 지향 혹은 해결중심접근의 중요성이 대두되었고, 체스탕(Chestang), 솔로몬(Solomon), 핀더허그(Pinderhughes) 등의 학자들을 통하여 1970년대 중반 역량강화모델(empower-ment model)이 새롭게 부상하였다.

이 모델의 특징은 클라이언트를 문제중심으로 보는 것이 아니라 강점중심으로 봄으로써 클라이언트의 잠재능력 및 자원을 인정하고 클라이언트 내외에 회복력이 있음을 전제로 하여, 클라이언트가 자신의 삶을 결정할 수 있도록 역량 혹은 힘을 강화하고자 하는 데에 있다. 이 모델에서 클라이언트와 사회복지사는 협력적인 파트너십을 가진 파트너로서 문제해결과정에 참여하게 된다.

3. 개인대상 사회복지실천의 방법 및 기술

1) 개인대상 실천방법의 개념

개인대상 실천방법은 개별사회사업에 해당하는 사회복지실천방법으로 사회복지실천방법 중에서도 가장 오랜 역사를 가지고 있다.

개인을 대상으로 한 다양한 실천 중 대표적인 개입방법은 클라이언트와 직접적으로 대면 접촉하는 것이며, 사회복지사들은 클라이언트의 다양한 욕구 및 문제점들에 대해 면접이나 대화, 지지적이고 감정이입적인 기법, 통찰, 관련자원의 개발 및 연결 등을 통해 개입하게 된다.

우리나라에서는 사회복지전담공무원, 사회복지관의 사회복지사, 정신보건분야의 정신보건사회복지사, 각종 사회복지단체나 기관의 사회복지사들이 클라이언트를 대상으로 활발하게 실시하고 있다.

2) 실천기술

개인을 대상으로 하는 실천기술은 전문적이고도 과학적인 원조를 제공하는 데 필요한 지식과 기술로서, 클라이언트와의 치료적 또는 원조관계의 형성, 효과적인 면접, 문제나 욕구의 파악과 진단 및 치료과정에서의 사회복지사의 역할, 전문적 활동의 기록기술 등이 포함된다(박종삼 외 2003 : 78).

(1) 원조관계 형성기술

사회복지실천에서의 원조관계란 일반적으로 사회복지사와 클라이언트와의 관계를 의미하며 사회복지사와 클라이언트의 좋은 관계를 발전시키는 것은 원조노력의 필수부분이다. 이렇게 좋은 관계를 형성하기 위한 원칙으로 비에스텍(Biestek, 1957)은 클라이언트의 욕구와 그것을 충족시키고 문제해결의 관계를 원활히 하기 위한 7대 원칙을 내세우고 있다. 비에스텍의 7대 원칙을 소개하면 다음과 같다.

① 개별화

개별화는 각 클라이언트의 독특한 자질을 알고 이해해 개인을 도와줌에 있어, 개별적으로 상이한 원리나 방법을 활용하는 것이다. 인간은 개인이어야 하며, 불특정한 인간이 아니라 개성을 지닌 특정한 인간으로 처우되어야 한다는 것이다.

개별화를 위한 사회복지사의 역할은 자신의 편견이나 선입견에서 탈피해 클라이언트의 문제를 중립적 입장에서 객관적으로 볼 수 있어야 하며, 인간행동 및 사회환경에 관한 지식에 근거하여 클라이언트를 이해하여야 한다. 또한 클라이언트의 언어표현 내용과 표정, 몸짓, 침묵 등에 대한 경청 및 관찰능력이 있어야 한다.

② 의도적인 감정표현

의도적 감정표현은 클라이언트의 감정, 특히 표현하기 힘든 부정적 감정을 자유로이 표현하고자 하는 욕구에 대한 인식이다. 사회복지사는 본능, 충동, 감각, 감정, 정서 등의 억압된 감정의 표현을 경청하며, 이를 비난해서는 안 된다. 하지만 경우에 따라서는 치료적 목적을 위해 감정을 자극하고 표현을 촉진시킬 수도 있다.

사회복지사는 클라이언트가 긴장을 풀고 마음의 안정을 얻을 수 있게끔 여유 있는 태도를 가져야 한다. 클라이언트에 대해 허용적 태도를 가져야 하고, 클라이언트의 움직임에도 민감할 필요가 있다. 한편 비현실적인 보장이나 너무 빠르고 많은 해석은 클라이언트의 감정적 표현을 가로막을 수가 있으므로 주의할 필요가 있다.

③ 통제된 정서적 관여

클라이언트와의 면접은 주로 정서적인 면에 관계되고 있기 때문에 사회복지사는 클라이언트에게 자기감정을 말로써 표현하도록 권고해야 한다. 사회복지사는 이들 감정에 호응하기 위해 정서적으로 관여하게 되는데, 이 관여는 통제되는 것으로서 사례의 총체적 목적에 따라, 클라이언트의 욕구변화에 따라, 사회복지사의 전진적 진단적 사고에 따라서 그 방향이 설정되어야 한다.

④ 수용

수용이란 클라이언트의 현실을 있는 그대로 받아들이는 것으로서, 사회복지사의 기본적 태도로 가장 중요시되고 있다. 수용은 원조관계 형성에서 중요한 원칙으로 클라이언트의 장점이나 약점, 좋은 성격이나 나쁜 성격, 긍정적이거나 부정적인 감정, 건설적이거나 파괴적인 행동 등을 있는 그대로 이해하는 것이다.

⑤ 비심판적 태도

비심판적 태도란 클라이언트의 문제 또는 욕구의 발생이 유죄인가, 무죄인가를 따지거나 클라이언트의 책임정도 등을 판단하지 않는 것을 말한다. 그러나 클라이언트의 태도나 행동에 대한 평가적 판단은 하고 있어야 한다.

⑥ 자기결정

클라이언트의 자기결정 원칙이란, 사회사업실천과정에서 클라이언트가 스스로 선택하고 결정을 내릴 수 있는 자유로운 권리와 욕구를 갖고 있다는 점을 인식하는 것을 말한다. 사회복지사는 클라이언트가 직접 필요한 제반 자원을 발견하여 활용할 수 있도록 도와주고, 클라이언트의 결정을 존중하며 그 잠재력을 자극해서 활동할 수 있도록 조력자로서의 역할을 담당해야 한다.

⑦ 비밀보장

비밀보장은 클라이언트의 기본적 욕구로 이것이 지켜지지 않으면 사회복지실천의 인간관계는 성립될 수가 없다. 그러나 때로는 클라이언트의 비밀을 그 기관 내에서나 다른 기관의 전문가에게 밝혀야 할 경우가 있는데, 이 경우에는 모든 직원에게 비밀보장의 의무가 확대 적용된다.

(2) 효과적인 면접기술

① 면접의 의미

면접(interview)이란 사회복지사와 클라이언트 사이의 일련의 의사소통으로 사회복지 개입의 가장 중요한 도구다. 사회복지실천과정에서 면접은 전문적 관계에 바탕을 두고 정보수집, 과업수행, 클라이언트의 문제나 욕구해결 등과 같은 목적을 수행하는 시간제한적 대화다(양옥경 외, 2000 : 117).

② 면접기술

면접기술에는 관찰기술, 경청기술, 질문기술, 요약과 해석기술이 있다.

관찰기술은 클라이언트가 말하고 행동하는 것에 주의를 기울여 그를 이해하는 데 필요한 정보를 얻는 것이다. 관찰은 초기면접 이전인 대기실에서 기다리는 상황부터 시작되며, 면접 중에는 클라이언트의 언어적 표현뿐 아니라 비언어적 표현(예를 들어, 표정, 손놀림, 눈맞춤, 얼굴 붉힘 등)에도 주의를 기울여야 한다.

경청기술은 클라이언트의 어려움에 공감하고 그에게 필요한 반응을 해가면서 적극적으로 잘 듣는 것이다. 클라이언트에게 도움을 주고자 하는 급한 마음에 여러 가지 충고와 제안을 하거나 클라이언트의 말이 끝나기도 전에 다른 주제를 질문하는 것은 금물이다. 사회복지사는 공감적 태도 속에서 경청하는 것만으로도, 클라이언트가 감정의 정화(catharsis)를 경험하고 마음의 안정을 찾는 효과를 가져 올 수 있다.

질문기술은 사회복지사가 개입 목표를 설정하고 필요한 정보를 얻을 수 있게 해주는 주요 방법이다. 질문은 클라이언트를 돕기 위해, 필요한 정보를 얻기 위해, 그리고 어긋나고 있는 대화의 초점을 바로 잡기 위해 꼭 필요하다. 사회복지사가 질문을 할 때 피해야 할 질문유형으로는 힐난하는 것 같은 뉘앙스를 주는 '왜' 형 질문, 유도형 질문, 너무 여러 가지 질문을 한꺼번에 묻는 중첩형 질문 등이 있다.

면접과정 중간에 사회복지사는 클라이언트의 말을 요약, 제시해 줄 필요가 있다. 요약이란 클라이언트의 생각, 행동과 감정들을 사회복지사의 언어로 정리하는 것으로 사회복지사가 클라이언트를 정확히 이해하고 있는지 확인하는 수단임과 동시에 클라이언트의 말을 주의 깊게 경청하고 있음을 보여주는 것이 되기도 한다.

해석은 클라이언트가 미처 알지 못하고 있는 문제까지 이해하고 그것을 클라이언트가 깨달을 수 있도록 도와주는 방법이다.

4. 집단대상 사회복지실천의 방법 및 기술

1) 집단대상 실천방법의 개념

집단대상 실천방법은 자신의 문제를 해결하거나 성장을 원하는 개인들에게 의도적으로 집단경험의 기회를 제공함으로써 집단성원의 욕구와 문제를 해결하고 개인의 성장발달 및 사회화에 기여하는 사회복지 실천방법 중의 하나로, 집단사회사업 또는 집단지도라고 불린다.

집단사회사업의 기원은 19세기 후반 YMCA와 YWCA 등의 청소년 운동, 인보관운동, 레크리에이션 운동 및 진보적 사회교육 운동 등에서 찾을 수 있다.

집단을 활용한 대표적인 개입방법은 집단치료(group therapy)와 집단활동(group activity)으로 구분할 수 있으며, 근본적인 목적은 동일하나 과정상의 차이를 보인다. 집단활동은 활동이라는 매개체를 통한 상호작용을 강조하고 적응력이나 대인관계기술에 초점을 둔다. 집단활동의 내용 및 초점은 집단의 목적에 따라 차이가 있지만, 일반적으로 음악, 춤, 미술, 다양한 주제에 대한 토론 등으로 구성된다. 집단치료는 집단구성원들 자신이 치료매체 자체가 되고 문제의 감소와 관리 등 증상 지향적이다. 집단치료는 집단구성원의 상호작용이나 집단 내의 역동성을 활용하여 개인이 가지고 있는 사회적, 정서적, 행동적 문제들이 해결 또는 경감될 수 있도록 하는 활동을 말한다(백종만 외, 2003 : 218).

집단사회사업은 개인의 사회적 기능을 향상시키기 위해 집단을 그 수단으로 삼고, 집단사회사업의 과정은 개인과 집단의 욕구와 능력 · 발달단계 등을 기초로 의도적이고 계획적으로 시행하며, 전문가의 도움을 받아 기능상의 문제를 가진 집단구성원을 취급함에 있어 특수한 전문직 지식과 기술을 사용하는 실천방법이다.

2) 집단사회사업의 기본요건

집단사회사업이 효과적으로 이루어지기 위해서는 집단, 집단구성원, 집단사회복지사, 프로그램이 필요하다.

(1) 집단

집단은 단순히 개인의 집합체가 아니라 그 집단구성원간의 상호관계가 전제되어야 한다. 즉, 하나의 유기체로서 움직임이 기대되는 집단을 의미하며, 이러한 집단은 일정한 집단발달단계[3)]를 거친다.

(2) 집단구성원

집단구성원은 성장하고, 학습하고, 치료되려는 개인들이다. 이들은 이미 정서적, 사회적 문제를 가진 사람으로 재활, 교정, 사회화의 목적으로 집단의 성원이 될 수도 있으며, 특정한 문제가 없으나 건전한 발전과 성장, 민주적 생활방식의 교육 및 훈련, 문제발생의 예방 등을 목적으로 집단에 참가하기도 한다.

집단의 성원은 집단에 자발적으로 참가한 경우도 있으며, 부모, 의사, 판사 또는 교사의 의뢰에 의해 비자발적으로 참가하는 경우도 있다. 가정폭력, 약물의존, 성폭력, 비행, 청소년 폭력 등의 사회문제가 증가함에 따라 앞으로 비자발적인 집단성원에 대한 개입이 증가할 것으로 보인다(김혜란 외, 2002 : 214).

(3) 프로그램

프로그램은 집단 경험의 내용을 결정하는 중요 요소로서, 개인 및 집단의 요구에 호응하기 위해 집단 내에서 신중히 계획되며 실행되는 활동을 말한다. 활동들로는 게임, 미술작업, 역할연기, 요리, 노래 부르기, 스포츠 등 매우 다양하다.

사회복지사는 프로그램 활동을 선택하는 데 집단구성원의 욕구와 능력을 충분히 고려해야 한다.

---

3) 집단은 시간이 지남에 따라 집단의 내부구조, 의사소통과 상호작용의 형태, 응집력, 사회적 통제, 문화 등이 형성되며 변화되어 간다. 이러한 변화를 집단발달이라고 하며, 집단의 발달과정에서 서로 구분되는 기간 또는 구분되는 정도를 집단발달단계라고 한다.

(4) 집단사회복지사

집단사회사업을 담당하는 사회복지사는 집단 전체와 개별성원이 목적을 달성하도록 원조하기 위하여 지도자로서 활동한다. 또 집단 내부에서 집단 전체의 역동성을 변화시키기 위하여 개입하면서 집단성원의 변화를 원조한다. 집단 외부에서는 기관의 정책이나 집단 활동에 필요한 자원을 확보하는 등 집단이 기능하고 있는 환경에 영향을 미치기 위해 개입한다.

3) 집단과정과 사회복지사의 역할

집단과정은 학자마다 구분하는 정도가 다르지만 여기에서는 가랜드와 존스, 콜로드니(Garland, Jones & Kolodny, 1965)가 5단계로 나누어 정의하고 있는 집단발달과정과 각 단계별 사회복지사의 역할에 대해 다뤄보도록 하겠다.

① 친밀 전 단계

집단의 초기단계로서 집단구성원들이 서로의 눈치를 보는 탐색하는 단계다. 이 단계에서의 가장 핵심적인 주제는 집단성원들 사이의 친밀성이며, 가장 다루기 어려운 문제는 회원간 친밀성과 관련하여 나타나는 접근과 회피 현상이다.

사회복지사는 성원들에게 오리엔테이션을 제공하고 집단의 목적을 설명하며, 집단성원들과 계약을 수립한다. 이 단계에서 사회복지사는 특히 회원들과의 신뢰감 형성에 초점을 두어야 한다.

② 권력과 통제단계

집단이 서서히 움직이고 집단 내의 규칙과 목적이 설명되고 집단의 목적에 부합되도록 노력을 요청하는 단계다. 이 단계에서는 성원들 간에 관계를 규정하거나 공식화시키려는 시도와 지위서열을 규정하려는 시도 등이 나타나게 된다.

사회복지사는 성원들의 반항과 세력 갈등을 어느 정도 허용하지만 특정 하위집단이나 파벌들에 의한 권력장악 노력은 방지해야 한다. 이 때 사회복지사는 집단의 집행자 또는 통제자로서의 역할을 수행한다.

③ 친밀단계

친밀단계는 집단구성원들이 집단에 친밀감을 느끼며, 개인적인 관여가 강화되고, 집단성원과 집단사회복지사 사이의 개방적 감정표현의 의지가 증대된다. 또한 성원 상호간의 의존적 욕구를 충족시키려는 현상이 나타나기도 한다. 사회복지사는 구성원들에게 책임수행의 기회를 최대한 제공해 주어야 한다.

④ 특수화 단계

성원들에게 자유가 부여되며, 구성원 스스로 자신의 문제를 바라보고 집단 속에서 독특한 자신의 역할을 수행하는 단계다. 사회복지사는 성원들이 스스로 프로그램 활동을 위한 계획과 집행의 책임을 맡도록 도와준다. 성원들에게 집단경험에 대한 평가를 시작하도록 도와서 집단종결을 위한 준비작업이 진행되게 한다.

⑤ 이별단계

집단의 목적이 수행되고 집단구성원 각자가 또 다른 목적을 향해서 떠나며 집단을 종료하는 단계다. 종결단계에서는 부정, 퇴행, 과거경험의 되풀이 현상, 평가, 회피 등 종결과 관련된 집단반응 등을 다룬다. 사회복지사는 그간의 집단활동을 평가하고 총 정리하도록 격려하며 종결과정을 돕고, 성원 개개인에게 집단종결 후 다른 자원들을 활용하여 자기성장을 추구하도록 돕는다. 또한 종결 후에도 회원들이 집단에서 배운 기술을 활용할 수 있도록 원조한다.

5. 가족대상 사회복지실천의 방법 및 기술

가족을 대상으로 하는 실천방법은 가족구성원들간의 관계나 가족 구성원 중 한 사람의 행동 또는 정서 심리상의 문제에 개입하여 문제를 해결 또는 경감시키기 위한 노력을 말하며, 주로 부부갈등, 아동과 부모간 문제, 아동문제, 다세대간 갈등 등 다양한 가족문제와 가족욕구에 대응한다.

1) 가족치료의 정의 및 목표

가족치료란 가족을 하나의 체계로 보고, 그 체계 속의 상호교류 양상에 개입함으로써 개인의 증상이나 행동의 변화를 가져오도록 추구하는 치료접근방법이다.

가족치료의 목표는 가족의 기능을 개선시켜 창조적 활동을 가능케 하며, 가족구성원간의 애정적 결속과 신뢰를 강화하는 것이다. 가족구성원간의 긍정적 태도와 통찰력을 개선하고 판단력을 향상시키고 다른 가족구성원 및 주위 환경과 더욱 지속적으로 만족스러운 관계를 형성케 하는 것이다.

2) 주요 개념

(1) 항상성

항상성(homeostasis)이란 현재 상태를 유지하고 변화에 저항함으로써 평형상태의 균형을 찾으려는 체계 내의 경향성을 의미한다. 일단 형성된 체세과정은 그 과정을 지속하려는 경향, 즉 가족이 겪는 부적응도 가족들에게는 익숙하며, 변화가 좋은 것이라도 변화에 대해 정서적 위협을 느끼며, 주저하고 거부하고 저항한다는 개념이다.

(2) 가족하위체계

가족체계는 가족성원간의 관계와 역할에 따라 하위체계로 분화되고, 하위체계를 통해 가족체계의 기능을 수행한다. 가족하위체계에는 부부하위체계, 부모하위체계, 형제자매하위체계, 부모와 자녀하위체계 등이 있으며 각각의 하위체계는 고유의 기능과 특성을 가지고 있다.

(3) 가족규칙

가족성원들이 서로의 행동을 규정하고 제한하는 관계상의 합의를 말하는데, 잭슨(Jackson)에 의하면 가족은 규칙에 지배되는 체계다. 즉, 가족성원은 조직화된 반복적인 방법으로 행동하며, 그러한 행동의 유형화가 가족생활을 지배하는 원리로 보여질 가능성이 있다. 그는 반복적인 가족기능을 만들어내는 가족이 공유하는 규범이나 가치관의 기제를 가족규칙이라고 정의하고 있다.

(4) 가족신화

가족성원들 모두가 공유하고 있는 가족 혹은 가족원에 대한 잘못된 신념과 기대를 말한다. 가족신화는 가족성원의 행동을 결정해줄뿐만 아니라, 특정한 가족관계를 나타내주기도 한다. 가족신화는 가족의 항상성을 유지하는 데 기여하기도 하며, 때로는 가족관계를 파괴할 정도로 위협적이고 긴장을 유발시키기도 한다.

(5) 가족의식

생일, 결혼기념일, 장례식 등 가족의식은 세대간의 연속성을 제공하고 가족생활의 발달적인 연결고리로 작용한다. 가족의식은 가족의 신화를 유지시켜주는 수단이 되거나 가족의 역할, 가족간의 연합구조, 하위체계의 경계를 알 수 있게 해준다.

(6) 가족경계

경계란 한 체계와 다른 체계를 규정하는 구획 혹은 선이다. 가족의 기능이 원활하게 수행되려면 체계의 경계가 명확하면서 융통성이 있는 것이 바람직하다. 경계가 지나치게 경직되었거나 혼란스러울 경우는 가족 내 문제가 발생할 가능성이 높다.

3) 기능적 가족과 역기능적 가족의 특성

(1) 기능적 가족의 특성

- 하위체계의 경계선이 명확하지만 이것은 가족의 요구에 따라 변할 수 있다.
- 가족규칙은 명확하며 공평하게 이루어진다. 또한 규칙은 가족상황에 따라 변할 수 있다.
- 가족성원은 자신들의 역할을 명확히 이해한다.
- 각 개인의 자율성은 존중되면서도 전체로서의 가족이 유지된다.
- 의사소통은 자유롭고 명확하며 직접적이다.

(2) 역기능적 가족의 특성

- 하위체계의 경계선이 경직되거나 혼란되어 있으며, 가족의 요구에도 변화하지 않는다.
- 가족규칙이 명확하지 않으며 경직되어 있다. 또한 가족의 행동이나 방법에 규칙을 가지고 있지 않다.
- 역할이 경직되거나 명확하지 않아서 가족성원은 자신에게 요구되는 기대가 무엇인지 잘 알지 못한다.
- 개인의 자율성은 가족 전체를 위해 희생되거나, 반대로 가족이 통합되지 못해 지나친 자율성이 요구된다.
- 의사소통은 애매하고 간접적이고 권위적이다.

4) 가족치료이론

(1) 정신역동적 가족치료

정신역동적 가족치료는 체계적 가족치료에 정신역동적 통찰과 개입을 선택적으로 도입하는 것이다. 치료목표는 가족성원을 무의식적 제약에서 벗어나 과거의 무의식적 이미지보다 현실에 기초하여 가족이 건강한 개인으로서 서로 상호작용할 수 있도록 돕는 것이다. 주요 치료기법으로는 비지시적 기법과 감정정화기법이 있다.

(2) 구조적 가족치료

미누친(Minuchin)이 발달시킨 구조적 가족치료는 가족을 체계로 보고 통합된 전체로 보았다. 구조적 가족치료는 가족을 재구조화함으로 가족이 적절한 기능을 수행할 수 있도록 돕는 방법이다. 치료목표는 가족체계의 상호교류 규칙을 재구조화하고, 가족성원들이 서로 반응하는 방법을 바꾸며, 좀더 만족하는 방법을 배우고 미래의 갈등과 스트레스를 좀더 극복할 수 있도록 하는 것이다. 주요 치료기법은 실연(enactment), 경계 만들기, 긴장고조, 과제부여, 지지기법 등이 있다.

(3) 전략적 가족치료

해일리(Haley)가 발달시켰으며, 이론보다는 문제해결에 초점을 둔 이론이다. 문제에 대한 이해보다는 해결방법에 중점을 두며 다양한 실용적인 방법을 사용한다. 전략적 가족치료의 목표는 가족 내에 나타나는 문제를 해결하고, 클라이언트와 사회적 맥락 내의 문제를 해결하는 것이며, 가족성원들이 가족생활주기의 다음 단계로 움직이도록 돕는 것이다. 주요 치료기법은 지시적 개입, 역설적 개입(재정의, 시련기법 등) 기법이다.

(4) 경험적 가족치료

사티어(Satir)가 발달시켰으며, 이 방법은 성장의 철학을 중심으로 현재의 감정과 경험을 중시한다. 이 모델의 주요 개념으로는 가치체계, 자아존중감, 가족규칙, 의사소통유형이 있다. 특히 사티어는 오랜 가족치료경험을 통해 어려운 문제를 가진 가족성원들은 공통적인 역기능적 의사소통유형(회유형, 비난형, 초이성형, 산만형)이 있음을 발견하고 이들의 개념을 발전시켰다. 주요 치료기법은 재정의, 가족조각, 원가족 삼인군 치료기법[4] 등이 있다.

(5) 해결중심 가족치료

1970년 초에 스티브 드 쉐이저(Steve de Shazer)와 인수 김 버그(Insoo Kim Berg)가 발전시킨 치료방법이다. 이 치료는 문제상태에 작은 변화가 있을 때 그러한 예외를 해결의 실마리로 본다. 존재하지 않는 것을 창조하기보다는 현재 있는 변화를 확대하는 것이 쉽다는 것이다. 치료목표는 작고 간단하며 현실적으로 성취 가능한 것이어야 하며, 부정적이고 바람직하지 않은 행동을 없애는 것보다는 긍정적인 행동을 증가시키는 것에 초점을 둔다. 주요 치료기법은 해결중심 질문기법(예외질문, 기적질문, 척도질문, 대처방안 질문 등)이 있다.

6. 사례관리

기존의 사회복지실천 접근방법들은 개인과 지역사회를 분리시켜 개입하기 때문에 개인의 사회적 기능을 회복시키고 동시에 사회적 환경

4) 원가족 삼인군 치료(primary triad therapy)는 부모와 자신과의 관계를 중심으로 전체 가족구조, 전체적인 가족생활사, 가족관계를 이해하고 평가하기 위해 활용하는 기법으로서 원가족 도표를 사용한다. 원가족 도표는 현재 자신의 가족, 아버지의 원가족, 어머니의 원가족 도표 등 모두 3장을 작성한다(송성자, 2002 : 354-357).

을 개선하려는 사회복지의 목표를 달성하기 어려운 점이 있었다. 사례관리는 이러한 한계점을 극복하고 체계적인 문제의 사정을 거쳐서 클라이언트의 복잡한 욕구를 해결하여 줄 수 있는 사회복지의 한 실천방법으로서 1970년대에 등장한 방법이다.

사회적 상황은 변화되었으나 중복적인 문제와 욕구를 가진 클라이언트에게 적절하게 서비스를 제공할 수 없는 지역사회 여건에 대한 대책으로서 등장하게 되었으며, 탈시설화, 복잡하고 분산된 서비스체계, 다양한 문제와 욕구를 가진 클라이언트의 증가, 서비스의 비용 억제를 위한 효율성 증대 등을 배경으로 하고 있다.

1) 사례관리의 개념

목슬레이(Moxley, 1989)는 사례관리에 대한 정의를 '복합적인 욕구를 가진 사람들의 기능화와 복지를 위한 공식적 비공식적 자원과 활동의 망을 조직, 조정, 유지하는 것'이라고 정의하고 있고, 우리나라 사회복지협의회에서는 '사례관리실천이란 복합적 원인으로 요보호상태에 있는 클라이언트에게 유효하고 다양한 지역사회 자원을 연결시켜 관리하는 원조대책으로 복지, 보건, 의료 간의 독립된 체계를 없애며, 될 수 있으면 재가복지봉사를 계속하는 것' 또한 '사례관리실천은 원조를 행하는 지역사회의 자원 모두가 관련되며, 사례관리자는 케이스의 원조과정을 통해 자원을 연결시키는 역할을 한다'고 규정하고 있다(양정남 외, 2003).

이러한 사례관리의 목적은 서비스와 자원들을 활용하여 가능한 한 클라이언트 자신의 생활기술을 증진시키는 것이다. 또한 클라이언트의 복지와 기능을 향상시키기 위해 사회적 망과 관련된 대인복지서비스 제공자들의 능력향상과 서비스 및 자원을 효율적으로 전달하여 서비스의 효과성을 향상시키는 것이다.

2) 사례관리의 구성요소

(1) 클라이언트

클라이언트란 복합적인 문제와 욕구를 가지고 있으면서 이를 스스로 충족시키거나 해결하지 못하는 원조를 필요로 하는 대상자 또는 그 가족을 말한다.

(2) 사례관리자

사례관리자는 사례관리에 관한 전문적인 지식과 기술을 소유하고 클라이언트와 사회자원체계와의 연계, 통합, 조정, 관계유지 등을 행하는 전문가다. 이들은 주로 통합 · 조정자, 옹호자, 공동협력자, 촉진자, 자원동원자, 지도감독자, 행동변화자 및 평가자 등의 역할을 수행한다.

(3) 사회자원체계

사회자원체계란 클라이언트의 문제와 욕구를 해결하기 위해 동원할 필요가 있는 자원체계를 말하며, 사회자원의 영역에는 가족, 친척, 이웃, 친구, 동료, 자원봉사자, 지역의 단체, 조직, 법인, 행정기관, 영리기관, 본인 자신 등이 있다. 이들은 비조직적이고 자발적이며 상호부조적인 특성을 지니는 비공식자원체계와 공식적인 기구를 통하여 자원이 제공되는 공식 자원체계로 나눌 수 있다.

(4) 사례관리 과정

사례관리는 클라이언트의 욕구와 문제를 해결하기 위해 클라이언트와 사회자원을 연결하고 조정해야 하기 때문에 반드시 과정이 필요하게 된다. 사례관리 과정은 사례발견, 사정, 목표설정과 계획수립 및 계획실시, 클라이언트 및 서비스제공 현황에 관한 점검, 평가의 과정으로 이루어진다.

참고문헌

김융일 외(1995). 사회사업실천론. 나남출판.

김혜란 외(2002). 사회복지실천기술. 나남출판.

남기민(2001). 현대사회복지학의 이해. 양서원.

박경일 외(2001). 사회복지학강의. 양서원.

박종삼 외(2003). 사회복지학개론. 학지사.

백종만 · 최원규(2003). 사회와 복지. 나눔의 집.

송정자(2002). 가족과 가족치료. 법문사.

양옥경 외(2000). 사회복지실천론. 나남출판.

양정남 · 최선령(2002). 사회복지실천론. 양서원.

엄명용 · 윤혜미(2003). 사회복지실천의 이해. 학지사.

이영분(2001). 사회복지실천론. 동인.

임은희(2004). 사회복지실천론. 학지사.

장인협(1989). 사회사업실천방법론. 서울대학교 출판부.

전재일(1981). 사회사업실제의 통합적 접근방법에 관한 연구. 사회복지연구 10호.

조휘일 · 이윤로(2001). 사회복지실천론. 학지사.

Biestek, F. P. (1957). *The Casework Relationship*. Illinois: Loyola Univ. Press.

Hepworth, D. J., & Larsen, J. A. (1986), 허남순 역(2004). 사회복지실천이론과 기술. 나눔의 집.

Moxley, D. P. (1989). *The Practice of Case Management*. Sage Publications: The International Professional Publishers.

NASW(1973). *Standard for Social Service Manpower*. Washington, D.C.: The Association.

NASW(1982). *Standards for the Clasification of Social Work Practice.* Washington, D.C.: NASW.

NASW(1993). *National Association of Social Workers Code of Ethics.* Washington, D.C.: NASW.

白澤政和・橋本泰子・竹內孝仁 監修(2000). **ケアマネジメント概論**. 株式會社 太佯社.

제7장 지역사회복지론

1. 지역사회복지의 이론

1) 지역사회복지의 개념

(1) 지역사회의 정의

지역사회복지란 '지역' 과 '사회복지' 라는 두 개념이 합성되어 갖는 의미, 또는 단순 병렬적으로 대등한 의미에 국한되지 않는다. 지역사회복지의 의미에서 사회복지가 주 개념이며 지역은 이를 한정하는 수식어의 부차적인 개념으로 이해하는 것이 타당할 것이다.

지역사회복지의 개념을 보다 명확히 하기 위해서는 '지역' 혹은 '지역사회' 라는 용어에 대한 개념을 명확히 할 필요가 있다. 지역(地域)이라는 용어는 지리학적, 형식적인 행정구역의 의미로 ① 일정하게 구획된 범위의 토지, ② 전체 사회를 어떤 특징으로 나눈 일정한 공간 영역, 즉, 영어의 an area[1], a region, a zone, a district 등이 사용되고 있다.

---

1) area : 넓이와는 관계없이 한 지역을 뜻하는 가장 일반적인 말.

또한 지역은 사회적, 경제적, 역사적 접근 속에서 인간의 삶 속에 서로 상호작용하는 '생활의 장으로서의 환경' 이며, '지역을 장으로 하는 사회' 를 의미하는 영어의 community로 이해할 수도 있다. 지역사회는 공동의 지리적 공간에 사는 사람들 또는 동질적인 문화와 이해관계, 사회적 상호작용을 하며 한 가지 이상의 공동의 유대관계를 가지는 사람들로 구성된 사회적 단위를 일컫는다.

지역사회의 개념은 역사적 산물이므로, 시대의 생활양식에 따라 그 의미가 조금씩 바뀐다. 자본주의 시장경제체제의 발전은 자급자족적 단위인 공동체를 해체시키고 자본에 의한 단일지배가 일반화되어 지역성은 급속히 상실된다. 이같은 상황에서 지역은 정치적 지배의 단위로서 의미를 가지게 되었고, 지역사회 또는 '공동사회' 의미의 공동체는 전과 다른 역사적 의미와 내용을 지니게 되었다.

(2) 지역사회의 기능

지역사회란 개인의 생활과 자기실현의 장이다. 동시에 사회적으로 야기되는 모순을 해결하는 장이기도 하다. 지역사회복지란 복지개혁과 같은 내부변화를 포함한 사회적인 모순에 의해서 야기되는 개개인의 생활문제를 일정한 지역사회라는 매스(mass)로 파악하여 개선을 도모하고, 예방 및 해결책을 찾고자 하는 것이다(이원식, 2002a).

지역사회는 크게 국가 또는 민족국가의 형태로 나누어지고, 작게는 그 속에서의 행정적 구분, 즉 시 · 도, 시 · 군 · 구, 읍 · 면 · 동의 형태로 나누어진다. 이처럼 현재의 지역사회는 예전과 같은 자생적이고 자연적인 단위가 아니라 인위적이고 행정적인 단위로 성립되는 경향이 있다.

시대와 장소에 따라 지역사회의 크기와 소속감은 조금씩 달라지지만, 대부분의 지역사회가 공통으로 수행하는 주요한 기능이 있다. 그

---

region : 상당히 넓은 지역으로 문화 · 사회 · 지리적인 특징을 갖고 다른 지방과 구별되는 곳.
zone : 특색에 따라 나누어진 지대며, 지도상에 획을 그어 나타낼 수 있는 범위.
district : 행정 · 교육 · 선거 등의 목적으로 나눈 지구(地區).

대표적인 기능은 생산과 분배 그리고 소비의 기능, 사회화의 기능, 사회통제의 기능, 사회통합의 기능, 그리고 상호부조의 기능이다(최일섭 외, 2000 : 10-13). 그중 지역사회의 상호부조 기능[2)]은 복지적 관점에서 볼 때 매우 중요하다.

(3) 지역사회복지의 개념

지역사회복지의 개념은 사회복지 방법론 중의 하나인 지역사회조직론에서 출발하였다. 지역사회복지 도입 초기에는 미국 사회사업의 영향으로 지역사회조직(community organization)의 원리와 방법에 익숙해 있었으며, 지역사회개발의 일환으로 시작된 새마을운동에 친숙해 있었다. 그러다가 지역사회 주민에게 직접적으로 제공하는 서비스에 중점을 둔 일본의 지역사회복지 개념이 소개되기 시작하였다(원석조, 1987 : 176-177).

지역사회복지(community welfare)란 매우 포괄적인 개념으로 "전문 또는 비전문가가 지역사회 수준에 개입하여 지역사회에 존재하는 각종 제도에 영향을 주고, 지역사회의 문제를 예방하고 해결하고자 하는 일체의 사회적 노력을 의미한다"(최일섭 · 류진석, 2000 : 34-35; 이영철, 2003 : 24). 지역사회복지는 지역이라는 장에서 또는 지역을 전제로, 지역사회의 문제를 해결하고 주민의 복지욕구를 충족시키기 위한 실천활동이며, 그 구성원인 주민들의 복지향상을 목적으로 이루어지는 정부 또는 민간기관의 다양하고 조직적인 활동을 말한다.

지역사회복지는 '지역사회를 기반으로 사회사업의 전개' 또는 '지역사회(주민)의 복지증진' 이라는 이념 또는 목적 개념적 성격이 강하면서

---

2) 전통사회에서 상호부조는 주로 가족과 친척, 이웃 등 일차집단에 의해서 이루어졌지만, 현대사회에서 이러한 기능이 정부와 민간사회복지기관 등으로 옮겨졌다. 지역사회의 복지기능은 주민자치에 기초하여 지역주민의 생활권 보장과 지역균형발전에 기여할 수 있는 복지서비스체계를 의미한다. 또, 지역문제의 예방과 해결을 위한 복지서비스를 제공하는 과정에 지역을 단위로 그 지역주민이 중심이 되어 참여하고 프로그램을 개발하는 제반 노력의 총체를 의미한다.

도 주민의 자율성과 참여를 강조하는 측면과 주민의 삶의 질 향상을 목표로 전개되는 과학적이고 조직적이며 전문적인 실천활동이라는 점에서 다분히 전문성에 기초한 실천적인 개념이기도 하다.

지역사회복지 개념의 속성에는 다음의 내용이 포함되어 있다(장인협 외, 2001 : 332-333). ① 지역성과 기능성을 포함하는 일정한 지역사회 내에서 이루어진다. ② 지역주민의 삶의 질 향상이라는 목표를 가지고 있다. ③ 지역사회의 문제를 해결하고 주민의 복지욕구를 충족시키는 기능을 갖고 있다. ④ 정부와 민간기관이 공동주체가 되어 공공과 민간의 협력이 강화되는 추세다. ⑤ 조직적인 활동을 강조하는 전문적인 서비스와 방법을 사용한다.

2) 지역사회조직의 실천유형과 전문가의 역할

(1) 지역사회조직사업의 목표

지역사회조직사업은 지역사회복지라는 포괄적인 개념 속에서 미국을 중심으로 발달되어 일반화된 전문적인 사회사업의 실천방법이다. 지역사회조직사업은 사회사업가가 지역사회문제 해결과정에 보다 조직적이고 의도적이며 계획적으로 개입하며, 이 과정에서 사회사업가는 과학적인 지식과 기술을 사용한다는 점에서 다른 지역사회복지활동과 구별된다.

지역사회조직사업에 대한 정의는 수많은 학자와 전문가에 의해서 이루어졌다.

먼저, 로스(Ross)는 지역사회조직사업이란 ① 지역사회가 충족되지 않은 욕구나 달성하고자 하는 목표를 찾아내고, ② 이들 욕구나 목표의 우선순위를 결정하여, ③ 지역구성원이 이들 욕구와 목표에 대하여 달성하고자 하는 자신감과 의지를 강화시키고, ④ 여기에 필요한 자원을 발굴하고 동원하여, ⑤ 욕구나 목표달성을 위한 구체적인 실천을 하며,

⑥ 이러한 과정을 통하여 지역사회 구성원들의 협력적이고 협동적인 연대의식과 실천력을 강화 발전시키는 과정이라고 정의하고 있다.

던햄(Dunham)은 지역사회조직사업이 ① 지역사회의 광범위한 욕구를 충족하고, 욕구와 자원 간의 조정과 균형을 도모하며, ② 주민참여와 자조(self-direction), 협동능력을 개발 · 강화 · 유지토록 도와 문제해결 능력 향상과, ③ 지역사회와 집단들 간의 관계와 의사결정권의 분배에 긍정적 변화를 추구하는 전문적인 사회사업의 방법이라고 하였다.

지역사회조직사업이 달성하고자 하는 목표로는 첫째, 과업중심 목표이며 위의 ①의 목적을 달성하고자 한다. 사회복지사는 구체적인 사업, 지역사회 기능에 관련된 문제해결에 관심을 두고 서비스를 제공하거나 특수사회입법을 통과시키는 활동을 한다. 지역사회의 한정된 문제해결에 관심을 갖는 사회계획(social planning) 모델에 역점을 둔다.

둘째, 과정중심 목표(process goals)는 위의 ②의 목적을 달성하고자 한다. 사회복지사는 지역사회주민들이 지역사회문제를 해결하는 데 필요한 자치적인 구조를 만들고, 역량기반 향상과 토착적인 지도력을 증대시킨다. 지역사회가 장기간에 걸쳐 바른 기능을 유지하도록 일반적인 능력 향상에 관심을 갖는 지역사회개발(community development) 모델에 역점을 둔다.

셋째, 관계중심 목표(relationship goals)는 위의 ③의 목적을 달성하고자 하며, 지역사회 구성요소간의 사회관계에 있어서 긍정적인 변화를 도모한다.

(2) 지역사회조직사업의 유형

지역사회조직사업은 다양한 사업모델이 결합하여 이루어지는 복합적인 구성체이며, 로스만(Rothman)은 이를 다소 독특한 지역사회관계(community interaction)의 형태 속에서 지역사회개발, 사회계획, 사회행동 유형으로 세시하었나(최일섭 · 류진석, 2000 : 44-58 참조).

① 지역사회개발모델

지역사회개발(community development)모델은 지역사회의 구성원들의 민주적인 절차와 자발적인 협동 · 참여, 토착적인 지도자의 발굴 · 교육을 강조하며, '지역사회의 변화를 가장 효과적으로 이루기 위해 광범위한 주민들을 변화를 위한 목표결정과 실천행동에 참여시켜야 한다' 는 전제에서 나온 지역사회조직사업의 한 형태다.

로스(Ross)는 이 모델에 있어서 지역사회사업가의 역할을 안내자(guide), 조력자(enabler), 전문가(expert), 치료자(therapist)의 역할 등으로 제시하고 있다.

② 사회계획모델

사회계획(social planning)모델은 지역사회 내의 건강, 주택, 고용, 비행 등의 제반 문제를 해결하고자 하는 기술적(technical)인 과정을 강조한다. 이 모델에서는 전문가의 자질이 강조되어지며, 중요한 것은 문제해결을 위한 합리적인 계획수립과 통제된 변화다. 전문가로서의 지역사회사업가는 지역문제 해결과 지역주민들이 요구하는 사회복지서비스를 제공함에 있어서 관련 기관들을 움직일 수 있는 능력과 고도의 기술을 활용할 수 있어야 한다.

샌더스(Sanders)는 이 모델에 있어서 지역사회사업가의 역할을 분석가(analyst), 계획가(planner), 조직가(organizer), 행정가(administrator) 등으로 제시하고 있다.

③ 사회행동모델

사회행동(social action)모델은 지역사회의 불우한 계층에 속한 주민들이 사회정의와 민주주의에 입각해서 보다 많은 자원과 향상된 처우를 요구하는 행동을 말한다. 즉, 지역사회 내에서 불이익을 당하고 있는 주민들이 조직적으로 발언권과 의사결정권을 획득하고 사회자원의 불평등한 배분을 시정하거나 권력기구를 변혁시키는 활동이다. 이 모형에서는 권력, 자원, 의사결정 역할을 재분배하거나 변화시키려는 의식적이고 체계적인 노력을 포함하고 있다.

그로서(Grosser)는 이 모델에 있어서 지역사회사업가의 역할을 조력자(enabler), 중개자(broker), 옹호자(advocate), 행동가(activist)의 역할 등으로 제시하고 있다.

3) 지역사회복지의 역사

(1) 자선조직협회와 인보관운동

지역사회복지의 역사적 기원은 19세기 후반에 영국과 미국에서 전개된 자선조직협회(Charity Organization Society : COS)와 인보관(Settlements House)운동에서 찾을 수 있다. COS와 인보관운동의 역사적 배경은 19세기 자유주의 경제사상의 대두와, 그 결과 공적인 빈곤정책의 후퇴를 야기한 '열등처우의 원칙(The Principle of Less Eligibility)'에 대한 종교계와 양심적 지식인층에 의한 자발적이며 조직적인 빈곤문제 대응에서 시작되었다.

COS는 빈곤가정에 대하여 '우애방문원(friendly visitors)'을 파견하여 빈민을 구호받을 '가치가 있는(worthy)' 빈민과 '가치가 없는(unworthy)' 빈민으로 구분하여 이에 근거하여 서비스를 제공하였다. 자선기관들이 제공하는 서비스의 중복과 낭비를 피하고 구빈효과의 극대화를 꾀하기 위하여 등록과 서비스를 조정하는 역할을 수행하였다. COS에 의한 구빈활동에서 개별방문, 면접, 조사, 등록, 처우 및 서비스 조정과 같은 활동은 개별사회사업과 지역사회조직사업의 출발로서 의의가 있다.

인보관은 1880년대 영국의 슬럼지역에서 지식인층이 중심이 되어 빈곤문제를 해결하고자 추진하였다. 인보관운동에 참여했고 31세의 젊은 나이로 사망한 아놀드 토인비(Arnold Toynbee)의 일주기를 기해 1884년 토인비 홀(Toynbee Hall)이 세워졌다. 미국에서는 1886년 코이트(Stanton Coit)가 영국의 토인비 홀을 방문하고 돌아와 뉴욕에 근린조합(Neighborhood Guild)이라는 인보관을 설립하였고, 1888년에는 제인 아담스((Jane Addams)가 시카고에 헐 하우스(Hull House)를 세워 인보관이 전국적으로 확산되는 발판을 만들었다. 인보관운동은 다소 급진적인 이념과 사회개혁적인 문제의식에서 출발하였고 빈곤지역에서 직접서비스를 제공하는 지금의 지역사회복지관의 출발로서 의의가 있다.

(2) 지역사회복지의 변천

20세기 초기 미국에서는 제1차 세계대전 후 지역공동모금과 사회복지기관협의회가 설립되어 지역사회복지 실천기관으로 발전하였다. 대공황 후 공공복지사업, 그리고 1960년대 빈곤과의 전쟁으로 정착되었다.

지역사회복지의 초기 형태는 지역사회조직을 강조하였다. 지역사회조직은 지역개발, 사회계획, 사회행동 등을 포괄하는데, 그중 지역사회개발은 정부가 지역사회의 개발을 위해서 정책을 정하여 지도 · 실시함을 말한다. 1950년대에 국제연합에 의해 개발도상국에 대한 개발계획의 일환으로 제창되었고, 오늘날에는 지역활동을 통한 지역주민의 복지향상을 도모하려는 것이다.

1970년대 후반 이후 지역사회복지는 경제적 빈곤의 해결에서 각종 생활문제의 해결로 관심사가 바뀌게 되었다. 즉, 경제사회의 변동, 국민생활과 의식의 변화에 따라 경제적 빈곤뿐 아니라 각종 생활문제가 사회복지의 과제로 대두된 것이다.

사회복지 욕구의 변화와 함께 고령사회의 도래, 가족부양기능의 감퇴, 사회연대성의 결여 등이 심각한 사회문제로 대두되었고, 사회적으로 해결해야 할 생활상의 욕구가 확대되어 전체적으로 사회복지 수요를 증대시켰다. 이런 의미에서 지역사회복지는 새로운 양식의 사회복지이기도 하다. 즉, 전통사회에서 사회복지는 부랑인과 빈민 등 일부 소외계층에 대한 소득보장과 사회적응을 목표로 한 것이라면, 현대사회의 사회복지는 노인, 장애인, 아동 등을 포함하여 모든 사람이 자신의 삶의 기반인 지역사회에서 행복하게 살 수 있는 지역사회복지 시스템을 구축하는 것으로 바뀌어가는 경향을 보이고 있다.

(3) 한국의 지역사회복지 형성과정

우리나라는 1950년 한국전쟁 후 미국의 사회사업이 도입되었고 역사적 특수성으로 인해 복지사업을 외국원조기관이 중심이 되어 실시해 나갔다. 1952년 7개 기관을 중심으로 교육, 응급구호, 사회복지 분야에서 활동하던 외국 민간원조 기관인 한국연합회는 1960년대 초 회원기관이 10배로 증가하였으나, 1960년대 말 외국원조물자 및 기금이 축소되고 기관의 대표자들이 한국인으로 교체된다.

유엔과 미국을 중심으로 경제후진국에 대한 지역사회개발사업이 진행되었다. 우리나라에서는 1958년 지역사회개발위원회가 설립되고, 한미합동경제위원회가 추진되었고, 동위원회에서는 합동실무반을 구성하여 시범지역을 지정하여 지역사회개발사업을 실시하였다.

1970년대에는 지역사회개발사업이 새마을운동으로 전환되어 근면, 자조, 협동과 근대화와 지역주민의 소득증대를 목표로 전국에서 전개되었다. 그러나 결국 새마을운동은 관 주도의 운동이라는 점에서 많은 한계가 있었고, 박정희 유신정부의 정치적 정당성 확보를 위한 이 운동도 그의 사망과 함께 막을 내린다.

1980년대에는 신군부의 사회정화운동이 전개되고 지역사회복지관이 도입되었다. 1992년 문민정부 등장 이후 저소득층이 밀집된 지역과 영구임대아파트 단지를 중심으로 지역사회복지관이 설립되어 지역사회를 중심으로 지역사회복지사업이 활발하게 전개되었다. 2004년 10월 현재 서울 92개소를 비롯해서 전국에 371개의 사회복지관이 지역사회문제를 해결하고 주민의 복지욕구를 충족시키기 위한 종합적인 지역사회복지사업을 수행하고 있다.

2. 지역사회복지실천방법론

1) 지역사회복지의 모델

(1) 지역사회복지의 구조적 모델

지역사회복지의 구조적 모델은 지역사회복지가 성립하는 조건을 자본주의 사회의 구조적인 문제에서 파생되는 계급 · 계층간의 불평등한 분배구조로 파악하고, 지역사회복지는 많은 영역에서 빈곤한 저소득층에 대해 기본적인 생활수준을 지원하는 공공정책을 다루고자 한다.

사회복지이론의 영역에서 제도정책론이나 운동론, 노동론에 기초해서 지역사회복지를 보며, 지역사회복지를 정책 · 제도적으로 다룬다. 이 접근은 제도 · 정책론적 접근과 운동론적 접근의 두 가지 흐름 속에서 형성되이 왔다. 제도 · 정책론적 접근은 현대의 자본주의를 자본주의의 최고 발전단계인 국가독점자본주의 단계로 규정하고, 정부가 자본축적과정에서 발생하는 노동자계급의 빈곤화와 표면화된 생활문제에 대처하기 위해 지역사회복지 정책을 펼쳐야 할 것으로 본다.

운동론적 접근은 지역사회복지 정책을 매개가 되는 복지운동의 의의와 연결지어서 본다. 그러므로 지역사회복지 추진에서도 국가책임의 원칙 또는 공적책임의 원칙에서 지역사회복지정책을 실시해야 하고 그 전제가 되는 일반생활의 공공정책의 정비나 확충을 강조한다.

(2) 지역사회복지의 기능적 모델

기능적 모델은 사회복지이론에서 기능론과 처우방법론을 기초로 지역사회복지를 사회적 욕구충족을 위한 서비스 또는 사회자원의 공급체계로 다룬다. 기능적 모델은 지역사회복지를 욕구와 자원의 대응관계와 수급체계로서 다룬다. 지역사회복지를 일정한 지역사회에 있어서 욕구충족의 기능체계로 간주하여, 지역주민에 대한 건강하고 문화적인 적절한 생활수준을 보편적으로 보장하고자 하는 공적인 부문과 사적인 부문의 복합적인 연결망으로 생각한다. 기능주의 모델의 입장에서 보면 지역사회복지 서비스를 이용하는 주민을 수혜자로 보며 이용자의 비용부담에 대해서 비교적 긍정적인 입장을 취한다(신섭중, 1995 : 520-522).

2) 지역사회복지실천의 원칙과 과정

(1) 지역사회복지실천의 원칙

지역사회복지실천의 원칙은 지역사회복지의 활동을 수행함에 있어서 사회복지의 가치에 근거한 '올바른 행동의 규칙', 건전하고 바람직한 지역사회 추구에 대한 가치판단을 의미한다. 이 원칙은 지역주민들에 의한 조직적인 사회복지 노력을 의미하며, 민주주의의 원리와 가치체계에 합당해야 한다고 본다.

맥네일(McNeil)은 지역사회복지실천의 원칙으로 ① 지역주민들과 그들의 욕구에 관심을 두고, ② 일차적인 클라이언트는 지역사회 그 자체이며, ③ 지역사회를 이해하고 수용하며, ④ 지역사회의 모든 주민에 대한 보건과 복지서비스에 우선순위를 두고, ⑤ 실천과정에서 주민의 욕구와 주민들 간의 인간관계는 계속 변화한다는 것을 인식해야 하며, ⑥ 지역사회 내의 사회복지기관과 단체들이 상호유기적인 관계와 의존적임을 전제해야 하며, ⑦ 실천과정 자체가 사회사업의 한 분야임을 원칙으로 제시하였다(최일섭 · 류진석, 2000 : 154-156 참조).

지역사회복지실천은 지역사회문제를 예방하고 해결하기 위한 노력과 지역주민의 생활문제 등 복지욕구를 충족시키고자 노력하는 일련의 전문적인 과정이다. 이러한 과정에서는 지역사회를 이해하고 수용하며 그 특성을 개별화해야 한다. 또한 지역사회주민의 참여와 지역사회자원을 합리적으로 조정 · 연계하여 서비스와 프로그램을 효율적으로 진행하여야 한다.

(2) 지역사회문제해결의 과정

지역사회복지활동은 지역사회가 당면한 문제를 발견하고 분석하여 효과적인 문제해결 방안을 수립, 이를 실천으로 옮기는 일련의 과정이다. 지역사회문제해결의 과정은 학자들에 따라 그 구분과 용어, 강조점을 달리하여 제시하고 있는데, 여기서는 대표적인 견해를 살펴본다.

던햄(Dunham)은 지역사회의 문제해결과정을 ① 문제의 인식, ② 문제의 분석, ③ 계획, ④ 실행, ⑤ 평가, ⑥ 다음 단계 등으로 6단계를 제시하였다. 길버트와 스펙트(Gilbert & Specht)는 지역사회의 문제해결에 필요한 정책형성 과정을 ① 문제발견, ② 문제분석, ③ 대중홍보, ④ 정책목표설정, ⑤ 합법성획득, ⑥ 프로그램설계, ⑦ 실천, ⑧ 평가와 사정 등으로 8단계를 제시하였다. 이것을 4단계의 과정으로 집약하면 다음과 같다.

① 첫 단계 : 문제의 발견 및 분석

지역사회의 문제해결을 위한 첫 단계는 충족되지 않은 욕구나 문제를 찾아내고, 이를 해결하기 위한 방안을 수립하여 실천할 수 있도록 문제를 분명하게 규정하는 것이다.

예를 들면 빈곤문제의 원인과 현상을 개인적 결함이나 사회환경에 적응하지 못해서 발생하는 문제로 볼 수도 있으며, 사회구조적인 면에서 사회제도가 제 기능을 못해서 발생되는 문제로 볼 수도 있다. 빈곤을 절대적인 기준으로 법에 규정한 최소한의 소득수준 이하의 가정과 개인으로 볼 수도 있고, 상대적 개념으로 일반사회의 소득분배에 있어 기준 이하에 속하여 상대적 박탈을 느끼는 가정들과 개인으로 간주할 수도 있다. 즉, 빈곤문제를 어떻게 규정하며 개념화하는가는 문제해결을 위한 정책수립에 영향을 주며 그에 따라 구체적인 해결방안이나 실천적인 개입이 달라질 수 있는 것이다.

사회문제를 발견하고 규정하는 것은 가치판단에 의해서 지배되며 집단에 따라 그 규정이 다르다는 것을 지역사회복지사는 주목하여, 클라이언트와의 관계에 있어서도 다른 전문분야와 마찬가지로 전문지식과 기술을 토대로 자율성을 가져야 한다. 문제의 발견 및 분석과정에서 지역사회복지사는 사회문제에 대한 제 이론을 분석하고, 가치관을 검토하고 객관적인 자료를 수집 분석하며, 다양한 모델과 이론을 분별있게 활용하여야 할 것이다.

② 둘째 단계 : 정책 및 프로그램의 개발

지역사회문제가 분석되고 조작적으로 정의된 후에 거쳐야 할 단계는 다양한 대안 중에서 확고한 행동노선을 수립하고 정책을 실천하기 위한 프로그램을 개발하는 것이다. 문제를 보는 관점이 다양하듯 문제를 해결하는 방법도 다양할 수 있다. 그러므로 정책을 수립하고 프로그램을 개발하는 것은 다양한 해결방안 중에서 가장 효과적인 정책을 선택하는 것이다.

지역사회복지사가 정책 및 프로그램의 개발에 있어서 무엇보다 고려해야 할 것은 정책의 실현 가능성이다. 매우 이상적인 정책목표도 실천을 뒷받침할 인적 · 물적 자원, 지식, 기술이 개발되어 있지 않다면 실현가능성이 적어지며, 정치적 · 사회적인 분위기가 목표달성에 있어서 어느 정도 긍정적이냐 하는 것도 실현가능성에 영향을 미치는 변수로 작용하기 때문에 적절히 고려해야 할 것이다.

③ 셋째 단계 : 프로그램의 실시

프로그램의 실시는 정책목표를 달성하기 위해서 행하게 되는 일련의 실천활동이다. 활동내용과 형태는 문제의 성격에 따라 다양할 수 있기 때문에 획일적으로 논할 수 없으나 크게 과업중심적인 활동과 체계유지적인 활동으로 구분할 수 있다. 과업중심적인 활동이란 클라이언트 집단이 필요로 하는 서비스를 직접적으로 제공해주는 활동을 말하며,

체계유지적인 활동이란 클라이언트 집단이 문제를 스스로 해결할 수 있도록 능력을 향상시키는 것을 말한다. 지역사회복지사는 계획의 단계에서 변화를 예측할 수 있는 통찰력이 있어야 하고 변화가 발생했을 때 적절하게 대처할 수 있는 능력과 기술이 있어야 한다.

④ 넷째 단계 : 평가

평가는 문제해결과정의 마지막 단계로서 두 가지 목적을 가진다. 하나는 프로그램 실천과정에서 수집된 정보를 실천에 반영하여 실천의 궤도를 수정하거나 보완하는 중간평가적인 성격이며, 다른 하나는 문제해결의 전 과정이 진행된 이후에 최종적인 결과를 평가하는 것이다. 프로그램의 결과와 효과에 관해 수집된 자료는 문제해결을 위해 수립된 정책이나 프로그램을 계속할 것인지 중단할 것인지 또는 수정할 것인지를 결정하는 데 쓰여진다.

3) 지역사회복지실천에서 사회복지사의 역할

(1) 지역사회복지사의 자질

지역사회복지사에게 필요한 기본적인 자질은 뜨거운 열정과 냉철하고 이성적인 분석 · 판단력, 신체적 정신적인 건강이 요구된다. 또한 지역사회복지 전반에 관한 전문적 지식, 가치, 기술을 갖추고 있어야 하며 인간에 대한 가치와 존엄성을 인정하는 전문가이어야 한다.

지역사회복지사에게 필요한 자질을 정리하면, ① 지역사회복지에 관한 전반적인 지식체계와 이를 전문적으로 실천할 수 있는 기술이 요구되며, ② 사회적 · 경제적 환경이 다른 지역사회주민들에 대해 애정을 가지고 이해하며, 함께 지역문제를 해결할 수 있는 능력이 있어야 하며, ③ 사회전반의 사회정책에 대한 지식이 있어야 한다. ④ 또한 용기와 성실, 객관성, 자기인식, 훈련, 융통성, 창의성 등을 갖추고 타인의 인격을 존중할 수 있어야 한다.

맥밀런(McMillen)은 지역사회에서 주민들의 복지증진을 위해 노력하는 사회복지사의 자질로는 좋은 인품과 지역사회의 요구를 결정하는데 이용할 사실과 추진방법에 대한 지식이 있어야 하고, 조사방법과 해석방법 및 사회복지 각 분야에서 발달된 기준을 알고 있어야 하며, 집단을 지도할 수 있는 능력을 갖추고 있어야 한다고 하였다.

(2) 지역사회복지사의 역할

지역사회복지사는 지역사회의 변화에 능동적으로 대응할 수 있어야 하며, 변화하는 지역주민들의 욕구에 따라 임무를 수행해야 하기 때문에 다양한 실천역할을 수행해야 한다. 지역사회복지사는 지역사회문제를 해결하는 과정에서 다양한 지역조건에 따라 영향을 받게 되고 역할 내용도 달라질 수 있다.

- 안내자(guide)의 역할 : 지역사회문제해결을 위한 올바른 목표(goals)를 설정하고, 해결방안을 강구하도록 도와주는 역할이다.
- 조력자(enabler)의 역할 : 지역사회주민이 주체적으로 서비스를 이용할 수 있는 능력을 얻어 발휘할 수 있도록 돕는 역할이다. 지역사회조건에 대한 불만을 일깨워 주고 그 불만을 집약할 수 있도록 도와주는 것이다.
- 전문가(expert)의 역할 : 전문가로서 지역사회문제해결에 필요한 자료조사, 기술상의 경험, 자원의 출처, 방법상의 충고 등을 제공하는 역할이다.
- 치료자(therapist)의 역할 : 지역사회문제해결을 위한 공동의 노력을 저해하는 금기적 사고(taboo ideas)나 긴장, 집단을 분열시키는 요인들에 대한 적절한 진단과 치료를 행한다.
- 옹호자(advocate)의 역할 : 주민들의 입장에서 그들에게 제공되는 서비스의 권리를 유지하도록 돕거나, 부정적 효과를 주는 정책·프로그램을 변화시키는 운동을 지지하는 역할이다.
- 계획가(planner)의 역할 : 지역사회의 문제해결을 위해 누가, 무엇

을, 어떻게 접근할 것인지 구체적인 계획을 수립한다. 지역사회복지사는 재정적, 인적, 법적, 기술적인 면을 고려하여 기존 서비스의 개선을 위한 목표나 정책을 수립하고 프로그램을 계획하는 역할을 수행한다.

- 행동가(activist)의 역할 : 사회적 약자나 취약계층의 편에서 이들의 이익과 권리를 저해하는 사회적 불평등과 문제점을 인식하고 개선하기 위한 활동에 참여한다.
- 현장 개입가(outreach)의 역할 : 서비스 대상자가 적절한 서비스를 찾을 수 있도록 원조하기 위해 지역사회에 들어가 활동한다. 서비스에 대한 전반적인 욕구와 접근성을 높이는 역할을 수행한다.

4) 지역사회복지의 실천과정에 필요한 기술

(1) 조사와 문제분석에 필요한 기술

지역사회복지를 효과적으로 실천하기 위해서는 다양한 기술이 필요하다. 대표적인 기술로 조사와 문제분석, 집단토의와 회의, 홍보와 정보활동, 원조활동 등이 있는데, 이러한 기술은 사안에 따라서 개별적으로 혹은 종합적으로 필요하다(김현훈 외 역, 2000 : 213-228).

지역사회복지를 실천하기 위해서는 먼저 지역사회문제와 복지욕구를 파악하는 것이 시급하다. 어떤 지역사회나 나름대로 사회문제가 있고 주민들이 절실히 바라는 것이 있지만 이를 해결할 수 있는 자원이 한정되어 있기에 욕구를 명확히 하고 우선순위를 정하는 일은 매우 중요하다. 지역문제를 파악하고 복지욕구를 측정하고자 할 때 사회복지사가 흔히 사용하는 방법은 사회조사[3)]이고 이를 통해서 문제를 분석한다.

---

3) 지역의 복지욕구를 파악할 때 쉽게 사용할 수 있는 사회조사기법은 문헌조사, 관찰법, 면접조사, 좌담회, 설문조사가 있다. 특히, 설문조사는 표본설계, 설문지 작성, 설문지 배포와 수집, 통계처리 등이 과학적으로 이루어져야 신뢰도와 타당도가 높아진다.

지역사회문제는 현장을 방문하거나 관찰을 통해서 파악해야 하는 경우도 많다. 치매환자와 그 가족을 위한 재가복지서비스를 구상하고 있다면 치매환자의 집을 방문하여 가족이 호소하는 고충을 듣는 것도 한 방법이다. 또한 치매가족모임 등에 참가하여 이들이 공통으로 바라는 것은 무엇인지 파악하고 동원 가능한 자원을 고려하여 서비스를 모색해볼 수 있다. 이러한 조사활동은 문제를 정확히 파악하고, 욕구를 측정하며, 적합한 원조활동을 개발하기 위해서 꼭 필요하다.

(2) 집단토의와 회의에 필요한 기술

지역사회문제는 객관적인 자료만으로는 파악하기 어려운 경우가 많다. 각자의 입장에 따라서 주장하는 바가 다르기 때문에 하나의 대안을 선택하기보다는 서로 다른 입장을 조정하는 것이 더 적절할 수 있다. 지역사회문제를 파악하고 적절한 프로그램을 개발하기 위해서 흔히 사용되는 방법이 집단토의와 회의다. 따라서 사회복지사는 주민좌담회, 전문가회의 등에 참가하여 다른 사람의 의견을 경청하고 필요한 여론을 수렴하는 기술을 습득해야 한다.

지역사회문제를 해결하기 위해서는 각 분야의 대표자로 구성된 위원회 혹은 대책회의를 갖는다. 사회복지사가 여론을 수렴하기 위해서는 필요한 회의에 참여하면 되지만 여론을 주도하고 문제해결의 중심에 서기 위해서는 회의를 기획하고 진행하며, 회의결과를 실천하는 데 중추적인 역할을 담당해야 할 것이다. 이때 주민대표[4]와 전문가집단을 적절히 활용할 필요가 있다. 사회복지사는 주민대표와 전문가집단의 의견을 수렴할 수 있는 능력, 주민과 전문가집단을 효과적으로 동원할 수 있는 능력을 갖추어야 한다.

---

4) 대부분의 지역사회문제가 생활문제이기에 주거지역이나 사회계층에 따라서 그 입장이 달라질 수 있기 때문에 주민대표를 구성할 때는 그 대표성을 적절히 반영해야 한다.

(3) 홍보와 정보활동에 필요한 기술

지역사회복지를 효과적으로 실천하기 위해서 홍보와 정보활동이 점차 강조되고 있다. 전통사회는 대면집단 중심의 지역공동체가 많았지만, 현대사회는 지역 구성원간의 상호관계가 적은 익명사회가 되어가고 있기에 홍보와 정보활동이 더욱 강조된다. 주민의 참여를 통해서 지역의 가용자원을 동원하고 궁극적으로 지역사회문제를 해결하기 위해서는 주민을 설득하고, 행정기관, 언론기관 등 외부 기관과 대중을 설득하기 위해서도 홍보활동이 절실하다.

홍보활동은 문제를 발견할 때부터 사업의 기획, 자원의 동원, 지역사회사업의 실천, 평가 등 모든 단계에서 필요하다. 홍보는 지역사회복지 실천활동을 알려서 그 정당성을 확보할 뿐만 아니라, 하는 일에 대한 저항을 줄이기 위해서도 필요하다. 홍보를 효과적으로 수행하기 위해서는 정확한 정보를 파악하고, 부정확한 정보를 수정하는 일을 지속적으로 실천해야 한다.

(4) 원조활동에 필요한 기술

지역사회복지를 효과적으로 수행하는 일은 현실적으로 그리 쉽지 않다. 왜냐하면 지역사회복지는 상근 직원뿐만 아니라, 자원봉사자와 주민 등 비상근자가 함께 일을 해야 하고, 다양한 외부 전문가의 도움을 받아야 하기 때문에 계획한대로 실천하기가 쉽지 않다. 특히, 지역사회복지에서 자원봉사자를 모집하고 교육하여 적재적소에 활용하는 것은 매우 중요하다. 지역사회복지의 중추기관이라고 할 수 있는 사회복지관, 재가복지봉사센터에서는 학생, 주부, 직장인, 은퇴한 노인, 전문가 등 다양한 인구집단을 자원봉사자로 활용하여야 한다. 자원봉사자의 관리뿐만 아니라, 자원봉사자와 직원의 조화, 내부 직원과 외부 전문인력의 협력방안 등을 모색하기 위해서 사회복지사는 상당한 수준의 행정능력을 갖추어야 한다. 원조활동을 위해서 필요한 재원을 확보하고 분배하는 과정에서 예산을 수립하고 후원금, 외부의 협찬 등도 고려하여야 한다. 적정한 예산의 편성, 사업비의 조성, 사업비의 집행과 책임성의 확보는 원조활동의 정당성을 확보하기 위해서 꼭 필요한 일이다.

대개의 원조활동은 초기단계에서는 문제를 발견하고 상담, 위기개입을 하는 수준이지만, 점차 자원봉사자의 파견, 후원자의 발굴, 전문가의 개입 등을 조정하게 되고, 관련 예산의 확보, 법적 제도적 장치의 마련을 해야 할 경우도 있다. 지역사회복지사는 실천을 위한 다양한 기법을 체득할 뿐만 아니라 적절한 동료와 후임자를 교육 훈련시키고 다른 사람들과 역할분담을 하면서 협력과 연대방안을 찾아야 한다.

3. 지역사회복지실천 현장에 대한 이해

1) 지역사회복지의 전달체계

(1) 공공과 민간의 역할분담

사회복지에 있어서 공공과 민간의 역할분담은 지역사회복지에 있어서 매우 중요한 과제가 되어 왔다. 지역사회복지를 추진함에 있어서 요보호자의 서비스 지원체계 확립과 제도, 환경의 기반정비는 공적책임이 절대적으로 중요하다. 민간기관은 예방적 활동, 복지증진활동, 일상적인 원조 서비스와 대상자 참가를 포함한 주민참가 활동에 대한 대책 등이라 하겠다. 지역사회복지의 내용이 예방적 서비스, 전문적 보호, 재가보호, 복지증진 서비스를 포함한 재가복지서비스와 조직화 활동 등이라 할 때 공공과 민간기관의 협력관계가 매우 중요하게 요구된다.

우리나라의 지역사회복지는 지난 10년 동안 사회복지관과 재가복지봉사센터가 크게 늘어났고 기초자치단체별로 행정기관의 지원을 받은 자원봉사센터가 설치되었으며, 읍·면·동사무소에 주민자치센터가 병설되었다. 국가와 지방자치단체의 역할분담이 강조되듯이 주민복지를 위해서 공공과 민간의 역할분담과 협력방안이 구체적으로 모색되어야 할 것이다.

(2) 공공복지의 전달체계

현행 사회복지서비스 전달체계는 보건복지부를 정점으로 각 시 · 도를 거쳐 다시 시 · 군 · 구에서 행정의 최소단위인 읍 · 면 · 동으로 이어지고 복지대상자에게 최종 전달되는 상의하달식의 수직적인 조직이다. 복지대상자가 사회복지시설에서 생활하거나 이용하는 경우에는 시 · 군 · 구에서 사회복지시설을 거쳐 복지대상자에게 서비스가 전달된다.

공공복지의 전달체계는 보건복지부로 대표되는 중앙정부가 법령에 의해서 사회복지관련 정책을 개발하고 전국적인 지침을 만들며, 시 · 도 광역자치단체와 시 · 군 · 구 기초자치단체는 해당 업무를 기획, 지원, 관리하며, 일선행정기관인 읍 · 면 · 동의 사회복지담당자가 복지대상자에게 직접 서비스를 제공한다. 중앙정부의 지침과 예산 배정에 의해서 다소 획일적인 면이 있지만 지방자치제도가 정착되면서 노인복지와 영유아보육 등 주민생활과 밀접하게 관련된 복지서비스에서 점차 지방자치단체의 역할[5)]이 증가하고 있다.

(3) 민간복지의 전달체계

민간복지의 전달체계는 한국사회복지협의회, 한국사회복지관협회, 한국재가노인복지협회 등이 민간복지에서 중요한 역할을 담당하고 있다. 사회복지협의회는 사회복지사업법 제33조에 의거하여 "사회복지에 관한 조사 · 연구와 각종 복지사업을 조성하기 위하여 전국 단위의

---

5) 지방자치법은 제8조 제1항에서 "지방자치단체는 그 사무를 처리함에 있어서 주민의 편의 및 복리증진을 위하여 노력하여야 한다"고 사무처리의 기본원칙을 규정하고 있다. 법 제9조는 '지방자치단체의 사무범위'를 규정하고, 그중 주민의 복지증진에 관한 사무는 가. 주민복지에 관한 사업, 나. 사회복지시설의 설치 · 운영 및 관리, 다. 생활곤궁자의 보호 및 지원, 라. 노인 · 아동 · 심신장애자 · 청소년 및 부녀의 보호와 복지증진, 마. 보건진료기관의 설치 · 운영, 바. 전염병 및 기타 질병의 예방과 방역 등을 규정하고 있다.

한국사회복지협의회와 시 · 도 단위의 시 · 도사회복지협의회를 둔다"고 규정되어 있다. 사회복지협의회는 비영리 공익법인으로서 민간사회복지 증진을 위한 협의조정, 정책개발, 조사연구, 교육훈련, 자원봉사활동, 정보화사업, 사회적 취약계층을 위한 사업을 수행하고 있다. 과거 시 · 도 사회복지협의회는 중앙사회복지협의회의 지부이었는데, 1998년 사회복지사업법의 개정 이후 독립된 사회복지법인으로 발전되었다.

현재 시 · 도 사회복지협의회의 주된 회원은 사회복지시설의 대표자이고, 영유아보육시설, 청소년수련시설, 사회복지관, 재가노인복지센터, 자원봉사센터 등은 독자적인 관계망을 구축하고 있다.

2) 지역사회복지의 중추기관

(1) 사회복지사무소 시범사업

사회복지사무소는 공공의 지역사회복지 전달체계를 개선하고 사회복지 업무를 통합하여 효율성을 기하고, 주민들에게 전문화된 복지서비스를 제공하기 위한 문제의식 속에서 학계와 사회복지 현장에서 주장되었다. 이러한 요구를 반영하여 참여정부는 지방화시대에 적합하고 복지수요자 위주로 전달체계를 개편하기 위해 각 시 · 군 · 구에 사회복지사무소를 설치하는 방안을 적극 추진하였다.[6] 2004년 7월 시작된 시범사업은 2006년 상반기까지 2년 동안 실시하고 그 성과를 평가하여 다른 시 · 군 · 구에도 사회복지사무소를 확대 · 설치해나갈 계획이다.

사회복지사무소 설치로 기대되는 효과는 지역주민에게 복지상담 · 정보, 복지급여 및 복지서비스를 보다 효과적이고 내실있게 제공하여

6) 2004년 24개 시 · 군 · 구가 시범사업지역으로 신청하였고 심사를 거처 대도시(서울 강서 · 서초구, 부산 부산진 · 사하구, 광주 남구), 중소도시(강원 춘천시, 충남 공주시, 경북 안동시), 농어촌(충북 옥천군, 울산 울주군) 10개 시 · 군 · 구를 선정하였다.

주민의 복지체감도와 만족도를 향상시킬 수 있는 점이다. 또한 사회복지사무소에서는 기초생활 · 노인 · 장애인 등 대상별로 또는 상담 · 조사 · 서비스 등 기능별로 업무를 분화함으로써 각종 서비스를 보다 전문적이고 효과적으로 제공할 수 있게 되고 사회복지행정 업무 및 각종 서비스 처리 절차가 신속해지는 점을 들 수 있다.

대도시형-3개과 형

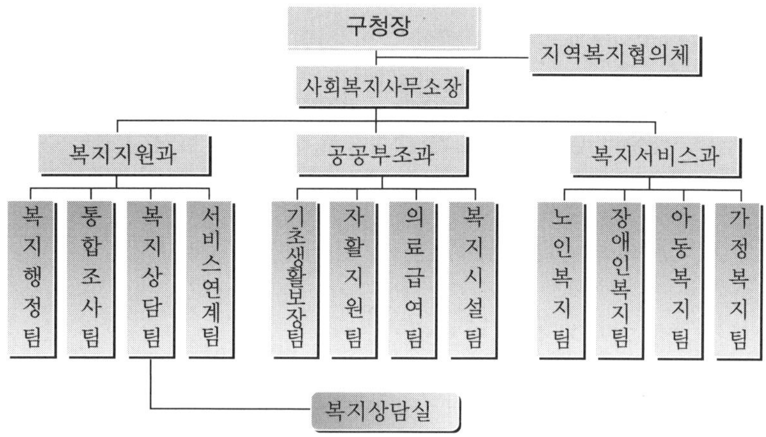

일반도시형-2개과 형

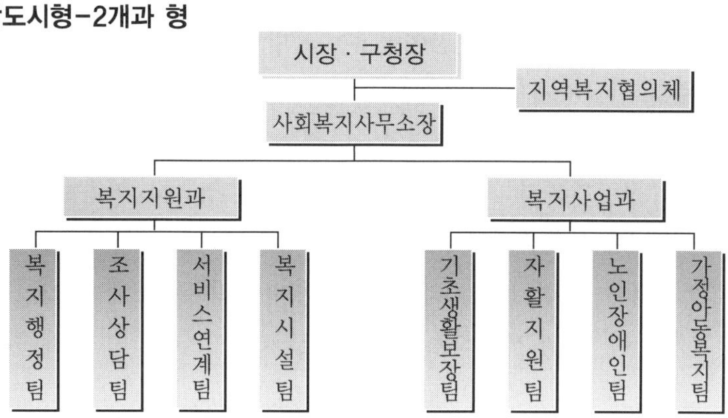

[그림 7-1] 사회복지사무소 조직구조

[그림 7-1] 사회복지사무소 조직도에서 조사상담팀은 빈곤가구를 적극적으로 찾아서 상담하고 지원해주며, 각종 급여를 신청한 가구의 자격을 확인함으로써 보호의 객관성과 공정성을 확보하는 업무를 수행한다. 서비스연계팀은 시 · 군 · 구의 복지자원을 개발 · 관리하고 수요자에게 가장 적합한 복지서비스를 찾아 연계해주며, 집중적인 관리가 필요한 취약가구에 대한 사례관리를 담당한다. 복지행정팀에서는 주민들의 복지욕구를 조사하여 시 · 군 · 구의 지역복지계획을 수립하고 지역특성에 맞는 복지프로그램을 개발하는 등 복지기획 업무를 담당한다.

(2) 지역사회복지관

지역사회복지 민간전달체계에서 가장 종합적인 복지서비스 공급역할을 하는 사회복지관은 '지역사회 내에서 일정한 시설과 전문인력을 갖추고 지역사회의 인적 · 물적 자원을 동원하여 지역사회복지를 중심으로 한 종합적인 사회복지사업을 수행하는 사회복지시설' 이다.

사회복지관은 19세기말 영국과 미국에서 일어난 인보관운동에서 그 뿌리를 찾을 수 있다. 우리나라에서는 1906년 원산 인보관운동에서 사회복지관사업이 태동되었고, 그 후 종교기관이나 대학교 그리고 외국의 원조를 받은 민간 사회복지단체가 사회복지관을 운영하였고, 1983년부터 국고보조를 받기 시작하였다. 특히, 1989년에 주택건설촉진법 등에 의해 저소득층 영구임대아파트를 건립할 때 사회복지관을 의무적으로 설치, 이를 사회복지법인에게 위탁하면서 사회복지관은 지역사회복지의 중추기관으로 자리잡게 되었다.

사회복지관은 복지욕구를 가지고 있는 모든 지역사회 주민을 대상으로 보호서비스의 제공, 자립능력 배양을 위한 교육훈련 기회제공 등의 복지서비스를 제공한다는 점에서 장애인복지관, 노인복지회관 등 특정 인구층을 위한 종별 복지관과 구분된다. 사회복지관은 전체 주민을 대상으로 가징기능 강화와 주민상호간 연대감 조성을 통하여 각종 지역사회문제를 예방 · 치료하고, 주민의 복지증진을 위한 종합복지센터의 역할을 수행한다(보건복지부, 2004).

사회복지관은 가족복지사업, 저소득가정의 자립지원, 아동과 청소년복지, 노인과 장애인복지, 지역사회복지사업, 이웃돕기, 자원봉사활동 등을 조직적으로 수행하고 있다. 사회복지관의 기능은 그 규모(가형 종합사회복지관, 나형 종합사회복지관, 다형 사회복지관)와 복지관의 소재지(영구임대아파트단지, 도시저소득층 밀집지역, 도시 일반주거지, 농촌 · 산촌), 그리고 복지관을 운영하는 법인의 성격에 따라서 사업의 강조점이 달라지기도 한다.

사회복지관 운영의 기본원칙은 인도주의와 서비스를 필요로 하는 지역사회주민의 존엄유지를 전제로 하여 ① 지역성의 원칙, ② 전문성의 원칙, ③ 책임성의 원칙, ④ 자율성의 원칙, ⑤ 통합성의 원칙, ⑥ 자원활용의 원칙, ⑦ 중립성의 원칙, ⑧ 투명성의 원칙 8가지를 들고 있다.

(3) 재가복지봉사센터

재가복지봉사센터는 가정에서 보호를 요하는 장애인, 노인, 소년소녀가정, 한부모가정 등 가족기능이 취약한 소외계층과 지역사회 내에서 재가복지서비스를 원하는 가정에 사회복지사와 자원봉사자들이 방문하여 가사, 간병, 정서, 결연, 의료, 자립지원, 교육 등의 서비스를 제공하는 사회복지시설이다.

재가복지는 한국노인복지회에서 1982년부터 노인복지분야의 노인결연, 상담, 전화벗사업을 추진하면서 비롯되었고, 1987년 정부의 가정봉사원 파견사업으로 확대되었다. 1991년에는 시 · 도 사회복지협의회에 지역복지봉사센터를 설치하여 본격적으로 재가복지[7]를 실시하게 되었다.

---

7) 재가복지는 1992년의 '제7차 경제사회발전 5개년 계획'에서 사회복지서비스 분야의 기본 방향을 시설보호에서 재가보호 서비스의 확충으로, 선별적인 서비스 중심에서 보편적인 서비스의 제공으로, 사후 치료적 서비스 중심에서 사전 예방적 서비스 강화 등을 설정하면서 보편화되기 시작하였다.

재가복지봉사센터의 역할은 재가복지서비스 대상자와 가정의 욕구조사와 문제의 진단, 욕구와 문제의 진단내용에 따라 직접·간접적 서비스의 제공, 지역사회자원 동원과 활용, 사업평가, 자원봉사자와 주민에 대한 복지교육, 지역사회 연대의식 고취 등으로 나누어 볼 수 있다.

3) 지역사회복지계획 및 지역사회복지의 과제

지역사회복지계획은 지역사회를 기초로 창의와 연구에 의한 복지서비스의 통합적인 실시, 지역주민의 이해와 협력 아래 복지서비스가 결정되는 등 지역주민에 밀착한 효과적인 지역사회복지의 추진을 위한 노력의 일환이다(이원식, 2002). 지역사회복지계획의 필요성이 대두되는 주요한 요인으로는 전통적인 가족제도와 상부상조 기능의 약화, 사회적인 유대관계의 약화와 같은 지역사회의 변용과 더불어 심각한 사회문제로 대두되는 합계출산율[8] 저하, 인구고령화, 경제성장의 둔화 등이라 하겠다.

(1) 지역사회복지계획의 이념

모든 인간이 존엄성을 유지하고 가정과 지역사회 안에서 장애의 유무와 연령에 관계없이 인간답게 안심하고 생활할 수 있도록 하며, 개인의 자립생활을 지원하는 것이다. 지역사회복지계획은 이러한 이념을 지역사회에서 구체화하기 위하여 수립해야 하는 것이다.

지역사회복지계획은 첫째, 지역사회복지서비스를 적절하게 이용할 수 있도록 추진하는 것이며, 둘째, 지역사회의 복지증진을 목적으로 하는 사업이 건전하게 발달되고 성장하도록 하며, 셋째, 지역사회복지 실천 활동에 주민의 참여를 촉진할 수 있는 방안에 관한 사항을 고려하여

8) 합계출산율(Total Fertility Rate)은 여성 한 명이 가임기간(15~49세) 동안 평균적으로 출산하는 자녀수를 의미함. 합계출산율이 1960년 6.0명에서 1983년에 인구의 대체수준 이하인 2.1명에 도달한 후, 2002년에는 세계에서 가장 낮은 1.17명 수준임.

야 할 것이다.

지역사회복지계획은 지방자치단체가 지역사회복지를 종합적이고 계획적으로 추진하여 사회복지사업법에 제시된 사회복지이념을 달성하기 위한 구체적인 방법과 대책들을 말한다. 따라서 지역사회복지계획은 행정계획임과 동시에 복지서비스에 대한 개인의 존엄성 유지를 기본으로 한 자기결정, 자기실현의 존중, 자립지원 등이 주민참여에 의해 추진되고 수립되어야만 한다.

(2) 지역주민 주체의 지역사회복지서비스 실현

지역사회복지계획은 지역주민 본위의 기본에 근거해서 서비스 이용자의 생활문제를 종합적이고 지속적으로 파악하고 제도와 서비스의 종류, 실시 주체의 상이함을 넘어 대응할 수 있는 서비스 체제를 구축하는 것이다. 이러한 체계는 복지서비스를 종합적으로 이용할 수 있도록 케어 매니지먼트, 상담기능이 완비된 기관, 사회복지협의회, 공적인 지역사회복지전달체계에서 충실하게 정비해야 한다.

사회복지 원조체계의 기능은 "삶을 영위하는 주인공은 개인이며, 자기결정에 의해 자신의 삶을 개척하고 자기실현을 추구"하는 서비스 이용자의 잠재력을 개발하는 원조가 중요하다. 또한 지역주민이 고립되거나 생활문제가 있으면 자신의 요구를 주장할 수 있는 구조와 이를 발견할 수 있는 체계를 만들어 가는 것이다.

서비스의 내용과 평가는 지역주민의 신뢰와 이해를 얻기 위하여 투명성이 확보되어야 한다. 이용자의 선택을 보장하여 적절한 경쟁을 유도하고 복지종사자의 전문성의 향상을 통하여 서비스의 질 향상과 효율성을 추구할 필요가 있다.

(3) 종합적인 서비스지원체계의 확립

지역사회복지계획은 이용자가 종합적이고 심층적인 상담을 받을 수 있고, 적절한 서비스를 이용할 수 있는 체제를 구축하는 것이다. 지역주민의 생활문제는 복지, 보건, 의료와 기타 생활관련 분야로 연관되어 있다. 따라서 이러한 문제를 해결하기 위해서는 공공복지서비스와 민간복지서비스를 포함한 복수의 서비스체계가 적절하게 결합되어 종합적으로 제공되어야 그 목적을 달성할 수 있다. 그렇기 때문에 다양한 서비스체계의 충분한 연계를 도모하여 종합적으로 전개하는 것이 필수불가결하다.

(4) 기초자치단체의 지역사회복지계획 수립의 체제와 과정

지역사회복지계획은 노인보건복지계획, 장애인복지계획, 아동복지계획, 저소득 빈곤자 복지계획 및 이와 관련된 복지계획들을 복지, 보건, 의료, 생활관련 분야와 연계하여 수립해야 한다. 이를 위해서 행정전체의 개입이 필요하며, 관계부처가 함께 협의하여 지역사회복지계획 추진위원회를 구성하거나 지역사회복지계획 수립을 위한 프로젝트팀을 만드는 것도 유효한 방법이라 생각한다.

지역사회복지계획의 수립은 기초자치단체의 지역사회복지 담당부서에 지역사회복지계획 추진 주체인 지역주민, 연구자, 복지 · 보건 · 의료관계자, 당사자조직, 시민단체 리더, 사회복지관련 공무원 등이 참가한다. 예를 들면 가칭 '지역사회복지계획 수립위원회'와 같은 조직을 설치해볼 수 있다.

주민참여를 유도하기 위해서는 정보제공이 대단히 중요하며 정보를 확실하게 전달하기 위한 노력이 필요하다. 예를 들어, 지역실정과 필요한 외국어나 점자, 인터넷이나 케이블TV 등의 다양한 매체를 통해 정보제공이 원활히 이루어질 수 있도록 해야 한다. 이러한 활동의 결과 주민과 사회복지서비스를 필요로 하는 사람이 자신의 복지욕구와 생활문제를 파악하는 조사(욕구조사)에 직접 참여하거나 주민교류회나 간담회에 참가할 수 있게 된다.

(5) 지역사회복지의 과제

지역사회복지는 일부 요보호대상자를 대상으로 사회복지시설을 중심으로 이루어진 복지에 대한 반성에서 전체 주민을 위하여 지역사회를 중심으로 한 복지로 전환되어 가고 있기에 지역사회복지가 직면한 문제도 다양하고 이에 따라 과제도 달라진다.

한국 사회에서 사회복지관에 대한 정부의 보조가 시작된 것이 20년 정도이고, 대부분의 지역사회복지 프로그램은 1990년대 이후에 본격적으로 시행되었기에 그 성과를 평가하기에는 아직 이르다. 지역사회복지의 공공의 영역에서도 이제 출발한 시범 사회복지사무소를 앞으로 어떻게 정착시키고 확대 · 발전시켜 나갈 것인가라는 점에서 모두가 과제다. 이러한 다양성과 제한점을 전제하더라도 지역사회복지의 발전을 위해서 다음 몇 가지 과제를 제기하고자 한다.

첫째, 지역사회복지의 자주성을 어떻게 확보할 것인가? 지역사회복지는 지역사회의 문제를 발굴하고 주민의 복지욕구를 충족시켜야 한다는 당위성에도 불구하고, 현재 지역사회복지의 중심 기관 정부의 지침과 해당 법인의 성격에 의해서 크게 좌우된다. 지역주민의 욕구를 지역사회복지 프로그램에 반영하고, 사업의 적합성과 효과성 등을 평가하기 위해서는 복지기관의 각종 의사결정기구에 주민과 복지대상자 대표의 참여를 확대시켜야 할 것이다.

둘째, 지역사회복지를 위해서 지역의 내부자원을 어떻게 효과적으로 동원하고, 외부의 자원과 협력관계를 형성할 것인가 고민하고 그 대안으로 지역사회조직화 사업을 보다 적극적으로 전개해야 할 것이다.

셋째, 지역사회복지실천 현장에서 전문성을 어떻게 담보할 것인가를 고민해야 한다. 지역사회복지를 실천할 때 적은 비용으로 많은 사업을 하기 위해서 자원봉사자를 활용하거나 외부 자원의 도움을 받아서 단순한 서비스를 제공하는 데 그치는 경우가 많다. 이것 또한 지역사회복지의 발전을 위해서 극복해야 할 과제 중의 하나다. 자원봉사자의 활용을 강조하지 않을 수 없지만, 적절한 전담인력의 확대배치와 충분한 예산의 확보로 지역사회복지를 실천해야 할 이유가 여기에 있다.

넷째, 사회복지협의회의 위상과 역할정립을 위해 노력해야 할 것이다. 지역사회복지기관이 점차 확충되면서 다양한 사회복지실천 주체들의 지역단위 교류와 협력이 절실히 필요하며, 이를 위해서 제도적 틀을 강구해야 한다. 한국사회복지협의회, 한국사회복지관협회, 한국재가노인복지협회 등 전문영역별로 있는 협회가 회원단체간의 교류 협력뿐만 아니라, 인접 분야와의 협력과 연대를 도모하기 위해서는 열린 관계를 형성해야 한다.

다섯째, 지역사회복지의 공공영역인 사회복지사무소가 빠른 시일안에 내실을 갖추고 전면적으로 확대되어야 한다. 또한 주민들의 복지욕구를 조사하여 지역사회복지계획을 수립하고 지역특성에 맞는 복지프로그램을 개발할 수 있도록 사회복지사무소의 복지행정팀에 주민참여 방안을 강구하여야 하겠다.

참고문헌

김범수(2000). 21세기 지역사회복지론. 홍익재.

김범수(2003). 지역사회복지의 이해. 현학사.

김영모 편(1990). 지역사회복지론. 한국복지정책연구소출판부.

김현훈 외 역(2000). 지역복지론. 동인.

박상신(2001). 사회복지관의 현안과제와 개선방안. 한국사회복지관협회.

보건복지부(2004). 2004년도 사회복지관 및 재가복지봉사센터 운영안내.

신섭중(1995). 현대복지학총람. 대학출판사.

원석조(1987). 지방자치제하의 지역복지 모델에 관한 연구. 사회정책연구 제9집. 한국복지정책연구소출판부.

이영철 외(2000). 사회복지학. 양서원.

이영철(2003). 지역사회복지실천론. 양서원.

이용교 편(2000). **복지공동체 만들기**. 광주대학교 출판부.

이원식(2002). 지역복지계획. 김범수 편저. **지역사회복지론**. 한국사회복지사협회.

이원식(2002a). 일본의 사회복지개혁(시장원리 도입)과 지역복지의 과제. **지역사회복지운동 11집**. 지역사회복지학회.

장인협 외(2001). **사회복지학**. 서울대학교 출판부.

최일섭 · 류진석(2000). **지역사회복지론**. 서울대학교 출판부.

National Association of Social Worker(1995). *Encyclopedia of Social Work*. 김만두 외 역(1999). **사회복지대백과사전**. 나눔의 집.

Ross, M. G. (1967). *Community Organization: Theory, Principles, and Practice*. New York: Harper & Row.

Schwartz, M. (1965) Community Organization. *Encyclopedia of Social Work*. Washington, D.C.: NASW Press.

竹原健二編(1994). **現代地域福祉論**. 日本 法律文化社.

한국사회복지관협회 www.kaswc.or.kr

한국사회복지협의회 http://kncsw.bokji.net

제8장 사회복지서비스

1. 사회복지서비스의 개념 및 유형

1) 사회복지서비스의 개념

사회복지서비스는 사회보험, 공공부조와 함께 사회보장제도의 3대범주의 하나다. 사회복지서비스는 사회적 약자들의 사회문제를 해결하는 데 필요한 전문적인 지식과 기술을 가진 전문인력(사회복지전문가)에 의해 제공되어야 한다. 서비스 제공의 목적은 궁극적으로 사회적 약자들을 정상적인 사회성원으로 복귀시키는 데 있다.

사회보장기본법 규정에 의하면 사회복지서비스는 "국가 · 지방자치단체 및 민간부문의 도움을 필요로 하는 모든 국민에게 상담, 재활, 직업소개 및 지도, 사회복지시설 이용 등을 제공하여 정상적인 사회생활이 가능하도록 지원하는 제도"(제3조)라고 정의하고 있다.

2) 사회복지서비스의 유형

(1) 노인복지서비스

노인복지서비스는 노인의 다양한 욕구와 문제를 해결하기 위한 사회보장제도 중에서 기본적인 욕구인 소득과 의료를 해결하기 위한 사회보험과 공적부조를 제외한 노인의 특수한 욕구를 충족시키고 노인들의 최저한의 생활을 유지시키기 위한 사회복지서비스를 말한다.

(2) 아동복지서비스

아동복지서비스는 아동들이 건강하게 출생하여 보다 행복하게 잘 지낼 수 있도록 제공되는 사회복지서비스다. 아동복지는 부모들이 감당하지 못하는 양육의 기능을 지지 · 보완 · 대리하며 또한 기존의 사회제도를 개혁하거나 새로운 제도를 창출함으로써 아동과 그 가족의 상황을 개선하는 데 그 목적을 두고 있다(Kadushin, 1980).

(3) 청소년복지서비스

청소년복지서비스는 청소년들의 인권보장과 청소년들이 가족 및 사회의 일원으로서 바람직한 삶을 누릴 수 있도록 하기 위한 다양한 청소년 육성정책에 대한 복지서비스를 말한다.

(4) 장애인복지서비스

장애인복지서비스는 심신의 결함으로 인하여 가정생활, 사회생활에 곤란을 느끼는 것을 국가나 사회가 모든 생활에서 곤란을 느끼지 않도록 제도, 교육재활, 의료재활, 심리재활, 사회재활 등을 통하여 사회적 인식의 개선과 물리적 환경개선 등 제 문제에 걸쳐 원조하여 사회적 생활이 보장되고 심리적으로 안정된 삶을 영위하도록 원조하는 제도적 · 정책적 서비스라고 할 수 있다.

(5) 여성복지서비스

여성복지서비스는 여성이 국가나 사회로부터 인간의 존엄성과 인간다운 생활을 할 권리를 동등하게 보장받음으로써 여성의 건강, 재산, 행복 등 삶의 조건들이 만족스런 상태를 유지하도록 함과 동시에 양성평등의 사회를 실현하려는 모든 실천적 노력을 포함하는 제도와 함께 그 활동의 총칭으로서 여성들이 필요로 하는 서비스를 제공하는 사회보장과 사회복지서비스라고 할 수 있다.

(6) 가족복지서비스

가족복지서비스는 국민의 생활권의 기본이념에 입각하여 가족의 행복을 유지시키고, 가족생활을 보장하는 제도적, 정책적, 기술적인 각종 복지서비스를 제공하는 것을 말한다.

2. 시설복지서비스

1) 사회복지시설의 개념 및 기능

(1) 사회복지시설의 개념 정의 및 용어

사회복지시설의 정의는 우리나라 사회복지사업법 제2조 제3항에 의하면 사회복지사업을 행할 목적으로 설치된 시설이라고 규정하고 있다. 사회복지사업법에서 사회복지사업이란 다음의 법률, 즉 국민기초생활보장법, 아동복지법, 노인복지법, 장애인복지법, 모 · 부자복지법, 영 · 유아보육법, 성매매방지 및 피해자보호 등에 관한 법률, 정신보건법, 성폭력범죄의 처벌 및 피해자보호 등에 관한 법률, 입양촉진 및 절차에 관한 특례법, 일제하 일본군위안부 피해자에 대한 생활안전지원 및 기념사업 등에 관한 법률, 사회복지공동모금회법, 장애인 · 노인 · 임산부 등의 편의증진 보장에 관한 법률, 가정폭력방지 및 피해자보호

등에 관한 법률, 농어촌주민의 보건복지증진을 위한 특별법 등에 의한 보호 · 선도 또는 복지에 관한 사업과 사회복지상담 · 부랑인 및 노숙인 보호 · 직업보도 · 무료숙박 · 지역사회복지 · 의료복지 · 재가복지 · 사회복지관운영 · 정신질환자 및 한센병력자 사회복귀에 관한 사업 등 각종 복지사업과 이와 관련된 자원봉사활동 및 복지시설의 운영 또는 지원을 목적으로 하는 사업을 말한다. 이러한 사업을 행하는 시설을 사회복지시설이라고 정의하고 있다.

사회복지시설보호는 주로 시설에서 일정 기간 혹은 평생을 생활하는 방식이 주된 것이었으나 오늘날에는 가정과의 중간 형태인 중간시설(half-way house)도 등장하고 있다.

사회복지시설이라는 용어는 사회복지 영역에서 사회복지기관의 호칭과 혼용되어 사용되고 있다.

사회복지 관계법규에서는 사회복지시설이라는 용어만 사용되고 있고 사회복지기관이라는 용어는 사용하지 않는다. 그러나 사회복지현장에서는 모든 사회복지시설 및 기관을 통틀어 사회복지기관으로 사용하는 경우가 있고, 협의의 사회복지기관은 사회복지 분야에서 간접적인 서비스기관(각종 협의회, 협회, 연합회 등)과 이용시설(사회복지관, 각종 상담소, 보육시설 등)을 지칭한다. 사회복지시설은 사회복지 분야에서 직접적 서비스기관, 즉 생활시설(아동복지시설, 노인복지시설, 장애인복지시설, 모 · 부자복지시설 등)과 이용시설을 의미하고, 협의의 사회복지시설은 생활시설만을 지칭하는 것으로 사용되고 있다. 이상의 내용을 정리하면 〈표 8-1〉과 같다.

〈표 8-1〉 사회복지시설의 용어 정리

사회복지시설 · 직접적 서비스기관	사회복지기관 · 간접적 서비스기관
생활시설 : 아동복지시설 노인복지시설 이용시설 : 사회복지기관	각종 협회, 협의회 등

자료 : 박태영(2000).

(2) 사회복지시설의 기능

사회복지시설을 기능면에서 보면 [그림 8-1]과 같이 대체로 세 가지 기능으로 대별된다.

첫째는 가정대체적 기능이고, 둘째는 전문적 기능이며, 셋째는 생활원조서비스 기능이다. 가정대체적 기능이란 가족의 해체와 부양기능의 약화 등으로 인하여 가정이 파괴됨으로써 가정이 보호 · 양육하는 기능을 대체하는 것을 말한다. 다음으로 전문적 기능이란 장애인 · 중풍노인 등의 치료 · 간호 · 재활 등 일반가정에서는 행하기 곤란한 역할을 시설이 맡아서 하는 치료 · 교육적 기능을 말한다. 그리고 사회복지시설에 있어서 전문적 기능이 되었건, 대체적 기능이 되었건 장기적으로 시설 안에서 생활이 이루어지므로 사회복지시설은 생활지원서비스 기능을 하게 된다. 따라서 시설의 기능으로 세 번째에는 생활원조서비스 기능을 들 수 있는데, 이것은 치료적 · 전문적 기능과는 다른 인간이 살아가는 데 있어서 생활상에 필요한 생활주변적 지원서비스로서, 사람과 사회에 대한 조정과 관련된 기능이라고 할 수 있다.

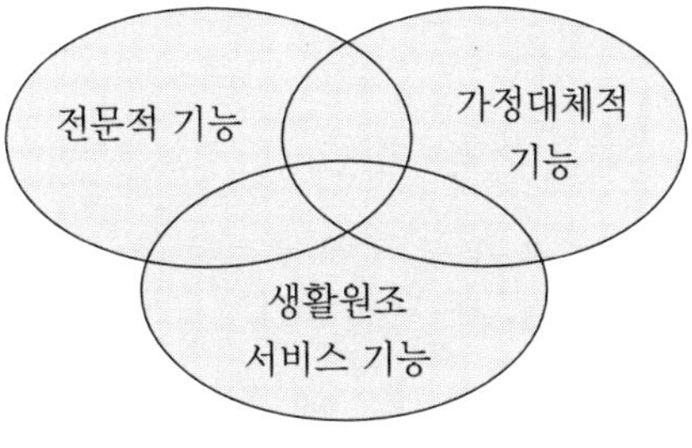

[그림 8-1] 사회복지시설의 기능

이상과 같은 세 가지 기능 중에서 시설의 역할은 치료적 · 교육적 기능인 전문적 기능이나 사람과 사회에 대한 조정과 관련된 생활원조서비스 기능에 중점이 두어져야 함에도 불구하고 우리나라의 경우에는 여전히 가정대체적 기능에 머물러 있어서 앞으로 전문적 기능과 조정적 기능을 중점적으로 개발하여야 할 것이다.

결국 사회복지시설은 생활거점으로서의 특징을 갖고 있으며, 생활의 거점인 시설을 통하여 정서적 안정을 얻고 교육훈련 등을 통하여 새로운 인격을 형성할 수 있는 장소이어야 하며, 사회와의 단절이 아니라, 사회생활을 준비하고 연습하고 실제로 사회생활의 장소가 되어야만 한다. 즉, 지역사회의 한 사람으로서 지역과의 연계 속에서 시설에서의 생활이 이루어지도록 노력하여야 할 것이다(최영욱 외 1993 : 19; 박광덕, 2002 : 251 재인용).

2) 사회복지시설의 변천과정

사회복지시설은 시대의 변화에 따라 시설의 형태와 보호의 내용이 변화되어 오고 있다. 사회복지시설의 변화는 요보호자의 유형과 발생 정도, 정부의 대응방식, 요보호자의 보호에 대한 주민의 정서 및 보호 이념 등에 의해 크게 영향을 받는다.

사회복지시설은 12세기 성 요한에 의한 구료(救療)시설에 그 기원을 두기도 하지만, 그 전형적인 형태는 16세기 영국의 구빈원(almshouse)에서 찾을 수 있다. 그 이후 오늘날에 이르기까지 시설보호는 큰 진전을 이루어오고 있는데 그 변천과정을 3단계로 나누어 살펴보고자 한다(박태영, 1995 : 26-29).

첫째, 사회방위적 단계로서 사회복지시설이 억압과 격리의 원칙을 기초로 하여 운영되는 시기다. 즉, 요보호자가 사회복지시설에 들어가는 것을 가장 혐오스럽게 느끼도록 열악한 사회적 서비스를 제공함으로써, 그들에게 수치심과 굴욕감을 주어서 시설보호를 받는 요보호자를 줄이려고 하는 것이다. 이 당시 시설보호의 형태는 대규모의 혼합수용방식을 취하고 있다.

둘째, 사회보장적 단계로서 시설보호는 최저생활 보장 수준으로 향상시키고, 시설생활자가 보다 가정적인 분위기에서 생활할 수 있도록 하기 위해 대규모의 집단시설에서 소숙사 형태의 사회복지시설로 전환하려는 노력을 기울이는 시기다.

또한 요보호자의 가족이나 이웃, 자원봉사자 등 비공식적인 지지망을 시설보호에 활용하려는 시도가 전개되지만, 그 기초가 되는 지역사회의 기반이 조성되어 있지 않아 이상과 현실의 괴리에 머물러 있는 단계다.

셋째, 사회복지적 단계로서 사회복지시설은 '보호의 연속체(care continuum)' 안에서 하나의 선택자료로 기능하게 된다. 정상화 이념의 확산으로 인하여 시설보호는 시설생활자의 인격적인 삶의 보장 수준으로 제공되며, 사회복지시설의 형태도 소규모의 다양한 구조를 취하게 된다.

또한 사회복지시설은 시설보호뿐만 아니라 지역사회의 사회복지 욕구에 적극적으로 대처하게 된다. 이상의 내용을 정리하면 〈표 8-2〉와 같다.

〈표 8-2〉 시설보호의 변천과정

단계 \ 내용	보호 수준	보호 목표	보호 형태	지역사회와의 관계
사회방위적 단계	열등처우	사회적 방위	격 리	단절
사회보장적 단계	최저생활	발달 가능성	수 용	수동적 · 일방적
사회복지적 단계	최적생활	정상화	생활, 육성	능동적 · 상호적

자료 : 박태영(2000). 17.

현재 우리나라의 사회복지시설은 수급자격을 갖춘 자에 한하여 최저생활을 보장하는 수준이므로 둘째 단계 수준으로 볼 수 있다. 우리나라가 사회복지적 단계로 나아가기 위해서는 다양한 노력이 필요하다.

3) 사회복지시설의 유형

(1) 사회복지시설의 설립 및 운영주체

사회복지시설의 설립 및 운영주체를 보면 그 주체가 국가 또는 지방자치단체 등의 공공부문인가, 민간부문인가 또는 제3섹터 방식인가 등에 따라서 〈표 8-3〉과 같이 구별할 수 있다.

〈표 8-3〉 사회복지시설의 설립 및 운영주체

시설 종류	시설의 설립 및 운영주체
공립공영시설	국가 또는 지방자치단체가 설립하여 직접 운영하는 시설
공립민영시설	국가 또는 지방자치단체가 설립하여서 그 운영을 민간법인에게 위탁운영하는 시설
사립공영시설	민간이 설립하여 그 운영을 국가 또는 지방자치단체에게 위탁하거나 또는 헌납한 시설
사립민영시설	민간법인이 설립하여 직접 운영하는 시설

우리나라의 경우 사회복지사업은 원칙적으로 국가와 지방자치단체 등의 정부부문과 사회복지법인에 한하여 설치 · 운영할 수 있게 되어 왔다. 시대의 변화에 따라서 최근에는 인허가제에서 신고만으로 가능하도록 변화를 도모하고 있다.

이는 대규모 시설주의로부터 소규모 시설주의로의 변화를 수반하는 것이어서 바람직하기는 하지만, 자칫 서비스의 영세화를 야기할 수 있다. 따라서 정부는 시설의 설치는 쉽게 하였지만 여전히 과거 인허가제의 경우와 같이 시설의 규모와 구조, 그리고 요보호자에 대한 처우방법 등에 있어서 필요한 기준을 설정하고 그 기준을 준수하지 않으면 안 되도록 행정지도를 하고 있다(박광덕, 2002 : 252-253).

(2) 사회복지시설의 유형

우리나라의 사회복지시설은 그 유형을 크게 생활시설과 이용시설로 구분할 수 있다. 생활시설에는 사회복지 각 분야별로 노인복지 생활시설, 아동복지 생활시설, 장애인복지 생활시설, 모 · 부자 복지 생활시설, 요보호여성을 위한 복지시설, 정신요양시설, 부랑인시설 등이 있고, 이용시설에는 사회복지 각 분야별로 사회복지관과 노인복지 이용시설, 아동복지 이용시설, 장애인복지 이용시설, 모 · 부자복자 이용시설, 청소년복지시설, 여성복지시설, 영유아보육시설 등이 있다.

① 생활시설

• 노인복지 생활시설

〈표 8-4〉 노인복지 생활시설 현황

구분	시설의 종류	관련법
노인주거복지시설	양로시설, 실비양로시설, 유료양로시설, 실비노인복지주택, 유료노인복지주택	노인복지법 제32조 (2004. 1. 29. 개정)
노인의료복지시설	노인요양시설, 실비노인요양시설, 유료노인요양시설, 노인전문요양시설, 유료노인전문요양시설, 노인전문병원	노인복지법 제34조 (2004. 8. 7. 개정)

• 아동복지 생활시설

〈표 8-5〉 아동복지 생활시설 현황

시설의 종류	관련법
아동양육시설, 아동일시보호시설, 아동보호치료시설, 아동직업훈련시설, 자립지원시설, 아동단기보호시설, 공동생활가정	아동복지법 제16조 (2004. 1. 29. 개정)

• 장애인복지 생활시설

〈표 8-6〉 장애인복지 생활시설 현황

시설의 종류	관련법
장애인 생활시설, 장애인 유료 복지시설 중 생활시설	장애인복지법 제48조 (2004. 3. 5. 개정)

• 모 · 부자복지 생활시설

〈표 8-7〉 모 · 부자복지 생활시설 현황

시설의 종류	관련법
모(부)자보호시설, 모(부)자자립시설, 미혼모시설, 일시보호시설	모 · 부자복지법 제19조 (2002. 12. 18. 개정)

• 요보호여성을 위한 복지시설

〈표 8-8〉 요보호여성을 위한 복지시설 현황

구분	시설의 종류	관련법
성매매피해자 지원시설	일반지원시설, 청소년지원시설, 외국인여성지원시설	성매매방지 및 피해자보호 등에 관한 법률 제5조 규정(2004. 3. 2. 제정)
성폭력피해자 보호시설	성폭력피해자 보호시설	성폭력범죄의 처벌 및 피해자보호등에 관한 법률 제25조(2003. 11. 21. 제정)
가정폭력피해자 보호시설	가정폭력피해자 보호시설	가정폭력방지 및 피해자보호등에 관한 법률 제7조(2003. 12. 18. 제정)

• 정신요양시설

〈표 8-9〉 정신요양시설 현황 (2003년 6월 현재, 단위: 개소, 명)

구분		기관수	인원/병상	주요기능
정신보건센터		69	12,939(등록)	정신질환 예방, 정신질환자 발견 · 상담 · 진료 · 사회복귀훈련 및 사례관리, 정신보건시설간 연계체계 구축 등 지역사회정신보건사업 기획 · 조정 및 수행
정신의료기관	국 · 공립	18	7,829(병상)	정신질환자 진료, 지역사회정신보건사업 지원
	민간	940	44,228(병상)	정신질환자 진료
정신요양시설		55	13,886(정원)	만성 정신질환자 요양 · 보호
사회복귀시설		95	546(입소) 1,748(이용)	치료 · 요양하여 증상이 호전된 정신질환자 일상생활 · 작업훈련, 주거
알코올상담센터		17	1,009(등록)	알코올중독 예방, 중독자 상담 · 재활훈련
계		1,196	–	–

자료 : 보건복지부(2004).

• 부랑인시설

〈표 8-10〉 부랑인시설 현황 (2003년 1월 현재, 단위: 개소, 명)

시설 개소수	입소자	
	정 원	현 원
37	10,943	10,327

② 이용시설

• 노인복지 이용시설

〈표 8-11〉 노인복지 이용시설 현황

구분	시설의 종류	관련법
노인여가복지시설	노인복지회관, 노인교실, 경로당, 노인휴양소	노인복지법 제36조 (2004. 1. 29. 개정)
재가노인복지시설	가정봉사원파견시설, 주간보호시설, 단기보호시설	노인복지법 제38조
노인보호전문기관	노인학대예방센터	노인복지법 제39조의 5

• 아동복지 이용시설

〈표 8-12〉 아동복지 이용시설 현황

시설의 종류	관련법
아동상담소, 아동전용시설, 아동복지관, 아동가정지원사업, 아동주간보호사업, 아동전문상담사업, 학대아동보호사업, 공동생활가정사업, 방과후아동지도사업, 아동보호전문기관: 아동학대예방센터	아동복지법 제16조 (2004. 1. 29. 개정)

• 장애인복지 이용시설

〈표 8-13〉 장애인복지 이용시설 현황

구분	시설의 종류	관련법
장애인 지역사회 재활시설 중 이용시설	장애인복지관, 의료재활시설, 체육시설, 수련시설, 공동생활가정	장애인복지법 제48조 (2004. 3. 5. 개정)
장애인 유료복지 시설 중 이용시설 장애인 직업재활시설		

• 모 · 부자복지 이용시설

〈표 8-14〉 모 · 부자복지 이용시설 현황

시설의 종류	관련법
여성복지관, 모 · 부자가정상담소	모 · 부자복지법 제19조 (2002. 12. 18. 개정)

• 청소년복지시설

청소년복지시설에 대해서 살펴보면, 2003년 12월 30일에 전면개정되어 2005년 2월 10일에 시행되는 개정 청소년기본법에서는 청소년시설을 청소년활동시설, 청소년복지시설, 청소년보호시설의 세 가지 종류로 구분하여 규정하고 있다. 청소년활동시설은 청소년활동에 제공되는 시설을 말하고, 청소년복지시설은 청소년복지에 제공되는 시설을 말하며, 청소년보호시설은 청소년보호에 제공되는 시설을 말한다. 이에 관한 사항은 따로 법률로 정한다고 하였으나 아직 구체적인 사항이 규정되지 않은 상태다. 현재 청소년시설의 대부분을 차지하고 있는 청소년수련시설은 개정규정에 의해서 청소년활동시설로 간주되게 된다. 청소년 복지시설은 생활권 수련시설과 자연권 수련시설로 구분할 수 있다. 생활권 수련시설에는 청소년수련관, 청소년 문화의 집 등이 있으며, 자연권 수련시설에는 청소년수련원, 청소년 야영장, 유스호스텔 등이 있다(〈표 8-15〉 참조).

〈표 8-15〉 청소년복지시설의 종류

구분	시설의 종류	관련법
생활권수련시설	청소년수련관, 청소년 문화의 집	청소년기본법 시행령 제27조
자연권수련시설	청소년수련원, 청소년 야영장, 유스호스텔	

• 여성복지시설

〈표 8-16〉 여성복지시설 현황

시설의 종류	관련법
성매매피해상담소	성매매방지 및 피해자보호등에 관한 법률 제10조
자활지원센터	성매매방지 및 피해자보호등에 관한 법률 제5조
성폭력피해상담소	성폭력범죄의 처벌 및 피해자보호등에 관한 법률 제23조
가정폭력관련상담소	가정폭력방지 및 피해자보호등에 관한 법률 제5조

• 영유아 보육시설

영유아보육법에 의해 설치된 보육시설은 2004년 6월 말 현재 전국에 25,319개소에 이른다. 이 중에 국공립 1,344개소(5.3%), 민간 23,741개소(93.8%), 직장 234개소(0.9%)가 있다.

• 사회복지관

– 사회복지관의 개념

사회복지관이라 함은 지역사회 내에서 일정한 시설과 전문인력 및 자원봉사자를 갖추고 주민들의 복지욕구에 부응하여 종합적인 복지사업을 수행하는 사회복지시설이다. 특히 지역사회의 충족되지 않은 욕구와 문제를 발견하여 주민들에게 필요한 소집단서비스를 제공하는 가장 대표적인 직접서비스 기관이다. 지역사회 발전과 개선에 관심을 가지고 있는 집단의 계속적인 노력을 기울이는 역할을 한다. 지역사회 내에서 일정한 시설과 전문인력을 갖추고 지역사회의 인적 · 물적자원을 동원하여 '지역사회복지'를 중심으로 한 종합적인 사회복지사업을 수행하는 사회복지시설을 말한다(이정서 외, 2002 : 515).

–사회복지관의 목표

사회복지관은 지역사회의 대상자들에게 보호서비스의 제공, 자립능력 배양과 교육훈련의 기회제공 등 그들이 필요로 하는 다양한 복지서비스를 제공하고, 가족기능강화 및 주민상호간 연대감 조성을 통한 각종 지역사회문제를 예방하고 대처해 나가는 매체로서 주민의 복지증진을 위한 종합복지센터의 역할을 수행하여야 한다.

–우리나라 사회복지관의 역사

사회복지관이 우리나라에도 1950년대 후반에 몇 곳에 세워지기 시작하여 주로 외국의 원조를 재원으로 하여 가난한 사람들을 돕는 일을 시작하게 되었다. 그러던 것이 1960년대 들어 급격하게 산업화되면서 19세기 영국에서 나타났던 것과 같은 사회문제들이 우리나라에서도 나타나면서 이를 해결하는 방편으로 사회복지관의 필요성에 대한 인식이 사회복지전문가들 사이에서 제기되기 시작하였다. 그래서 정부의 지원에 힘입어 1989년에는 전국에 39개의 사회복지관이 세워졌다(이영희, 2003 : 121). 사회복지관의 중요성이 입증되어 1990년에는 그 숫자가 58개로 늘어났고, 2004년 11월 현재 364개의 사회복지관이 설립·운영되고 있다.

4) 사회복지시설의 문제점과 발전방향

(1) 사회복지시설의 문제점

사회복지시설의 문제점으로는 여러 가지가 있지만, 그중 심각한 문제로 지적되고 있는 점 세 가지만 들어본다.

첫째, 사회복지시설 직원의 근무환경이 매우 열악하고 처우도 다른 공무원에 비해 못한 편이다. 둘째, 사회복지시설 운영비가 절대적으로 부족하며 시설건축에 규제가 많거나 지역이기주의에 의하여 시설건립이 어려운 형편이다. 이러한 재정지원상의 불합리성과 더불어 사회복지시설 직원들에 대한 처우면에서도 구조적인 모순은 오랫동안 미해결과제로 남아 있다. 셋째, 시설직원의 대부분은 법정근무시간 이상을 근무하면서 과중한 업무를 하고 있다. 이는 시설직원의 근무여건이 노동법관련 법령에 크게 위배되고 있음을 지적할 수 없다.

이러한 상황하에서 사회복지시설에서의 근무를 평생직으로 받아들이고 종사할 전문인력을 유지하고 확보하기란 어려운 일이다. 이러한 여건에서 사회복지시설들이 구조적 변화를 하는 데는 한계에 봉착될 수밖에 없다. 그럼에도 불구하고 사회복지시설들은 그 존속과 사회적 요청에 부응하기 위해서라도 구조적 문제점들을 타결하는데 함께 일하지 않을 수 없다. 오늘날의 사회복지시설들이 안고 있는 구조적 문제는 복합적 요인에 의하여 야기된 것만은 사실이다. 그러나 근원적으로 볼 때, 사회복지시설에 대한 정부 당국자들의 고정관념과 사회복지시설장이나 직원들의 부득이한 현상유지에 급급한 태도 때문에 시설의 사회적 위치와 역할을 현 상태 이상으로 발전 또는 탈바꿈하지 못한 데에 구조적 문제의 원인이 있다(이정서 외, 2002 : 522-524).

(2) 사회복지시설의 발전방향

사회복지시설들이 위에서 말한 문제점들을 안고 있는 것은 사회복지에 관한 선진국형 개념이나 방법론에 관한 지식이나 정보가 없어서도 아니고, 경제성장 수준이 아직 선진국 수준에 미달했기 때문도 아니며, 사회복지의 이념이나 목표에 대한 이해가 부족하기 때문도 아니다.

사회복지시설들이 그들의 구조적 문제점 및 과제들을 개선하기 위해서는 무엇보다도 시설의 존재의의, 그 역할의 중요성, 사회적 기능의 확대, 지역사회발전에의 기여도 등을 새롭게 인식하고, 그러한 방향으로 시설책임자들이 그들의 의식을 전환해야 하고, 또한 그 구조개선에 정부나 지역사회가 함께 참여할 수 있는 프로그램을 적극적으로 개발해야 한다.

앞으로 21세기에 능동적으로 대처하고 시설운영 구조의 애로와 과제를 해결하기 위한 정부의 지원책을 다음과 같이 제시해본다.

첫째, 사회복지시설 직원의 처우와 근로조건을 공무원 수준으로 보장해주어야 한다.

둘째, 시설장 및 시설직원의 권익보호, 신분보장 및 노후대책을 마련해주어야 한다.

셋째, 사회복지시설 운영비의 현실적인 확대지원이 절실히 요구된다.

넷째, 사회복지시설의 건축규제 완화가 필요하다.

다섯째, 시설운영의 활성화를 위한 사회복지 관계법령 및 보건복지부령의 개정이 필요하다.

여섯째, 정부감사의 기능이 지적감사 위주보다는 업무의 지도 및 애로사항 해결 위주로 개선되어야 한다.

3. 재가복지서비스

1) 재가복지서비스의 개념

재가복지서비스는 시설 중심의 사회복지를 탈피하는 데 커다란 영향을 미쳤다.

카두신(A.Kadushin)은 재가복지서비스란 교육이나 훈련을 받은 사람이 사회복지기관에서 어린이의 보호나 클라이언트 기능을 유지 · 강화 · 보호하기 위한 도움을 주는 것이라고 하였다. 도움이 필요한 사람이 가정에서 도움을 받을 수 있도록 한 것으로 가족의 약화된 부분을 보완하는 보충적 서비스(supplementary service)라고 정의하였다. 덱스터(Dexter)와 하버트(Harbert)도 재가복지서비스란 충분한 자격을 갖춘 사람이 능력이 없는 자, 한부모의 자녀, 노인, 그리고 사회적으로나 건강상의 이유로 도움을 필요로 하는 개인을 돕는 것이라고 하였다.

우리나라에서는 1992년 당시의 보건사회부가 '재가복지센터 운영지침' 과 '재가 장애인 순회재활서비스 사업지침' 등을 발표하면서 '재가' 라는 용어를 사용하기 시작하였다. 재가라는 용어를 사용하기 전에는 거택, 가정, 가족 등의 용어가 재가의 의미로 쓰였다.

보건복지부의 2004년 '재가복지봉사센터 운영지침' 에서는 재가복지의 개념을 "지역사회 내에서 일정한 시설과 전문인력을 갖추고 필요한 재가복지서비스를 제공하는 것" 이라고 정의하고 있다.

재가복지서비스란 도움이 필요한 대상자들을 일정 시설에 수용하지 않고 가정에서 또는 지역사회내 재가복지센터로 통원하게 하여 일상생활을 위한 서비스와 자립할 수 있는 프로그램을 제공하는 것이다. 이 서비스에는 공공 및 민간기관의 공적서비스와 가족, 이웃, 친척 등 비공식적 조직에 의한 서비스를 모두 포함한다(손홍숙, 2002 : 13).

2) 재가복지서비스의 변천과정

(1) 우리나라 재가복지서비스의 변천과정

선진국의 경우 재가복지사업이 등장했을 때에는 시설복지가 어느 정도 성숙단계에 이르렀거나 또는 시설서비스가 향상된 이후였다. 우리나라의 경우는 시설서비스의 수준이 최하수준인데도 재가복지사업을 늦출 수 없는 단계가 되어 버렸다. 특히 열등처우의 원칙에서 벗어나지 못하고 있는 실정에서 1960년대 초 이래의 지속적인 경제개발 추진으로 산업화가 가속화됨으로써 국민생활수준이 높아졌다. 의학 발달과 함께 국민들의 수명도 늘어났으며 홀로 살거나 병들어 있는 노인문제, 치매노인문제, 일반사회와의 접촉을 피한 채 집에서만 생활하는 장애노인 문제, 결손으로 인한 소년소녀가정이 점차적으로 늘어나고 있다.

이와 같은 흐름 속에서 한국 노인복지회는 1987년 우리나라에서는 처음으로 노인복지 분야의 재가복지사업을 시작하였다. 1988년에는 은천노인복지회, 중부 · 남부노인복지관에서도 재가복지사업을 전개하였다. 1989년 6월 보건사회부 훈령 제568호로 제정된 '사회복지관 설치 운영규정'에 목욕서비스, 식사서비스, 가정봉사원파견 등의 재가복지 프로그램이 처음으로 규정되었다.

1991년에는 시(市)급 이상 도시에 지역사회복지관 부설 재가복지봉사센터를 설치 운영하였고, 1992년에는 재가노인복지사업으로서 가정봉사원파견사업 외에 주간보호사업(3개소), 단기보호사업(4개소)이 시범적으로 도입되었다.

또한 정부는 1993년부터 노인복지정책의 기본 방향을 기존의 시설보호 중심에서 재가복지 중심으로 전환하고, 재가복지사업을 확충하기 위한 노력을 본격적으로 경주하였다. 1993년의 사회복지사업법 개정을 통해 재가복지사업이 사회복지사업의 한 종류로 규정되기도 했다. 같은 해 12월에는 노인복지법의 개정을 통해 재가노인복지사업의 개념이 정의되고, 노인복지사업의 한 종류로 규정됨으로써 재가노인복지사업이 제도화되는 기반을 갖게 되었다. 또한 재가노인복지사업의 세부 사업으로서 가정봉사원파견사업, 주간보호사업, 단기보호사업이 명시되었다(황성철 외, 2003 : 20-21).

이와 같은 정책적 노력의 결과, 재가노인복지기관의 수는 증가하여 2004년 현재 사회복지관 부설 재가복지봉사센터 270여개소, 가정봉사원파견시설 195개소, 주간보호시설 150개소, 단기보호시설 18개소에 대해 정부의 지원이 이루어지고 있다. 더욱이 정부가 노인복지정책의 방향을 시설보호보다는 재가복지사업을 강조하는 쪽으로 잡고 있기 때문에 재가노인복지기관의 수는 앞으로도 더욱 증가할 것으로 전망된다.

3) 재가복지서비스의 기능 및 역할

- **조사 · 진단의 역할** : 재가복지서비스 대상자 및 가정의 욕구조사와 문제의 진단 등을 통해 필요한 서비스의 종류를 선정한다.
- **서비스 제공의 역할** : 재가복지서비스 대상별 측정된 욕구와 문제

의 진단 내용에 따라 직 · 간접적 서비스를 제공한다.

- **지역사회 자원동원 및 활용의 역할** : 재가복지서비스의 내실화와 대상자 및 가정의 욕구와 문제해결을 위해 지역사회 인적 · 물적자원을 동원 · 활용한다.
- **사업평가의 역할** : 재가복지서비스사업을 평가하기 위하여 서비스 기능, 분양별 효과, 자원동원 및 활용효과 등에 관하여 자체 평가하고 그 결과가 사업에 활용되도록 한다.
- **교육기관의 역할** : 자원봉사자 및 지역사회 주민들에게 재가복지서비스사업, 사회복지사업 및 취미, 교양등에 관한 교육을 제공한다.
- **지역사회 연대의식 고취의 역할** : 지역사회내 인적 · 물적 자원 연계를 통한 계층간의 연대감을 고취시킨다(김범수, 1993 : 141-2).

4) 재가복지서비스의 유형과 3대 사업

(1) 재가복지서비스의 유형

재가복지서비스는 일상생활활동(ADL)과 관련된 기본적인 보호, 신체 및 정신의료적 보호, 상담 및 정서적 지지와 사회적 접촉, 정보 제공과 조언, 그리고 비공식적 원조자에 대한 지원 등 크게 5가지 유형으로 나누어질 수 있다. 이에 대한 설명은 〈표 8-17〉과 같다.

〈표 8-17〉 재가복지서비스의 유형과 공식적 서비스 제공 인력

재가복지서비스의 유형	공식적 서비스 제공 인력
1. 일상생활활동 관련 기본적 보호 청소, 장보기, 음식준비, 목욕, 갱의, 화장실 사용, 집안에서의 이동	가정봉사원, 가정간호원, 케어보조원 이동식사 서비스 제공자, 보행원조자, ADL장비 대여자
2. 신체 및 정신의료적 보호 심리치료, 의료서비스, 주사, 투약, 간호, 수족보호	일반의(GP), 전문의, 수족병 치료사, 정신의료간호사, 가정간호사
3. 상담 및 정서적 지지와 사회적 접촉 장애나 질병에 따른 심리적 대처, 죽음에 대한 정체성 확립, 대인관계, 나들이, 위기상황시 연락관계	사회사업가, 상담심리사, 우애방문원 전화서비스 담당과 경보장치 책임자
4. 정보제공 및 조언 필요한 정보의 수집과 제시 최선의 선택을 위한 조언	사회사업가, 가정간호사, 가정봉사원등이 신문, TV, 라디오 등을 통해 지역사회복지기관을 파악하고 정보제공
5. 비공식적 원조자에 대한 지원 보호의 의무와 책임을 잘 수행하도록 정서적 지지 및 원조, 휴식시간을 제공하는 것	사회사업가, 가정봉사원, 보조원조자, 야간간호사, 자조단체 회원

자료 : 황성철 외(2003). 34.

(2) 재가복지서비스의 3대 사업

일반적으로 재가복지의 3대 핵심사업은 주간보호사업, 단기보호사업, 가정봉사원파견사업으로 분류하고 있다. 대체적으로 주간보호사업과 단기보호사업의 서비스 내용은 비슷하지만 기간에 차이가 있다.

① 주간보호사업

주간보호사업을 영어로는 day care center, day service center이라고 한다. 우리나라의 일시보호시설, 탁아소, 탁노소 등이 여기에 해당되나 우리나라에서는 주로 주간보호사업으로 사용되어 왔다. 그 의미는 자기 가정에서 통원하면서 서비스를 제공받을 수 있는 시설을 말한다. 이에 해당하는 대표적 시설이 보육시설, 즉 어린이집이다. 노인을 대상

으로 하는 시설로는 주간보호시설, 주간보호센터라는 용어를 사용하고 있으며, 현재 전국 60여 개소에서 주간보호사업이 운영되고 있다.

주간보호사업의 역할은 요보호노인 수의 증가에 효율적으로 대처하는 데 있다. 따라서 일정한 장소에서 요보호노인들에게 복지서비스를 집중적으로 제공하여야 한다. 주간보호사업의 서비스 내용은 우선 노인들의 교통서비스를 들 수 있다. 생활지도 및 일상생활 동작훈련 등 심신의 기능 회복을 위한 서비스와 급식 및 목욕서비스도 빼놓을 수 없다. 취미, 오락, 운동 등 여가생활서비스와 노인가족들을 위한 교육 및 상담서비스도 추가된다.

② 단기보호사업

단기보호사업(short stay service)은 집에서 보호받고 있는 장애노인을 단기간 수용 · 보호하는 프로그램으로서 부양의무자가 질병이나 여행 또는 개인적인 일로 보호할 수 없을 때 서비스를 제공하는 것을 말한다. 서비스의 주요 내용으로는 안정과 휴양의 장소 제공, 보호, 장애에 따른 사회적 고립 예방, 각종 문제의 상담, 가벼운 질병이나 장애에 대한 의료재활서비스 등을 들 수 있다.

③ 가정봉사원파견사업

가정봉사원파견사업이란 여러 가지 도움이 필요한 노인, 장애인, 아동의 가정에 가정봉사원을 파견하여 다양한 재가복지서비스를 제공하는 서비스다. 현재 가정봉사원파견사업은 종합사회복지관 부설 재가복지봉사센터와 재가노인복지기관, 그리고 서울시 산하 25개 구청에서 실시하고 있는 서울가정도우미 파견사업이 그 핵심을 이루고 있다. 서울가정도우미 파견사업은 공공기관에서 그 사업을 운영하고 있다는데 큰 의미가 있다(손홍숙, 2002 : 36-38). 2004년 12월 현재 사단법인 한국재가노인복지협회에 공식가입한 가정봉사원파견센터는 191개소에 이르며, 앞으로 정부의 정책에 따라 그 수는 점차 늘어날 것으로 예상된다. 또한 가정봉사원 교육훈련원도 2004년 12월 현재 전국 16개 시도에 걸쳐 18개소가 설치 운영되고 있다.

5) 재가복지서비스의 발전방향

재가복지사업의 제도화와 더불어 몇 가지 발전방향을 제시하면 다음과 같다.

첫째, 양질의 재가복지서비스를 공급해야 한다. 재가복지업무를 전담하는 가정봉사원을 자원봉사인력과 함께 동시에 양성해 나가야 한다.

둘째, 재가복지봉사센터를 지역적으로 균등하게 설치해야 한다. 대도시뿐 아니라 중소도시나 농촌에서도 재가복지서비스를 제공받을 수 있어야 할 것이다.

셋째, 재가복지서비스의 주체가 정부나 민간사회복지법인에서 사회복지공사나 민간기업으로 확산되어야 한다.

넷째, 사회복지시설의 입소 및 수용체계를 개선하여야 한다. 현재 우리나라의 사회복지시설은 일단 입소하면 퇴소하기 어려운 수용체계로 되어있다. 앞으로는 절대빈곤층, 즉 기초생활보장수급자만이 입소하는 시설 형태가 아닌 가족문제 또는 개인문제의 수준에 따라 입소가 가능한 형태로 전환되어야 한다.

다섯째, 사회복지시설에서도 재가복지서비스를 병행하여 제공해야 한다.

여섯째, 우리나라 재가복지사업의 수행에서 재원조달의 방법이 다원화될 필요가 있다. 현재 우리나라의 재가복지사업의 운영비는 전적으로 정부지원금으로 충당되고 있고 주로 저소득층의 재가복지 대상자에게 무료로 서비스를 제공하고 있는 실정이다. 앞으로 재가복지사업의 방향은 실비 또는 적정의 유료서비스도 개발할 필요가 있다.

일곱째, 사례관리(Case Management)의 한국적 모델을 개발하고 활용을 극대화시켜야 한다.

여덟째, 21세기의 새로운 프로그램으로 보다 과학적인 재가복지프로그램을 개발해야 한다. 앞으로는 과학적 사회복지시대가 도래할 것이다. 특히 정부기관이나, 민간복지재단들이 갈수록 투명하고 과학적 프로그램의 적용과 평가를 요구하고 있기 때문이다.

참고문헌

김범수(1999). 재가복지론. 홍익재.

김범수(2001). 21세기 지역사회복지론. 홍익재.

김성이 외(1997). 비교지역사회복지 : 사회복지관과 재가복지의 국제비교. 한국사회복지관협회.

류상열(2000). 재가복지와 사례관리. 학문사.

박경일 외(2001). 사회복지학강의. 양서원.

박광덕(2002). 사회복지개론. 삼영사.

박상하 외(2003). 사회복지개론. 양서원.

박태영(2000). 사회복지시설론. 양서원.

변웅찬 외(1996). 사회복지 이용시설 서비스 종합화 방안. 한국보건사회연구원 · 삼성복지재단.

보건복지부(2003). 장애인복지사업안내.

보건복지부(2003). 재가노인복지사업.

보건복지부(2003). 사회복지관 운영안내.

보건복지부(2003). 재가복지봉사센터 운영안내.

보건복지부(2004). 정신보건사업안내.

보건복지부(2005). 사회복지시설 공통업무지침.

손홍숙(2002). 재가복지의 이론과 실제. 양서원.

양옥경 외(2003). 사회복지실천론. 나남출판.

이영희(2003). 사회복지시설운영론. 홍익출판사.

이인재 외(1999). 사회보장론. 나남출판.

이정서 외(2002). 사회복지학개론. 유풍출판사

장인협(1995). 지방화시대의 지역복지실천방법론: 케어/케이스 관리. 서울대학교 출판부.

통계청(2001). 장래인구추이.

황성철 · 한혜경(2003). 재가노인복지 정책과 실천. 현학사.

Kadushin, A. (1980). *Child Welfare Service*. N. Y.: Macmillan Publishing Co.

제2부
사회복지실천

제9장 아동 · 청소년복지

1. 아동복지의 이해

1) 아동복지의 개념

(1) 아동의 개념

아동에 대한 견해는 시대적 · 사회적 배경에 따라서 다르게 발전해 왔다. 고대사회에서는 종족보존의 수단이나 경제적 가치로, 중세에서는 인간의 원죄설에 따른 개조의 대상으로 인식되었다. 이후 로크(Locke)는 아동이 학습이나 경험의 영향에 따라 서로 다른 인간으로 자란다는 백지설(tabula rasa)을 주장하였고, 루소(Rousseau)는 아동을 자연 그 자체 또는 자연의 일부로 보는 자연주의 아동관을 제창하였으며, 프뢰벨(Froebel)은 아동을 성인과 다른 독자적인 심리적 세계를 가지고 있다고 보았다. 한편 현대적 관점에서는 아동을 첫째, 발달하는 존재로서의 아동 둘째, 전인(全人)으로서의 아동 셋째, 독립된 인격체로서의 권리의 수체인 아동 넷째, 독자적 존재로서의 아동 등으로 개념화하고 있다.

(2) 아동의 권리

아동의 권리란 아동의 제반 욕구가 사회에 의하여 인식되고 주장된 실천촉구이며 천부성과 보편성에 기인하고 있다. 1959년 11월 20일 유엔총회의 '아동권리선언' 선포(전문+10개조)와 함께 성문화되었으며, 1989년 국제연합은 아동권리협약을 채택, 아동의 권리에 대해 체계적이고 종합적인 권리규범을 마련하였다.

아동권리의 내용은 3P, 즉 제공(provision), 보호(protection), 참여(participation)의 개념으로 이해될 수 있으며 이는 아동권리 신장의 단계를 나타내기도 한다. 즉, 아동권리를 인식하기 시작한 초기에는 아동을 단순한 보호의 대상으로 인식했으나, 오늘날에 와서는 성인과 평등한 고려의 대상임과 동시에 참여를 통하여 실질적인 권리의 보장이 되도록 하는 적극적인 권리도 고려하여야 하는 것으로 발전한 것이다.

(3) 아동복지의 개념

아동복지란 사회복지의 한 분야며 그 대상이 아동이므로, 아동에 대한 문제의 해결과 예방을 위해 사회적 서비스를 조직화하기 위하여 나타난 사회제도다.

협의의 개념으로 아동복지는 아동이 특별한 장애가 있거나 가족이 아동을 보호하고 양육하는 기능을 제대로 이행하지 못할 때, 특수 욕구를 가진 아동과 그 가족을 위해서 전문기관이 행하는 조직적인 활동이라 할 수 있다. 광의의 개념은 모든 아동이 건전하게 성장하고 발달할 수 있도록 아동과 관련된 경제, 교육, 보건, 노동 등의 여러 분야에 걸쳐 국가와 사회단체 및 개인에 의해서 이루어지는 입법, 프로그램, 서비스 등을 포함한 모든 노력이라 할 수 있다.

(4) 아동복지의 전제조건 및 원칙

아동복지의 실현을 위하여 전제되어야 할 조건으로는 안정된 가정과 부모, 경제적인 안정, 사회적 기회로서의 교육, 보건 및 의료, 놀이와 여가, 유해노동으로부터의 보호 등이 있다. 이러한 전제들은 모든 아동의 복지를 실현하기 위한 것이지만 특수한 욕구를 가진 아동에 대해서 사회적으로 특별한 보호가 더욱 필요할 것이다.

아동복지의 실현을 위하여 고려해야 할 원칙으로는 아동, 부모, 사회의 조화 속에서 이루어질 수 있도록 하는 권리와 책임의 원칙, 보편성과 선별성의 원칙, 개발적 기능의 원칙, 아동복지를 달성하기 위해 경제, 교육, 보건, 주택, 노동 등의 여러 분야의 포괄적인 대책이 아동관련 정책과 서비스에 수반되어야 하는 포괄성의 원칙, 전문성의 원칙 등이 있다.

2) 아동복지의 역사

(1) 외국 아동복지의 역사

① 근대사회

산업혁명으로 봉건제도가 무너지자 많은 농민들이 농토를 잃게 되었고, 일자리를 찾아 떠돌아다니는 과정에서 수많은 부랑자가 속출하였다. 또한 종교개혁 과정에서 수도원이 해체되자, 종래 교회에 의해 구제받던 다수의 빈곤자들 역시 거리로 내몰리게 되어 심각한 빈곤문제가 발생하게 되었다. 이러한 문제에 대처하기 위하여 빈민법(Elizabethan Poor Law)을 제정하였는데, 이 제도가 서양의 아동복지제도의 기원이 되었다고 볼 수 있다.

② 현대사회

20세기에 접어든 서구사회는 제1 · 2차 세계대전, 대공황 등을 거치면서 아동의 보호에 대하여 국가가 책임을 져야 한다는 사고방식이 팽배해졌다. 그러한 배경 속에서 국제연합을 중심으로 한 아동에 대한 각종 선언이나 규약들이 결의되고 채택되었다.

- 아동의 권리에 관한 선언(Declaration of the Rights of the Child, 1924)
- UN 아동권리선언(Declaration of the Rights of the Child, 1959)
- UN '국제 아동의 해' 지정(1979)
- UN 아동권리협약(International Convention on the Right of the Child, 1989)

(2) 한국 아동복지의 역사

① 삼국시대~조선 말 : 전통사회의 아동구제

삼국에서는 구휼사업을 목적으로 하는 여러 구제책이 시행되었는데, 이러한 행위를 오늘날 아동복지의 효시로 볼 수 있다. 고려시대에는 아동의 연령을 좀 더 구체적으로 명시하여 "10세까지의 고아에 대해 행정기관에서 급식을 하였다"하였고(구자헌, 1984 : 85), 조선시대의 '자휼전칙(字恤典則)'에도 10세까지의 고아(기아, 걸식아동)에 대한 한시적인 구제를 규정하고 있다(구자헌, 1984 : 121-136; 최원규, 1989).

② 조선 말~일제시대 : 시설수용보호의 전래

19세기 후반, 서양 선교사들에 의해 소개된 시설수용보호는 20세기에 들어서면서 더욱 발전하였는데, 파리외방선교회가 설립한 조선영해회에서 설립한 고아원(1854), 미국 북장로교의 언더우드가 설립한 경신학교(1886) 등 다양한 형태의 시설이 설립되었다.

③ 해방~1950년대 : 요보호아동의 증가와 고아 해외입양 및 아동후원사업의 전개

일제 강점기 때는 한국인에 의해 고아원이 설립되었고, 해방 이후에는 한국전쟁으로 발생한 대규모 고아를 수용할 수 있는 시설이 설립되기에 이르렀다. 이 시기에 참전 외국인과 한국여성 사이에 태어난 혼혈아동 문제가 새롭게 대두되었는데, 이들을 보호하기 위하여 시작된 것이 해외입양사업이다.

④ 1960~1970년대 : 경제개발에 밀린 아동복지

1960~1970년대는 사회적 혼란이 어느 정도 진정되었지만 아직도 빈곤층이 폭넓게 자리잡고 있어 빈곤퇴치가 국가정책의 최우선 과제로 떠오르게 되었다. 아동복리법(1961)은 수많은 전쟁고아와 요보호 아동을 보호하기 위하여 마련되었는데, 우리나라 최초로 아동복지정책과 서비스의 기초가 규정되었다는 점과 아동의 권리가 명시되었다는 점에서 그 의의가 크다.

⑤ 1980~1990년대 : 새로운 아동문제의 대두

1981년 기존의 아동복리법이 아동복지법으로 개정되면서 아동복지의 대상도 요보호아동뿐만 아니라 전체 아동에게까지 확대되었다. 이러한 아동복지정책의 변화를 가져온 사회적 배경은 1970년대 후반의 급속한 산업화, 도시화, 핵가족화, 가치관의 변화로 인해 여성들의 경제활동 참여가 늘어나면서 영유아의 보육문제가 새로운 사회적 관심으로 부상되었고, 또한 빈곤가정의 아동들과 소년소녀가장 가구, 한부모가정의 아동들이 증가하면서 과거의 아동문제와 다른 약물남용, 학교폭력과 비행, 성규범의 문란 등 새로운 경향의 아동문제가 양산된 점 등이었다. 1997년 기준으로 이루어진 아동양육시설의 현황을 살펴보면, 영아시설 21개소, 육아시설 211개소, 영육아시설이 7개소로 나타났다.

⑥ 2000년 이후 : 아동복지정책 추진체계 확대 · 개편

오늘날 아동정책은 가정중심 · 지역사회중심의 아동보호정책을 추진하고 아동이 존중받으며 안전하고 건강하게 성장할 수 있도록 지원하자는 데 그 목표를 두고 추진체계를 확대 · 개편해가고 있다.

2000년부터 아동학대예방센터 및 긴급전화(1391)를 운영 중이며, 가정위탁아동 지원을 강화하고 가정위탁지원센터(17개소)를 통한 위탁가정 발굴 등 가정위탁사업 활성화를 도모하고 있다. 2002년 5월에는 '어린이 보호 · 육성종합계획' 을 토대로 관계부처간 협조체제하에 아동복지정책을 추진, 내실화를 기하였고, 2004년에는 아동정책조정위원회

및 분과위원회, 지역아동센터가 운영되고 있다.

3) 아동복지의 대상과 서비스의 분류

(1) 아동복지의 대상

현재 우리나라 아동인구수는 감소추세에 있다. 하지만 아동의 일차적인 보호 · 양육을 책임지는 가정의 해체와 여성의 사회진출의 증가, 미혼부모 문제에 따라 보육서비스의 욕구가 커지고 있는 실정이다.

① 아동복지의 대상체계

아동복지의 대상체계는 원칙적으로 아동과 그 부모 및 가정이다. 발달단계 특성상 아동의 건강한 발육과 성장을 위해서는 보호 · 양육의 역할을 담당하는 보호자로 부모나 가족이 적합하기 때문이다. 따라서 아동복지서비스는 아동중심적인 동시에 가족친화적인 환경을 제공되어야 한다. 아동복지법(제2조)에서는 아동복지의 대상인 아동을 18세 미만인 자로 규정하고 있다. 기본적으로 아동복지의 대상은 모든 아동이지만, 세분하면 요보호아동과 일반아동으로 구분할 수 있다.

- **요보호아동** : 욕구를 충족시키거나 문제를 해결하기 위한 가정이 부재한 경우, 또는 개별 가정의 능력으로 해결할 수 없는 상황에 처한 아동을 말한다.
  아동복지법 제2조 제2항은 "보호를 필요로 하는 아동"이라 함은 보호자가 없거나 보호자로부터 이탈된 아동, 또는 보호자가 아동을 학대하는 경우 등 그 보호자가 아동을 양육하기에 부적당하거나 양육할 능력이 없는 경우의 아동을 말한다고 규정하고 있다. 이때 보호자는 친부모만을 의미하지 않으며, 친권자, 후견인, 아동을 보호 · 양육 · 교육하거나 그 의무가 있는 자 또는 업무 · 고용 등의 관계로 사실상 아동을 보호 · 감독하는 자를 말한다.
- **일반아동** : 아동이 속한 가정에서 제공되는 보호 이외의 다른 특별

한 보호를 받지 않고 생활할 수 있는 아동들을 의미하며, 이들을 위한 대표적인 아동복지서비스에는 모든 아동들에게 제공되는 아동수당, 무상교육, 육아휴직, 보육서비스 등이 있다.

(2) 아동복지서비스의 분류

① 서비스 제공 장소에 의한 분류

아동복지서비스를 직접적으로 제공받는 아동이 어떠한 장소에서 생활하고 있는가에 따라 분류하는 방법이다. 종류로는 가족의 결손이 없지만 심각한 스트레스나 역기능의 위험요소를 가지고 있을 때 제공되는 재가서비스, 아동이 원가정을 떠나 일정 기간 동안 시설 · 위탁가정 등에서 생활하면서 제공받는 양육 및 보호 서비스인 가정 외 서비스가 있다.

② 서비스 기능에 따른 분류

아동복지서비스가 수행하는 기능이 분류의 기준이 되는 방법이다. 가족과 부모-자녀관계 체계가 구조적으로 손상되지 않았지만, 스트레스에 노출될 경우 아동복지의 초기문제를 다루는 제일 방어선 역할을 하는 지지적 서비스(supportive service), 부모의 보호, 양육의 질이 부적절하거나 제약되어 있을 때 이를 보충할 수 있도록 제공되는 보충적 서비스(supplementary service), 부모의 역할 전부가 상실되었을 경우, 아동에게 부모를 대신하여 제공되는 대리적 서비스(substitute service)로 구분된다.

③ 방어선의 위치에 따른 분류

가정은 아동에게 부적응과 발달상의 문제를 막아주는 일차적인 방어선의 기능을 수행한다. 따라서 가정을 보호함으로써 아동을 보호할 수 있다는 입장이다. 만약 아동이 기본적 욕구를 충족시킬 수 없는 위험에 처하거나 부모-자녀의 관계에 장애가 있을 경우 가정의 기능을 회복, 유지, 강화하도록 제공되는 것이 제1차 방어선이다. 제2차 방어선은 아동의 원가정의 기능이 원활하게 수행되지 못할 경우, 아동이 속한 원가정을 대신할 수 있는 다른 보호의 장을 마련해주는 것이다. 이 경우 원가정과 가장 유사한 환경을 만들어 주는 대리가정을 제공하는데, 여기에는 가정위탁보호서비스, 입양서비스 등이 있다. 또한 제3차 방어선은 아동의 원가정과 대리가정을 통해 보호, 양육서비스를 제공할 수 없는 경우, 시설에 수용하여 집단적인 보호를 제공하는 것을 말한다.

2. 아동복지서비스의 현황

1) 가정보호사업

(1) 입양

입양은 보호자가 없거나 보호자로부터 이탈된 아동에게 건전한 가정을 영구적으로 제공하여 신체적 · 정신적 · 사회적으로 건전하게 성장할 수 있도록 하는 서비스다. 1952년 '후생시설운영요령' 을 수립한 뒤 1995년 '입양촉진 및 절차에 관한 특례법' 으로 개정되어 오늘에 이르고 있다.

입양은 양자와 양부모 그리고 입양알선을 허가받은 입양기관이 모두 입양촉진 및 절차에 관한 특례법에서 정한 자격을 갖추어야 하는데, '입양촉진 및 절차에 관한 특례법' 은 양자가 될 자격(제4조)과 양친이 될 자격(제5조)에 대하여 규정하고 있다. 입양절차는 '입양촉진 및 절차에 관한 특례법' 과 '보호시설에 있는 미성년자의 후견직무에 관한 법률' 을 적용하고 있다. 그 종류로는 국내입양 절차, 국내에서 국외입양 절차, 국외에서 국외입양 절차가 있다.

(2) 가정위탁보호

가정위탁보호는 아동이 요보호아동을 보호 · 양육하기를 희망하는 가정에 아동을 위탁, 양육시킴으로써 가정적인 분위기에서 건전한 사회인으로 자랄 수 있도록 하는 데 그 목적을 두고 있다. 아동복지법 제10조(보호조치) 및 국민기초생활보장법 제4조 제3항, 제5조 제3항, 제7조, 제10조 및 동법시행령 제5조 등 관련 조항과 의료급여법 제3조(수급권자)에 근거한다.

가정위탁 대상 아동은 18세 미만의 요보호아동, 부모의 질병, 가출, 학대 등으로 단기보호가 필요한 아동을 우선적으로 선정하고 있으며, 가정위탁은 친 · 인척에 의한 대리양육과 일반인에 의한 위탁보호가 있다.

(3) 공동생활가정보호(그룹홈)

공동생활가정보호는 요보호아동에게 사회복지사 등의 보호자와 함께 가정형태를 구성하여 보호자가 일상생활을 지도함으로써 비행 예방 및 건전육성을 도모하고 지역사회의 이웃과 교류를 통해 사회적응능력을 배양하는 데 그 목적을 두고 있다. 1996년 12월 그룹홈 제도 도입을 결정하여 1997년부터 시범사업 실시에 들어갔으며, 아동복지법의 개정과 함께 아동복지시설의 종류에 공동생활가정이 추가되었다.

그룹홈의 유형으로는 단기보호, 장기보호, 치료보호가 있다.

(4) 소년소녀가정 지원

소년소녀가정 지원서비스는 실질적으로 가정을 이끌어 가는 소년소녀가정의 아동에 대하여 생활 보호를 해줌으로써 자립능력 배양 및 건전한 사회인으로서의 육성을 도모하는 데 그 목적을 두고 있다. 1984년 3월 13일 '소년소녀가장세대 보호대책'을 수립하여 1985년 6월 11일부터 소년소녀가장에 대한 정부지원사업을 실시하였으며, 2000년 9월 지원대상의 명칭을 소년소녀가정(youth family)으로 변경하여 오늘에 이르고 있다.

2) 시설보호사업

아동복지법 제16조와 제24조에서 규정하고 있는 아동복지시설의 종류는 다음과 같다.

- **아동양육시설** : 보호를 필요로 하는 아동을 입소시켜 보호, 양육하는 것을 목적으로 하는 시설
- **아동일시보호시설** : 보호를 필요로 하는 아동을 일시보호하고 아동에 대한 향후의 양육대책수립 및 보호조치를 행하는 것을 목적으로 하는 시설
- **아동보호치료시설** : 불량행위를 하거나 불량행위를 할 우려가 있는 아동으로서 보호자가 없거나 친권자나 후견인이 입소를 신청한 아동 또는 가정법원, 지방법원소년부지원에서 보호위탁된 아동을 입소시켜 그들을 선도하여 건전한 사회인으로 육성하는 것을 목적으로 하는 시설
- **아동직업훈련시설** : 아동복지시설에 입소되어 있는 만 15세 이상의 아동과 생활이 어려운 가정의 아동에 대하여 자활에 필요한 지식과 기능을 습득시키는 것을 목적으로 하는 시설
- **자립지원시설** : 아동복지시설에서 퇴소한 자에게 취업준비 기간 또는 취업 후 일정 기간 보호함으로써 자립을 지원하는 것을 목적으로 하는 시설
- **아동단기보호시설** : 일반가정에 아동을 보호하기 곤란한 일시적 사정이 있는 경우 아동을 단기간 보호하며 가정의 복지에 필요한 지원조치를 하는 것을 목적으로 하는 시설
- **아동상담소** : 아동과 그 가족의 문제에 관한 상담, 치료, 예방 및 연구 등을 목적으로 하는 시설
- **아동전용시설** : 어린이공원, 어린이놀이터, 아동회관, 체육, 연극, 영화, 과학실험전시시설, 아동휴게숙박시설, 야영장 등 아동에게 건전한 놀이 · 오락 기타 각종 편의를 제공하여 심신의 건강유지와

복지증진에 필요한 서비스를 제공하는 것을 목적으로 하는 시설
- 아동복지관 : 지역사회 아동의 건전육성을 위하여 심신의 건강유지와 복지증진에 필요한 서비스를 제공하는 것을 목적으로 하는 시설
- 공동생활가정 : 보호를 필요로 하는 아동에게 가정과 같은 주거여건과 보호를 제공하는 것을 목적으로 하는 시설
- 지역아동센터 : 지역사회 아동의 보호·교육, 건전한 놀이와 오락의 제공, 보호자와 지역사회의 연계 등 아동의 건전육성을 위하여 종합적인 아동복지서비스를 제공하는 시설
- 아동학대예방센터(아동보호전문기관) : 보호자를 포함한 성인에 의하여 아동의 건강·복지를 해치거나 정상적 발달을 저해할 수 있는 신체적·정신적·성적 폭력 또는 가혹행위 및 아동의 보호자에 의하여 이루어지는 유기와 방임으로부터 예방하기 위한 시설
- 가정위탁지원센터 : 아동이 가정 내외의 여러 가지 요인—부모의 사망, 실직, 질병, 학대, 방임, 알코올중독, 약물중독, 수감 등—으로 친가정에서 정상적으로 양육될 수 없을 때, 일정 기간 동안 다른 가정에서 아동을 보호·양육하며, 친가정이 정상화되어 가족기능을 회복할 수 있도록 지원하는 시설

3) 아동건전육성사업

(1) 아동학대예방센터 운영

아동학대예방센터는 최근 급증하는 아동학대문제에 대해 적극적·체계적으로 대처하여 아동학대에 대한 국민인식 제고와 더불어 궁극적으로 아동의 건전육성 및 권리증진을 도모하기 위해 설립되었다. 2000년 아동복지법 개정과 함께 아동학대의 개념 명확화, 긴급전화 및 아동보호전문기관 설치근거 등을 규정하여 2000년 10월부터 운영되고 있으

며, 2004년에는 중앙아동학대예방센터와 지방아동학대예방센터를 포함하여 20개소가 운영 중이다.

아동학대예방센터의 설치 및 운영은 아동복지법 제24조 내지 제27조 및 제31조 제4호에 근거하고 있으며, 우리나라의 아동학대예방은 행정기관(보건복지부 및 시 · 도, 시 · 군 · 구), 사법경찰, 의료기관, 교육기관, 법률기관 등이 협력체계를 구축하여 이루어지고 있다.

(2) 아동급식지원

아동급식지원은 경제적 빈곤 또는 가족기능 결손으로 결식하거나 결식할 우려가 있는 아동에게 식사를 제공함으로써 아동의 건전한 육성을 도모하고자 하는 서비스로서, 2000년부터 실시되고 있다. 특히 아동들은 신체적 · 정신적으로 성숙하지 않아 스스로의 급식능력이 부족하므로, 국민기초생활보장수급대상자 수급 등 이중수급에 상관없이 급식을 지원하도록 하고 있다.

(3) 지역아동센터(공부방) 지원

지역아동센터는 지역저소득층 아동의 방과 후 학습지원 등 프로그램을 운영하여 아동의 건전한 육성을 도모하는 데 그 목적이 있다. 사회복지법인 · 종교법인 등 비영리법인, 등록된 비영리민간단체가 운영하는 공부방 및 시장 · 군수 · 구청장이 우수하게 운영되고 있다고 판단하는 개인을 대상으로 지원이 이루어지고 있다.

(4) 결연사업 운영

결연사업은 시설보호아동, 소년소녀가정 등 불우한 아동과 지역사회 이웃과의 결연으로 물질적, 정신적 지원을 통해 이웃사랑의 사회기풍을 조성하고 불우아동의 건전한 육성을 도모하는 제도다. 결연사업은 1976년 9월 10일 '불우아동 건전육성대책' 의 수립을 시발점으로 하여, 1977년 정부주도로 사회인사와 시설보호아동과의 결연사업이 실시되었고, 1981년 10월 1일부터 민간주도로 전환하여 1992년 3월 9일부터 불우이웃 결연사업으로 그 대상이 확대, 운영되고 있다.

(5) 퇴소아동에 대한 지원

① 퇴소아동자립정착금 지원

아동복지시설에서 퇴소하는 만 18세 이상의 아동이 사회에서 자립하는 데 필요한 생활용품 구입비용을 지원함으로써, 자립활성화에 기여하는 데 그 목적을 두고 있다.

② 자립지원센터 운영

아동복지시설에서 퇴소하는 아동의 취업정보 제공, 직업알선 및 상담서비스 지원을 위한 운영비를 지원하는 데 그 목적을 두고 있는 자립지원센터 운영은 1993년 7월 1일부터 한국아동복지시설연합회에 위탁하여 실시하고 있다.

(6) 아동관련단체 육성 지원

아동복지법 제37조는 아동복지단체의 육성에 대하여 "국가 및 지방자치단체는 아동의 권리를 보장하고 복지증진을 목적으로 설립된 기관 및 단체를 지도 · 육성할 수 있다"고 규정하고, 시장 · 도지사 및 시장 · 군수 · 구청장은 아동관련단체의 사업(아동권리 · 안전, 입양, 가정위탁, 아동학대예방, 어린이찾아주기, 결연, 급식, 지역아동복지, 시설아동복지 등)에 대해 행정적 · 재정적 지원과 아동복지사업의 홍보에 적극적인 관심을 갖도록 하고 있다.

현재 활동 중인 아동단체로는 한국아동복지시설연합회, 한국아동학대예방협회, 한국아동단체협의회, 한국수양부모협회, 한국입양홍보회, 대안가정운동본부, 부스러기사랑나눔회 등이 있다.

4) 영유아보육사업

영유아보육사업이란 영유아보육법 제1조의 목적을 달성하기 위하여 6세 미만의 취학 전 아동을 국가나 사회에서 대신 보호하고 교육하는 서비스를 말한다.

(1) 영유아보육의 유형

① 보육장소별 보육유형

보육은 장소에 따라 가정보육, 시설보육, 직장보육으로 구분할 수 있다. 가정보육은 시설이 아닌 일반가정에서 이루어지는 보육으로 자기집보육과 타가정보육으로 나뉜다. 시설보육은 가정이 아닌 시설에서 이루어지는 보육으로 우리나라의 가장 보편적인 보육형태이며 어린이집이라 불리는 시설을 말한다. 직장보육은 근로자들을 위해 직장이나 직장 가까운 곳에서 보육시설을 운영하는 보육형태다.

② 운영주체별 보육유형

보육시설을 운영주체에 따라서 구분하면 공공단체시설, 민간기관 및 단체시설, 사립시설로 나뉜다. 공공단체시설은 국가나 지방자치단체가 설립하여 직접 경영하거나 위탁 운영하는 보육시설을 말한다. 민간기관 및 단체시설은 민간기관이나 단체가 운영하는 보육시설이며, 사립시설은 개인이 주체가 되어 운영하는 보육시설을 의미한다.

③ 영유아보육법에 의한 보육시설의 종류

영유아보육법 제6조에 규정된 보육시설의 종류로는 국 · 공립 보육시설, 민간보육시설, 직장보육시설, 가정보육시설이 있다.

(2) 보육서비스의 내용과 실천과정

보육서비스의 내용으로는 영양, 건강, 안전, 교육, 부모에 대한 서비스, 지역사회와의 교류 등 여섯 가지 영역이 있다.

3. 아동복지의 발전방향과 과제

1) 아동복지의 발전방향

우리나라 아동복지의 변화를 보면 과거에는 빈곤구제와 의료보호 등 요보호아동을 대상으로 개입해 왔지만, 오늘날에는 모든 아동에 대한 보편적이고 포괄적인 개입을 추구하고 있음을 알 수 있다.

오늘날 아동복지의 발전방향은 다음과 같다.

첫째, 아동복지에 대한 새로운 인식이 필요하다.

둘째, 아동의 권리에 대한 인식과 실제적 보장의 강화다.

셋째, 지역사회 중심의 재가복지 강화다.

넷째, 충족되지 않은 욕구의 확인과 새로운 욕구의 예측다.

다섯째, 아동복지실천을 위한 다양하고 새로운 방법의 개발과 활용다.

여섯째, 아동복지의 효과적인 전달체계 구축이다.

일곱째, 재원의 확보이다.

2) 아동복지의 과제

저출산화의 경향과 핵가족화로 인한 가족기능이 약화 속에서 부모역할의 강화가 더욱 요청되는 오늘날 모든 아동을 건전육성하기 위한 아동복지의 과제는 다음과 같다.

첫째, 부모에 대한 교육의 강화다.

둘째, 보육서비스의 다양화와 질적 향상이다.

셋째, 가정위탁과 입양의 활성화와 사후관리다.

넷째, 아동양육시설의 소규모회와 전문회된 서비스다.

다섯째, 장애아동의 조기진단 및 조기치료다.

여섯째, 아동학대에 대한 대책의 강화다.

일곱째, 학교사회사업의 제도화다.

여덟째, 아동을 위한 건전한 생활환경과 여가시설의 확충이다.

4. 청소년복지의 이해

1) 청소년복지의 개념과 역사

(1) 청소년복지의 개념

청소년복지는 청소년의 올바른 성장과 발달을 목표로 청소년에게 일정한 사회적 역할과 책임을 부여하는 동시에 현재의 삶의 질을 제고할 수 있는 환경을 조성해주고, 나아가 미래에 긍정적인 자아실현과 자립기반을 조성할 수 있도록 청소년과 성인의 참여와 공동노력을 통해 청소년의 능력을 향상시키고, 다양한 삶의 기회를 마련해 주는 제반의 복지활동이다(노혁, 2002 : 49).

청소년복지는 청소년을 보는 관점, 즉 한 사회가 가지고 있는 청소년복지의 여건 등에 따라서 달라질 수 있다. 대체로 한국사회에서 청소년복지는 잔여적 모형 혹은 소극적 측면에서의 청소년복지에 가깝지만, 제도적 모형 혹은 적극적 측면에서의 청소년복지를 지향하고 있다고 볼 수 있다(이용교, 2004 : 84).

한편 청소년기본법 제3조 제4호는 청소년복지에 대하여 "청소년복지란 청소년이 정상적인 삶을 영위할 수 있는 기본적인 여건을 조성하고, 조화롭게 성장 · 발달할 수 있도록 제공되는 사회적 · 경제적 지원을 말한다"고 정의하고 있다.

(2) 청소년복지의 역사

우리나라 청소년복지의 역사는 그 발달과정, 즉 주요 법이나 제도의 변화에 따라 세 시기로 나누어 볼 수 있다. 먼저 해방 후부터 아동복리법이 제정된 1961년까지는 청소년복지가 아동복지와 그 영역이 분화되지 않은 청소년복지의 맹아기이고, 1962년부터 청소년육성법이 제정된 1987년까지는 청소년복지의 도입기이며, 마지막으로 1988년부터 현재까지는 청소년복지의 전개기라 할 수 있다(이용교, 2004 : 92).

① 청소년복지의 맹아기(해방 후~1961년까지)

이 시기는 국가의 정책에 따라 서비스가 제공되었다기보다 외원과 민간차원에 의해 이루어졌다. 하지만 조선구호령에 의한 시설보호 대상은 13세 이하, 근로아동의 보호연령은 18세 미만, 20세 미만 비행소년은 형사처분 대신에 보호처분을 받는 등 보호 연령이 구체적으로 명시되었다는 점에서 청소년복지의 맹아기로 볼 수 있다.

② 청소년복지의 도입기(1962~1987년까지)

우리나라에 청소년복지가 제도적으로 도입된 것은 1961년 제정된 미성년자보호법과 아동복리법에 근거한다. 아동복리법은 요보호아동의 연령을 기존의 13세 이하에서 18세 미만으로 상향시키고 아동복지에 대한 국가의 책임을 명시했다는 점에서 그 의의가 크다. 1964년 5월 '청소년의 달'이 지정되었으며, 같은해 9월 청소년 선도 및 보호에 관한 종합적인 대책을 강구하기 위하여 국무총리 소속하에 '청소년보호대책위원회'를 설치하였다.

③ 청소년복지의 전개기(1988년~현재)

청소년육성법의 제정과 함께 정부는 정책을 수립할 기관 즉, 체육부에 청소년국을 설치(1988)하고, 시 · 도에 가정복지국 청소년과를 설치하였다. 이 단행법률은 1987년 개정된 새 헌법에 근거하고 있으며, 주로 청소년단체의 지원과 청소년시설의 설치 · 운영 등 청소년육성에 비중을 두고 있다. 이와 함께 청소년에 관한 장기 10개년 계획을 수립 표명하였으며, 청소년헌장을 선포하기에 이른다.

1991년 청소년기본법의 제정은 청소년복지의 발판을 마련한 계기라 할 수 있다. 한국청소년상담원, 시 · 도 청소년종합상담실, 시 · 군 · 구 청소년상담실에 관한 규정 및 청소년자원봉사센터, 청소년쉼터 등의 규정을 둔 것은 청소년복지의 발전이라 할 수 있다.

1997년 청소년보호법 제정, 2000년 청소년의 성보호에 관한 법률의 제정, 2004년 청소년활동진흥법과 청소년복지지원법의 제정으로 육성과 보호 측면에서 큰 진전을 보이고 있다.

2) 청소년복지관계법

(1) 청소년관계법의 체계

우리나라 헌법에서 청소년과 관련된 조항들은 대부분 복지와 관련되어 있다. 청소년에 대하여 규정하고 있는 헌법 제34조 제4항의 "국가는 …청소년의 복지향상을 위한 정책을 실시할 의무를 진다"와 제32조 제5항의 "…연소자의 근로는 특별한 보호를 받는다"를 중심으로 제31조(교육의 권리), 제32조(근로의 권리), 제33조(노동3권), 제35조(환경권), 제36조(혼인과 가족보건에 관한 권리)가 청소년복지에 직접적으로 해당된다.

여기에서는 직접 관계되는 5개의 법 즉, 청소년기본법, 청소년활동진흥법, 청소년복지지원법, 청소년보호법, 청소년의 성보호에 관한 법률을 살펴보기로 한다.

(2) 청소년복지에 관한 주요 법률

① 청소년기본법

청소년기본법은 청소년장기육성계획인 한국청소년기본계획을 효과적으로 추진할 수 있는 제도적 장치를 마련하기 위하여 1987년 제정된 청소년육성법을 1991년 전면개정 · 보완하여 새롭게 제정하였고,

2003년 12월 30일에 전면개정되고 2004년 2월 9일에 공포되어 오늘에 이르고 있다.

이 법은 청소년육성의 기본원리와 정책적 근간에 관한 사항을 중심으로 전문 66개 조항과 6개조의 부칙으로 구성되어 있으며, 총칙, 청소년육성정책의 총괄 · 조정, 청소년시설, 청소년지도자, 청소년단체, 청소년활동 및 복지, 청소년육성기금 등에 대하여 규정하고 있다.

② 청소년활동진흥법

청소년활동진흥법은 2003년 12월 30일에 제정되고 2004년 2월 9일에 공포되었는데, 미래사회의 주역이 될 청소년이 수련활동을 비롯한 문화활동, 교류활동 등 다양한 청소년활동을 통하여 자신의 기량과 품성을 함양하고 꿈과 희망을 마음껏 펼칠 수 있도록 하기 위한 제도적 기반을 마련한 것으로 청소년기본법에 근거하며, 총칙, 청소년활동의 보장, 청소년활동시설, 청소년수련활동의 지원, 청소년교류활동의 지원, 청소년문화활동의 지원 등 전문 72개 조항과 부칙 5개조로 구성되어 있다.

③ 청소년복지지원법

청소년복지지원법은 청소년의 복지 향상에 대한 가정 · 사회 및 국가의 책임과 의무를 정하고 이를 실천하기 위하여 필요한 사항을 정함으로써 미래사회의 주역이 될 청소년의 삶의 질 향상과 최적의 성장 · 발달을 도모하려는 것으로 2003년 12월 30일에 제정되고 2004년 2월 9일에 공포되었다. 이 법은 청소년기본법에 근거하며, 총칙, 청소년의 인권보장 및 복지향상, 청소년의 건강 보장, 특별청소년의 지원, 교육적 선도 등 전문 21개 조항과 부칙 3개조로 구성되어 있다.

④ 청소년보호법

청소년보호법은 “우리 사회의 자율화와 물질만능주의 경향에 따라 날로 심각해지고 있는 음란 · 폭력성의 청소년유해매체물과 유해약물

등의 청소년에 대한 유통과 유해한 업소에의 청소년출입 등을 규제함으로써, 성장과정에 있는 청소년을 각종 유해한 사회환경으로부터 보호규제하고 나아가 건전한 인격체로 성장할 수 있도록 하려는 것"에 제정취지를 두고 있다. 이 법은 1997년 2월 18일에 제정되고 3월 7일에 공포되었으며 총칙, 청소년유해매체물의 청소년대상 유통 규제, 청소년유해업소, 청소년유해약물 및 청소년유해행위 등의 규제, 청소년보호위원회 등 전문 56개 조항과 부칙 4개조로 구성되어 있다.

⑤ 청소년의 성보호에 관한 법률

2000년 2월 3일 제정된 이 법은 "더 이상 방치할 수 없는 지경에 이른 청소년을 대상으로 하는 성매매, 성폭력 및 음란물의 제작 · 유통 등의 근절을 위해 청소년 성매매를 조장하는 온갖 행태의 중간매개행위 및 청소년에 대한 성폭력 범죄자를 강력하게 처벌하고, 청소년을 보호 · 구제하는 장치를 마련하여 이들의 인권을 보장하고 상업적 청소년 성착취 근절대책을 강화해 나가는 국제적 추세에 부응하는 것을 목적으로 하고 있다"를 입법 당시 제정 취지로 두고 있다. 이 법은 총칙, 청소년의 성을 사는 행위등의 처벌, 대상청소년의 선도보호 등 전문 21개 조항과 부칙 4개조로 구성되어 있다.

5. 청소년복지의 현황

1) 가정환경과 청소년복지

청소년복지는 가족의 변화와 밀접한 관계를 맺고 있다. 전통사회에서 가족은 아동, 노인, 장애인, 환자 등 다른 사람의 보호를 필요로 하는 사람들을 돌보는 기능을 비교적 효과적으로 수행해왔다. 그런데 핵가족화, 이혼율의 증가, 출산율의 감소 등은 가족해체현상을 불러일으키고 가족수의 감소, 여성취업의 증가, 잦은 이동 등은 가정의 공동체

기능에도 큰 변화를 주고 있다.

이러한 변화는 청소년들에게 고립감과 소외감을 증폭시키고, 정서적으로도 건전한 생활을 영위하기 어렵게 만들어 청소년문제를 유발시킬 우려까지 있다. 청소년이 건전하게 성장하도록 하기 위해서는 그들이 추구하는 욕구를 충족시킬 필요가 있다. 그 일환으로 학대받는 아동을 보호하고 청소년상담실을 운영하는 등의 지지적 서비스, 공부방 운영, 소년소녀가정 지원, 가출청소년을 보호하는 보충적 서비스 그리고 입양, 가정위탁, 아동복지시설 운영 등의 대리적 서비스가 필요하다.

2) 청소년의 문화와 청소년복지

(1) 청소년 문화의 개념

문화라는 개념에 대한 정의는 여러 가지가 있는데, 타일러(Tylor)는 "문화는 사회의 구성원으로서의 인간이 획득한 지식, 신앙, 예술, 법률, 도덕, 관습 및 기타 모든 능력과 기능을 포함하는 복합적 총체"라 하였고, 클락혼(Kluckhohn)과 켈리(Kelly)는 "명시적이거나 암시적이거나, 합리적이거나 비합리적이거나 혹은 합리와 무관하든 간에, 주어진 특정 시간에 인간의 행동의 잠재적 지침으로 존재하는, 역사적으로 이루어진 모든 생활의 설계를 문화라 한다"고 정의하였다.

즉, 문화가 사람들에게 행동지침의 기능과 함께 조직하는 표준으로서의 기능을 수행한다고 볼 때 성장하는 청소년에게 미치는 문화의 영향은 크다고 할 수 있다. 특히 다양한 문화를 접할 수 있는 청소년의 여가생활은 청소년기에 정신적 성장을 촉진하는 중요한 역할을 한다.

(2) 청소년의 여가생활

일반적으로 여가란 '자유롭게 이용할 수 있는 시간'으로 인식되고 있으며, 오늘날에는 여가를 단순히 '소비'라는 측면보다 자아를 완성하기 위한 '재생산'의 측면으로 보는 경향이 강하다.

여가의 기능을 살펴보면, 개인적 측면으로는 ① 긴장완화의 기능, ② 기분전환의 기능, ③ 자아형성, ④ 태도 및 성격 형성, ⑤ 보상의 기능 : 일에 대한 보상 · 정서적인 보상 · 사회적 보상 등이며, 사회적 측면으로는 ① 사회학습의 기능, ② 재생산의 기능, ③ 사회적 통합의 기능, ④ 문화적 기능, ⑤ 사회문제 해결 기능 등을 한다고 할 수 있다(오영재 외, 2001 : 143).

이러한 여가의 개념에 맞게 청소년으로 하여금 건전한 여가생활을 하도록 유도하는 일은 청소년 비행을 예방함과 동시에 덕 · 체 · 지가 고루 갖추어진 전인적 인간상을 구현하자는 데 있다.

3) 노동과 청소년복지

(1) 청소년 노동의 실태

청소년은 경제활동에 참여율이 낮고, 경제활동에 참여하고 있는 대부분은 사회간접자본 및 서비스업에 종사하고 있다. 15~24세 청소년계층의 경제활동인구는 2002년 말 현재 228만 1천 명으로 전년대비 1만 5천명(0.7%) 증가하였고, 경제활동참여율도 2001년에 비해 0.9% 상승한 34.2%로 나타났다. 비경제활동인구는 438만 2천 명으로 전년대비 15만 4천 명(-3.5%) 감소하였다(문화관광부, 2003 : 117).

(2) 근로기준법상 청소년보호

근로기준법은 '제5장 여성과 소년'에 청소년의 근로와 관련하여 보호규정을 두고 있다. 즉, 15세 미만인 자는 근로자로 사용하지 못한다는 최저연령(제62조), 18세 미만자를 도덕상 또는 보건상 유해하며, 위험한 사업에 사용하지 못한다는 사용금지(제63조), 18세 미만인 자에 대하여 그 연령을 증명하는 호적증명서와 친권자 또는 후견인의 동의 서를 비치하도록 하는 연소자증명서(제64조), 친권자 또는 후견인은 미성년자의 근로계약을 대리할 수 없다는 근로계약(제65조), 미성년자가 독자적으로 임금을 청구할 수 있는 임금청구(제66조), 15세 이상 18세 미만인 자의 근로시간이 1일에 7시간, 1주일에 40시간을 초과하지 못하도록 하는 근로시간(제67조), 사용자로 하여금 18세 미만자를 오후 10시부터 오전 6시까지의 사이 및 휴일에 근로시키지 못하도록 하는 야업과 휴일근로의 제한(제68조), 18세 미만의 자를 갱내에서 근로시키지 못하도록 하는 갱내근로금지(제70조) 등이다.

(3) 청소년 취업정책

노동부에서는 청소년의 올바른 직업선택을 지원하기 위하여 직업적성검사와 직업흥미검사의 실시, 직업지도시범학교 운영, 실제 산업현장의 직업분석을 통한 직업변화 추세의 정리 및 고용안정정보망을 통한 보급, 각종 직업정보 책자 및 직업의 세계 비디오 테이프 제작 · 보급, 명예직업상담원을 활용하여 직업에 관한 각종 상담과 취업알선 등의 사업을 추진하고 있다(문화관광부, 2003 : 133).

그리고 청소년들에게 직업선택과 취업의 기회를 부여하기 위하여 '직장체험 프로그램'을 실시하고 있다. 이는 청소년 실업대책과 산 · 학을 연계하는 프로그램이다. 청소년 미취업자를 위한 취업지원제, 고등학생과 대학생이 연수에 참여하는 연수지원제, 인턴취업 희망자의 고용안정센터에 참가신청서 제출 등의 활동을 진행한다. 또한 저소득층 청소년의 취업과 자활의 지속적인 지원을 위해 자활지원센터 하에 '청소년자활지원관'을 운영하고 있다(보건복지부, 2002).

4) 청소년의 성과 청소년복지

청년기에 일어나는 신체적, 심리적 발달은 호르몬의 영향을 받는다. 남성은 안드로겐, 여성은 에스트로겐의 영향으로 2차성장이 나타나기 시작한다. 최근에는 영양상태가 좋아 사춘기가 더욱 빨라지는 경향이 있다. 따라서 급격한 신체변화에 적응하고, 올바른 성윤리를 갖기 위해 청소년 성교육에 대한 논의가 대두되고 있다.

청소년을 위하여 성교육을 하여야 한다는 관점에 대해, 보수주의자들은 학교에서 성교육은 자칫 청소년을 성적으로 자극할 우려가 있다고 보고, 성교육을 하더라도 금욕을 강조하며 성병의 위험성을 부각시켜야 한다고 본다. 반면에 진보주의자들은 금욕을 강조하는 성교육은 혼전 성행동이 늘어나고 결혼을 하지 않은 젊은이들이 늘어나는 상황에서 전혀 설득력이 없다고 본다. 이들은 청소년의 성행위를 전제로 피임교육을 강조하고, 성관계 시 의사소통과 인간관계를 가르치며, 안전하고 만족스러운 성을 위한 기술 등을 가르칠 필요가 있다고 강조한다(이용교, 2004 : 344).

6. 청소년의 참여와 과제

1) 청소년의 참여

청소년복지의 주인은 청소년이다. 특히 오늘날에는 청소년복지뿐만 아니라 모든 청소년 관련 정책에 청소년이 참여하도록 유도하고 있으며, 청소년이 활동하고 있는 분야도 적지 않다.

여기에서는 청소년 참여의 원리로서 선택권이 가장 중요하다고 지적한 하트(Hart)의 '참여의 8단계'에 대해 간략히 알아보기로 한다.

- 1단계 : 성인이 이용하는 단계. 사업이 성인에 의해 주도되고 운영된다.
- 2단계 : 장식처럼 동원되는 단계다.
- 3단계 : 명목상으로 참여하는 단계다.
- 4단계 : 성인이 주도하지만 정보는 제공받는 단계로서 참여가 시작

되는 과정이다.

- 5단계 : 성인이 정보를 제공하고 협의하는 단계다.
- 6단계 : 성인주도로 청소년과 의사결정을 공유하는 단계. 진정한 참여가 시작되는 단계다.
- 7단계 : 청소년이 주도하고 감독하는 단계. 성인의 참여없이 사업을 시작하고 운영하는 단계다.
- 8단계 : 청소년 주도로 성인과 의사결정을 공유하는 단계. 청소년이 사업을 주도 · 관리하고 성인과 의사결정을 공유하며 관련기술에 대해 성인을 지도자와 코치로 활용하는 과정이다.

2) 청소년복지의 과제

청소년복지의 실천과제를 살펴보면 다음과 같다. 첫째, 우리나라 현실에 맞는 청소년복지실천이 이루어져야 할 것이다. 둘째, 청소년복지를 효과적으로 실천하기 위하여 정책적 접근과 기술적 접근이 조화롭게 이루어져야 할 것이다. 셋째, 현실공간과 가상공간을 수용하는 포괄적인 복지실천이 이루어져야 할 것이다. 넷째, 청소년복지실천에 청소년이 참여하는 프로그램을 개발하여야 할 것이다. 예컨대 청소년 또래상담, 청소년이 참여하는 유해환경 척결, 청소년기관의 효율적인 활용을 위한 안내 등이다.

참고문헌

강병연(2003). 청소년관계법론. 교육과학사.

공계순 외(2004). 아동복지론. 학지사.

김성이(1994). 청소년복지의 개념과 의의. 한국청소년개발원.

김신일(1992). 청소년문화의 의미와 성격. 청소년문화론. 한국청소년연구원.

김치묵(1977). 청소년복지. **한국사회복지총람**. 한국사회복지협의회.

노동부(2002). **노동부백서**.

노혁(2002). **청소년복지론**. 대학출판사.

문화관광부(1993). **청소년 인권이야기**.

문화관광부(2003). **청소년백서**.

박용순(1999). **사회복지학개론**. 학지사.

보건복지부(2002). **보건복지부백서**.

보건복지부(2004). **아동복지사업안내**.

복지연구회(1991). **현대아동복지론**. 한국복지정책연구소출판부.

아산사회복지사업재단(1997). **아동복지편람**.

이용교(2004). **디지털 청소년복지**. 인간과복지.

장인협(1991). **아동복지론**. 서울대학교 출판부.

최옥채(1999). **사회복지실천론**. 인간과복지.

표갑수(2002). **아동청소년복지론**. 나남출판.

하상락(1989). **한국사회복지사론**. 박영사.

한국청소년개발원(1999). **청소년이 알아야 할 인권이야기**. 문화관광부.

국가인권위원회 www.humanrights.go.kr

노동부 www.molab.go.kr

대한사회복지회 www.alovenest.com

문화관광부 www.mct.go.kr

법제처 www.moleg.go.kr

보건복지부 www.mohw.go.kr

청소년보호위원회 http://youth.go.kr

통계청 www.nso.go.kr

한국복지재단 www.kwf.or.kr

한국성폭력상담소 www.sisters.or.kr

한국청소년개발원 www.youthnet.re.kr

한국청소년단체협의회 http://ncyok.or.kr

홀트아동복지회 www.holt.or.kr

제10장 노인복지

1. 노인과 노화의 개념

1) 노인의 개념

노인이란 용어는 일상적으로 사용되는 말이지만 그 개념을 명확하게 정의하기란 쉽지 않다. 우선 사전적인 의미로는 '나이가 많은 사람', '늙은이'이나, 이런 단순한 정의는 노인을 충분히 설명하고 있다고 할 수 없다. 학문적으로 노인이 다루어지기 위해서는 노인에 대한 개념 정의가 어느 정도 명확해져야 할 필요가 있다. 여기에서는 노인에 대한 개념 정의를 일반적 정의와 조작적 정의로 살펴보기로 한다.

(1) 노인의 일반적 정의

노인의 일반적 정의는 1951년에 열렸던 제2회 국제노년학회의 정의부터 살펴보기로 한다. 국제노년학회에서는 노인이란 인간의 노화과정에서 나타나는 생리적, 심리적, 환경적 변화 및 행동의 변화가 상호작용하는 복합형태의 과정에 있는 사람이라고 정의하였다.

브린(Breen, 1960)은 노인을 ① 생리적 및 생물학적인 면에서 쇠퇴기에 있는 사람, ② 심리적인 면에서 정신기능과 성격이 변화되고 있는 사람, ③ 사회적인 면에서 지위와 역할이 상실되어가는 사람이라고 정의하였다.

따라서 노인은 신체적 기능의 퇴화, 심리적인 변화와 더불어 사회적 역할 기능이 약화되고 있는 사람이라고 정의할 수 있다.

(2) 노인의 조작적 정의

노인에 대한 조작적 정의는 노인을 편의상 정의하는 것으로, 다음 몇 가지로 나눌 수 있다.

- **역(曆)연령에 의한 노인** : 달력상의 시간에 의하여 일정한 연령에 도달한 사람을 노인으로 정의하는 것으로 일반적으로 '65세 이상의 자'를 말한다.
- **개인의 자각에 의한 노인** : 개인 스스로 주관적인 판단에 의하여 노인이라고 생각하는 사람을 노인으로 정의하는 것이다.
- **사회적 역할상실에 의한 노인** : 주요 사회적 지위와 역할이 상실된 상태에 있는 사람을 노인으로 정의하는 것으로 주로 사회의 직업활동에서 퇴직하여 지위와 역할을 상실한 상태에 있는 사람이 해당된다.
- **기능적 연령에 의한 노인** : 개인의 특수한 신체적 및 심리적 영역에 있어서 기능의 정도에 의해서 노인을 규정하는 것으로 개인이 어떤 특수한 신체적, 심리적, 사회적 영역의 업무를 수행할 수 없을 때 노인이라고 규정한다.

이상과 같이 노인에 대한 개념 정의는 여러 학자들에 의해 다양하게 이루어지고 있으나, 각기 다 노인을 설명하기에 충분하지는 않다. 법률이나 통계에서 또는 학문분야에서 일반적으로 사용하는 노인의 개념은 조작적 정의인 역연령상의 노인, 즉 '65세 이상의 자'를 주로 사용하고 있다.

2) 노화의 개념

노화란 인간이 늙어가는 것을 말하는데, 늙기 시작하는 시기가 정해져 있는 것은 아니다. 노화란 점진적인 것이고 거의 인지할 수 없는 과정이기도 하다. 또 노화는 인간의 정상적인 발달과정에서 자연스럽게 겪게 되는 변화과정이다. 노화란 인간이 출생하여 죽음에 이르는 과정의 전반적인 변화라고 하는데(최성재 · 장인협, 2002), 성장과 노화는 구별되어야 할 것이므로, 결국 노화란 인간의 성장이 멈춘 이후부터 죽음에 이르는 과정의 전반적인 변화라고 하는 것이 타당할 것이다.

비버(Beaver, 1983)는 노화란 "시간이 흐름에 따라 유기체의 세포, 조직, 기관조직, 또는 유기체 전체에 일어나는 점진적인 변화"라고 정의하였는데, 이 노화에는 적어도 세 가지 면에서의 변화과정이 포함되는 것으로 이해되어야 한다고 비렌(Birren, 1959)은 말한다. 세 가지 노화란 생물학적 노화, 심리적 노화, 사회적 노화를 말한다. 생물학적 노화란 신체의 기관과 체계의 구조 및 기능이 시간의 경과에 따라 변화하는 것을 의미한다. 심리적 노화는 축적된 경험에 의한 행동, 감각, 지각기능, 자아에 대한 인식 등이 시간의 변화에 따라 변화하는 것을 의미한다. 사회적 노화는 생활 주기를 통하여 일어나는 규범, 기대, 사회적 지위 및 역할의 변화 등을 의미한다.

이상을 종합하면 노화란 시간의 경과에 따라 인간의 신체적, 심리적, 사회적 측면에 일어나는 전반적이고 점진적인 변화로서 정상적인 발달과정의 변화라고 정의할 수 있다.

2. 현대사회와 노인문제

1) 인구의 고령화

우리나라는 1960년대 이후 경제성장으로 인한 생활수준의 향상과 더불어 평균수명이 지속적으로 연장됨으로써 인구의 고령화가 진행되고 있다. 인구의 고령화란 한 사회의 노인인구의 절대적 수가 증가할 뿐만 아니라 전체인구에 대한 노인인구의 비율이 증가하는 현상으로서 우리나라뿐만 아니라 세계적인 추세다.

(1) 노인인구의 증가

한국의 65세 이상 노인인구는 2004년 현재 약 417만 명이며 전체인구에서 차지하는 노인인구 비율은 8.7%다(보건복지부, 2004). 한국의 노인인구 비율의 증가 추이를 보면, 〈표 10-1〉에서 보는 바와 같이 1960년에 2.9%, 1970년에는 3.1%로 그다지 큰 변화를 보이지 않았으나 1980년에 3.8%로 약간의 증가폭을 보이기 시작했다. 이후 1990년에 5.1%, 2000년에는 7.3%로 큰 폭으로 상승했다. 이 증가 추이는 앞으로 더욱 급격하게 진행될 것으로 예상되어 2010년에는 10.7%, 2020년에는 15.1%, 2030년에는 23.1%로 증가할 것으로 추계되고 있다.

국제연합은 노인인구 비율이 7% 이상이면 고령화사회(aging society), 14% 이상이면 고령사회(aged society), 20% 이상이면 초고령사회(super-aged society)로 분류하고 있는데, 우리나라는 2000년에 고령화사회에 진입하였고 2019년에는 고령사회에 진입할 것으로 예상되고 있다.

노인인구의 증가는 노인부양비의 증가를 초래한다. 노인부양비는 15~64세의 생산연령인구가 65세 이상의 노인인구를 부양하는 비율을 나타내는 것으로서, 〈표 10-1〉에서 보듯이 1960년에 5.3%였던 것이

2000년에는 10.1%, 2030년에는 35.7%로 증가하게 된다. 이는 2000년에는 생산연령인구 10명이 노인 1명을 부양했지만, 2030년에는 생산연령인구 2.8명이 노인 1명을 부양해야 한다는 것으로, 노인을 부양해야 하는 생산연령인구의 사회적 부양부담이 그만큼 커진다는 것을 의미한다.

〈표 10-1〉 노인인구수, 노인인구 비율 및 노인부양비 (단위: 천 명, %)

구분 \ 연도	1960	1970	1980	1990	2000	2010	2020	2030
노인인구수	726	991	1,456	2,195	3,395	5,302	7,667	11,604
노인인구 비율[1)]	2.9	3.1	3.8	5.1	7.3	10.7	15.1	23.1
노인부양비[2)]	5.3	5.7	6.1	7.2	10.1	14.8	21.3	35.7

주 : 1) 노인인구 비율 = (65세 이상 노인인구/전체인구) × 100
2) 노인부양비 = (65세 이상 노인인구/15-64세 생산연령인구) × 100
자료 : 통계청(2001).

(2) 인구고령화의 원인

인구고령화를 가져오는 원인으로는 사망률의 저하와 출산율의 저하, 평균수명의 연장 등을 들 수 있다.

한국인의 평균수명은 1960년대 이후 산업화 과정을 거치면서 지속적으로 연장되어 왔다. 평균수명은 〈표 10-2〉에서 보는 바와 같이 1960년에 남녀 평균 52.4세였던 것이 2000년에는 75.9세에 달했으며, 2030년에는 81.5세에 이를 것으로 예상되어 인생 80세 시대가 도래할 것으로 전망되고 있다.

〈표 10-2〉 평균수명의 추이 (단위: 세)

연도	1960년	1970년	1980년	1990년	2000년	2010년	2020년	2030년
평균수명	52.4	63.2	65.8	71.6	75.9	78.8	80.7	81.5
남	51.1	59.8	62.7	67.7	72.1	75.5	77.5	78.4
여	53.7	66.7	69.1	75.7	79.5	82.2	84.1	84.8

자료 : 통계청(2001).

(3) 한국의 인구고령화의 특징

① 인구고령화의 가속화

인구고령화의 속도는 노인인구 비율이 7%에서 14%에 도달하는 데 소요된 기간으로 나타낸다. 이 기간이 프랑스는 114년, 스웨덴은 82년, 영국은 46년, 일본은 24년이 걸린데 비하여(후생성, 1996) 한국은 19년이 걸릴 것으로 예상되고 있어, 세계에서 인구고령화가 가장 빠르게 진행될 것으로 전망되고 있다.

② 여성노인의 과다현상

노인인구의 성비는 불균형 양상을 보이고 있는데 특히 여성노인의 과다현상이 두드러진다. 이는 여성의 평균수명이 남성보다 길기 때문인 것으로 분석되며, 이러한 현상은 연령이 높아질수록 더욱 심화되고 있다.

③ 고령노인의 증가

평균수명이 연장됨으로써 노인인구 중 75세 이상의 고령노인의 수가 상대적으로 증가하게 된다.

④ 노인단독가구의 증가

노인단독가구는 노인독신가구와 노인부부가구를 말하는데 1998년에 노인단독가구의 비율이 41.7%(정경희 외, 1998)로 노인가구 중 노부모와 자녀와의 별거가 40%를 상회하고 있다. 이는 노인에 대한 사회적 부양과 수발문제를 발생시키고 있다.

⑤ 농어촌 고령화의 가속화

농어촌지역의 노인인구 비율은 도시지역보다 약 2.7배 정도 높은 비율을 보이고 있어, 도시에 비해 농어촌의 고령화가 크게 진행되고 있다. 따라서 농어촌 노인문제가 심각하고 이에 대한 대책이 시급하다고 하겠다.

(4) 급격한 인구고령화의 영향

급격한 인구고령화의 진행은 노인 개인에게는 건강 약화, 경제력 약화, 고독과 무위의 문제를 가져오고, 사회적으로는 노인부양비의 급격한 상승으로 인한 사회보장 비용의 급증을 가져와 노인에 대한 사회적 부양부담을 가중시키게 된다.

2) 현대사회의 노인문제

(1) 노인문제의 정의

노인문제란 노령에 수반되는 사회생활의 갖가지 곤란이 대다수의 노인에게 공통적으로 나타나는 것으로 노인 자신이나 가족의 힘만으로는 해결할 수 없는 문제를 말한다. 즉, 노인문제는 노인에게 공통적인 기본적인 욕구나 문제를 노인 자신이나 가족의 노력으로 해결하지 못하는 상태로서, 경제적 어려움, 건강상의 어려움, 역할상실과 여가선용의 어려움, 고독과 소외 등을 포함한다고 하겠다.

이러한 노인문제는 노인 개인이나 가족적 차원에서 해결하기가 어려우므로 국가 및 사회적 차원에서 해결책이 모색되어야 하는 사회문제라고 하겠다.

(2) 노인문제의 원인

현대사회의 노인문제의 원인을 포괄적으로 잘 설명할 수 있는 이론으로는 카우길과 홈즈(Cowgill & Holmes)가 주창한 현대화이론을 들 수 있다. 현대화이론은 한 사회의 현대화 정도가 높으면 높을수록 노인의 지위는 더욱 낮아지게 된다는 이론으로서, 현대화 현상의 핵심적 요소로 건강기술(보건 및 의료기술)의 발전, 경제적 생산기술의 발전, 도시화, 교육의 대중화를 들고 있다. 현대화의 네 가지 요인들이 인과적으로 어떻게 영향을 미쳐 노인의 지위를 저하시키는지 그 과정을 요약하면 다음과 같다.

- 건강기술(보건 및 의료기술)의 발전은 평균수명을 연장시켜 노인인구를 증가시키게 되나 세대간의 직업 경쟁에서 상대적으로 불리한 노인들은 퇴직할 수밖에 없게 된다.
- 생산기술의 발전은 노동자의 수요를 감소시키고 새로운 직업을 발생시키게 되는데 노인의 직업기술과 지식은 젊은이에 비하여 뒤짐으로써 직업 경쟁에서 불리하게 되어 생산 현장에서 밀려나 퇴직하게 된다.
- 도시화는 지리적 이동과 핵가족화를 촉진시켜 세대간에 지리적 분리를 가져오고 계층간의 수직적 이동의 촉진으로 인한 자녀의 지위 상승을 가져와 부모와 자녀의 사회적 분리를 야기하게 된다.
- 교육의 대중화로 인하여 자녀세대의 교육수준이 부모세대보다 높아 부모와 자녀의 교육의 격차는 사회적 지위를 전도시켜서 지적 및 도덕적 분리를 촉진시키게 된다.

한편, 노인문제를 발생시키는 사회적 요인으로는 다음과 같은 요소들을 들 수 있다.

- 인구고령화로 인한 노인인구 비율과 노인부양비의 급격한 상승
- 핵가족화, 부양의식의 약화로 인한 노인 가족부양의 약화
- 산업화로 인한 생산성과 능률 위주의 사회
- 평균수명의 연장으로 인한 인생 80~90세 장수시대의 도래
- 출산율의 저하로 인한 노동가능인구의 감소
- 가치관의 변화로 자아실현 의식과 부모와 자녀의 독립된 삶 의식의 고양

현대 산업사회에서 노인문제를 발생시키는 요인들은 매우 다양하지만 주요 핵심적인 요인으로는 산업화, 인구의 고령화, 핵가족화, 부양의식의 약화 등을 들 수 있다.

① 산업화

산업화의 진전으로 가능해진 대량생산은 생산에 필요한 노동력을 감소시켰고 신기술의 개발로 새로운 직종이 계속 생겨나는 생산 현장에서 낙후된 지식과 기술을 지닌 노인은 젊은이와의 직업경쟁에서 불리할 수밖에 없다. 효율과 능률을 최고의 가치로 여기는 산업사회에서 노인들은 무능력한 존재로 전락하여 생산 현장에서 밀려날 수밖에 없게 되는데 이것이 노인문제의 원인이 되는 것이다.

② 인구의 고령화

인구의 고령화로 인해 노인인구의 절대적 수가 증가할 뿐만 아니라 사회의 인구구조가 고령화됨으로써 노인부양비가 상승하고 사회보장 비용이 급증하게 된다. 그러나 노인들을 부양해야 할 노동가능인구는 출산율의 저하로 인해 감소됨으로써 이들의 노인에 대한 부양부담은 가중되게 된다.

③ 핵가족화

산업사회에 적합한 가족형태로 정착된 핵가족은 자녀가 노부모와 동거하면서 노부모를 모시기 어려운 구조적 여건이어서 지리적으로 부모와 자녀가 분리되어 동거율의 저하를 가져오고 있다. 또 핵가족은 부부가 중심이 되는 가족형태이므로 노인은 가족으로부터 소외되고 고립되게 된다.

④ 부양의식의 약화

현대 산업사회에 만연한 배금주의, 편의주의, 인간경시 풍조와 같은 가치관들은 부모에 대한 자녀의 부양의식의 약화를 초래하여 노인에 대한 가족의 부양기능을 약화시키고 있다.

(3) 노인문제의 양상

현대사회에서 노인들이 겪고 있는 문제는 다양한 형태로 존재하지만 대체적으로 빈곤, 질병, 고독과 소외, 역할상실의 네 가지로 분류할 수 있다. 이 네 가지 노인문제는 노인들이 겪는 네 가지 고통이라 해서 사고(四苦) 또는 사중고(四重苦)로 표현된다.

① 빈곤문제

노년기에는 노인들이 퇴직 등으로 인하여 직업 일선에서 물러나게 되므로 소득 감소 내지는 소득 단절을 겪게 되어 경제적으로 빈곤상태에 처하게 된다. 이는 빈곤인구 가운데 가장 많은 비율을 차지하고 있는 인구집단이 노인이라는 점에서 찾아볼 수 있는데, 국민기초생활보장 수급자 가운데 약 1/4이 노인이다(보건복지부, 2001). 국민기초생활보장 수급 노인과 차상위 계층 노인의 비율은 전체 노인의 50%를 넘고 있어 노인들의 빈곤상태가 매우 심각하다고 할 수 있다.

② 질병문제

노인들은 나이가 많아질수록 신체적 정신적으로 건강이 약해지고 기능이 저하되어 노령에 수반되는 각종 노인성 질환을 앓게 된다. 노인성 질환의 특성은 만성적이고 퇴행적이며 합병증적이라는 것이다. 노인의 유병률과 와병률은 인구 전체에 비하여 2~3배나 높다. 노인의 질환은 만성적이어서 장기간의 치료와 요양을 필요로 한다. 이는 노인 의료비 상승의 원인이 되고 가정에서 장기 요양을 하게 될 경우 가족들의 수발부담을 가중시키게 된다.

③ 고독과 소외문제

사회적 지위와 역할의 상실은 노인과 사회와의 단절을 가져오고 고립시키게 된다. 핵가족화의 진전과 부모에 대한 자녀의 부양의식의 감퇴 등은 가정에서 노인의 소외를 유발시키고 있다. 노인들은 사회와 가정의 양면으로부터 소외당하고 있다. 또한 세대간의 가치관의 차이, 교육수준의 차이는 세대간의 갈등과 단절을 가져오게 되어 노인들은 점점 소외되고 고립되게 된다.

④ 역할상실문제

직업생활과 가정관리에서의 은퇴로 사회적 역할과 가정에서의 역할을 상실한 노인들은 심리 · 사회적으로 위축되고 자아 상실감을 갖게 된다. 평균수명의 연장과 조기퇴직으로 인하여 퇴직 후의 노후생활기간은 더욱 길어지고 있지만 길어진 시간을 의미있고, 가치있고, 보람있게 보내는 노인은 많지 않다. 노인의 여가활동에 대한 사회화의 부족, 여가시설과 프로그램의 부족 등은 길어진 노년기가 노인에게는 축복의 시간이기 보다는 고통의 시간이 되게 하고 있다고 하겠다.

3. 노인복지의 개념과 역사

1) 노인복지의 개념 및 이념

(1) 노인복지의 개념

노인복지는 노인을 대상으로 노인에게 발생하는 욕구와 문제를 예방하고 해결하기 위한 사회적 노력이라고 할 수 있다. 이를 더 구체적으로 정의하면 노인복지는 노인이 인간다운 생활을 영위하면서 자기가 속한 가족과 사회에 적응하고 통합할 수 있도록 필요한 자원과 서비스를 제공하는 데 관련된 공적 및 사적 차원에서의 조직적 제반 활동이라고 할 수 있다(최성재 · 장인협, 2002).

(2) 노인복지의 이념

노인복지법(제2조)에서는 노인복지의 기본이념을 다음과 같이 규정하고 있다.

- 노인은 후손의 양육과 국가 및 사회의 발전에 기여하여 온 자로서 존경받으며 건전하고 안정된 생활을 보장받는다.
- 노인은 그 능력에 따라 적당한 일에 종사하고 사회적 활동에 참여

할 기회를 보장받는다.

- 노인은 노령에 따르는 심신의 변화를 자각하여 항상 심신의 건강을 유지하고 그 지식과 경험을 활용하여 사회의 발전에 기여하도록 노력하여야 한다.

2) 노인복지의 역사

한국의 노인복지의 역사는 시대적으로 크게 광복 전과 광복 후로 나누어 볼 수 있다.

(1) 광복 전의 노인보호의 발달

삼국시대, 고려시대, 조선시대에는 경로효친사상이 매우 강조되어 왕들이 노인을 구호하는 정책을 펼침과 동시에 백성들도 노인을 공경하고 부모에게 효도하도록 하는 정책을 실시하였다.

삼국시대에 신라 유리왕은 환과고독(鰥寡孤獨)에게 은사를 베풀었고, 백제의 다루왕은 부모에게 효도한 자녀에게 벼슬을 주었다. 고려시대에는 국비로 환과고독을 부양하였고, 70세 이상으로 관작이 없는 노인에게 정위급을 주도록 했으며, 고령 노인에게 노인봉사자인 시정(侍丁)을 두게 하였다. 조선시대에는 환과고독에 대한 국가 부양이 여전히 지속되는 가운데, 양민원을 설치하여 부양자가 없는 노인을 보호하였고, 양로법을 입법하여 양로연(養老宴)을 실시하였으며, 효자, 효부 등 덕행이 있는 자를 표창하였다. 60세 이상의 선비에게만 과거를 보게 하는 기로직(耆老職)을 두었고, 기로소(耆老所)를 설치하여 70세가 넘는 정2품 이상의 문관들이 쉴 수 있도록 하였으며, 치사제도(致仕制度)를 두어 공직에 있는 자가 나이가 많아지게 되면 벼슬을 사양하고 물러날 수 있게 하였다.

일제시대에는 노인복지사업 역시 다른 사회복지사업과 마찬가지로 조선총독부에 의해 식민지 통치를 위한 시혜적 성격의 단순 구호사업에 머물렀다. 1944년 3월에는 65세 이상의 무의무탁한 극빈노인을 구호대상으로 포함하는 조선구호령이 공포되었다.

(2) 광복 후의 노인복지의 발달

광복 후의 노인복지는 1961년에 제정된 생활보호법에 의한 시설보호 및 재가보호에서부터 비롯되었다. 생활보호법에 의해 65세 이상의 생활능력이 없는 무의무탁한 노인들에게 노인보호사업이 전개되었다. 그러나 이것은 구빈 차원의 노인보호사업이었을 뿐 노인복지 분야의 제도적 기반 마련이라고는 할 수 없었다. 그 후 1960~1970년대를 거치면서 경제성장과 더불어 산업화, 도시화, 핵가족화, 인구의 고령화 현상이 일어나면서 노인문제가 사회문제로 대두되었고 여기에 대처할만한 법적, 제도적 장치의 마련이 필요하게 되었다.

1981년에 노인복지법이 제정 · 공포됨으로써 노인복지제도가 확립되는 시기에 접어들게 되었다. 노인복지법은 제정 이후 몇 차례의 개정을 거쳐 오늘에 이르고 있는데, 1990년대부터 노인복지 분야의 발전이 활발하게 이루어졌고 특히 21세기에 접어든 이후 노인복지 분야의 발전이 괄목할만하게 추진되어가고 있는 중이다.

정부는 인구고령화가 진행될수록 치매, 중풍 등 만성질환으로 고통받는 노인의 장기요양보호문제가 중요한 사회문제가 될 것으로 보고 2000년 1월에 '노인장기요양보호정책기획단' 을 설치하고 공적노인요양보장제도를 2007년에 도입할 계획으로 그 준비를 하고 있는 중이다. 2007년에 공적노인요양보장제도가 도입된다면 우리나라의 노인복지는 한 단계 더 도약하게 될 것으로 전망된다.

또한 사회문제화되고 있는 노인학대문제에 대처하기 위하여 2004년 1월에 공포된 개정 노인복지법에 노인학대에 대한 조항이 신설됨으로써 노인보호전문기관인 노인학대예방센터가 전국 16개 시 · 도에 설치되어 운영되고 있으며, 신고전화 1389가 24시긴 가동됨으로써 노인학대에 대하여 보다 적극적으로 법적, 사회적 대응을 할 수 있게 되었다.

4. 노인복지 정책과 서비스

노인을 위한 노인복지 정책과 서비스 프로그램으로는 다음과 같은 내용을 들 수 있다.

- 노후의 경제적 문제 해결을 위한 소득보장
- 노후의 건강문제 해결을 위한 의료보장
- 행복한 노후생활을 위한 시설복지서비스와 재가복지서비스

1) 소득보장

노인을 위한 소득보장 방법에는 직접적 소득보장과 간접적 소득보장이 있다.

(1) 직접적 소득보장

① 연금보험

연금보험은 사회보험방식에 의하여 노후 소득보장을 주 목적으로 하는 노령연금이 주가 된다.

연금보험은 크게 국민연금과 특수직역연금으로 나뉜다.

국민연금은 일반국민을 대상으로 1988년부터 실시되었고 모든 국민에게 확대 적용된 것은 1999년 4월부터다. 연금을 수급하기 위해서는 가입기간이 20년 이상이어야 하므로 국민연금이 연금으로서의 제 구실을 하는 것은 앞으로 3~15년 이후에나 가능할 것이다.

특수직역연금은 특수직역에 종사하는 계층을 대상으로 하는 연금으로 공무원연금, 군인연금, 사립학교교직원연금 등이 있다. 이 연금들은 실시된 지 20년이 경과하였기 때문에 노령연금으로서의 제 구실을 하고 있다. 이에 대한 자세한 내용은 이 책의 제4장 사회보장 부분을 참

고하면 된다.

② 국민기초생활보장

국민기초생활보장은 연금보험에서 제외되는 저소득계층 노인을 대상으로 공공부조방식에 의하여 노후 소득보장 기능을 하는 제도다. 이 제도는 근로능력에 관계없이 빈곤선 이하의 모든 저소득층에게 가구 소득이 최저생계비보다 적을 때 최저생계비 부족분을 지원해주는 시스템이다. 2002년 말 현재 국민기초생활보장 전체 수급자 중 65세 이상 노인 수급자는 25.8%로 노인의 비율이 1/4을 넘고 있다.

③ 경로연금

경로연금은 공적연금제도의 혜택을 받지 못하는 저소득계층 노인을 대상으로 무기여 급여방식으로 노후 소득보장을 지원해주는 제도다. 지급 대상은 국민기초생활보장 수급 노인 및 1933년 7월 1일 이전 출생 저소득 노인이다. 경로연금은 1998년 7월부터 실시되었으며, 1991년부터 실시되었던 노령수당은 경로연금으로 대체되었다.

④ 퇴직금제도 및 경로승차권

퇴직금제도는 공적 사회보장 프로그램은 아니지만 퇴직자에게 주요 노후 소득보장 방법으로서, 5인 이상의 사업장에 종사하는 근로자가 퇴직하였을 때 근속연수 1년에 대하여 평균임금 30일분에 해당하는 금액을 사용자가 일시금으로 지급하도록 규정한 제도다.

경로승차권은 노인교통수당이라고도 하는데 1980년부터 경로우대제도의 일환으로 시작된 제도로서, 초기에는 65세 이상 노인에 대한 무임승차서비스제도로 실시되었으나, 1990년대부터 월 12매의 버스승차권을 지급하였고, 현재는 월 12매의 버스승차요금에 해당하는 금액을 현금으로 지급하고 있다.

(2) 간접적 소득보장

간접적 소득보장제도로는 세제감면, 할인, 고용촉진 등이 있다. 세제감면에는 상속세 공제, 소득세 공제, 양도소득세 면제, 저축 이자소득면세 등이 있고, 할인제도로는 경로우대제도가 있으며, 고용촉진으로는 노인인력지원기관, 노인취업알선센터, 노인공동작업장 등이 있다.

2) 의료보장

노인을 위한 의료보장제도에는 사회보험방식에 의한 의료보험인 건강보험과 공공부조방식에 의한 의료급여제도가 있다. 2001년 현재 건강보험의 적용을 받는 사람은 97%, 의료급여 대상자는 3%다.

(1) 건강보험

건강보험은 생활유지 능력이 있는 국민을 대상으로 하는 사회보험방식에 의한 의료보험으로서 1963년 의료보험법 제정, 1976년 의료보험법 전면 개정으로 1977년부터 의료보험이 실시되었고 1989년에는 전국민 의료보험이 실시되었다. 2000년 7월부터 국민건강보험법이 시행됨으로써 다양한 체계의 의료보험이 단일체계로 통합되었다.

(2) 의료급여

의료급여는 건강보험에서 제외되는 저소득계층을 대상으로 공공부조방식으로 실시되는 제도다. 이전에는 의료보호라고 했으나 2001년에 의료보호법이 의료급여법으로 개정되면서 의료급여로 개칭되었다. 의료급여의 대상은 국민기초생활보장 수급자와 의료 빈곤자다.

(3) 노인건강진단

노인건강진단은 노인복지법에 의해 1983년부터 질병의 조기발견 및 조기치료로 노인의 건강 유지와 증진을 도모하기 위하여 65세 이상의 노인에 대한 건강진단을 2년에 1회 이상씩 무료로 실시하는 제도다.

3) 시설복지서비스 및 재가복지서비스

시설복지서비스는 노인이 생활시설에 입소하여 보호를 받는 서비스를 말하며, 재가복지서비스는 가정에 거주하면서 생활에 필요한 서비스를 받는 것을 말한다.

(1) 시설복지서비스

노인복지시설이란 노인의 질병이나 장애 또는 주택, 경제, 가족관계 등의 생활조건상의 곤란과 가족의 부양능력의 제한으로 인하여 가정에서 계속 생활할 수 없는 경우에 이러한 문제의 해결을 도모하는 대안적 노인주거형태로서, 노인이 주거하면서 건전한 노후생활을 계속해서 보장받을 수 있는 시설을 말한다(현외성 외, 2000).

노인복지법에서 규정하는 노인복지시설에는 노인주거복지시설, 노인의료복지시설, 노인여가복지시설, 재가노인복지시설, 노인보호전문기관의 5종류가 있으며, 5종류의 각 시설에 속하는 세부 시설들은 다음과 같다.

- 노인주거복지시설 : 양로시설, 실비양로시설, 유료양로시설, 실비노인복지주택, 유료노인복지주택
- 노인의료복지시설 : 노인요양시설, 실비노인요양시설, 유료노인요양시설, 노인전문요양시설, 유료노인전문요양시설, 노인전문병원
- 노인여가복지시설 : 노인복지회관, 경로당, 노인교실, 노인휴양소
- 재가노인복지시설 : 가정봉사원파견시설, 주간보호시설, 단기보호시설
- 노인보호전문기관

위 5종류의 시설 중 노인주거복지시설과 노인의료복지시설은 시설복지서비스의 성격을 갖고, 노인여가복지시설과 재가노인복지시설은 재가복지서비스의 성격을 갖는다.

2003년 12월 말 현재 노인주거복지시설과 노인의료복지시설(양로 · 요양 · 전문요양)은 351개의 시설에 25,108명의 노인이 입소하여 생활하고 있다. 노인여가복지시설은 경로당 48,800개소, 노인교실 684개소, 노인휴양소 4개소, 노인복지회관 145개소가 있다. 재가노인복지시설은 가정봉사원파견시설 228개소, 주간보호시설(실비포함) 211개소, 단기보호시설 66개소가 있다.

(2) 재가복지서비스

재가노인복지서비스는 정신적, 신체적인 이유로 독립적인 일상생활을 수행하기 곤란한 노인과 노인부양가정에 필요한 각종 서비스를 제공함으로써, 노인이 가족 및 친지와 더불어 건강하고 안정된 노후생활을 영위할 수 있도록 함과 동시에 노인부양가족의 부담을 덜어주기 위한 서비스다.

재가노인복지서비스의 이용대상은 ① 신체적 정신적 장애로 일상생활을 영위하기 곤란한 노인, ② 심신이 허약하거나 장애가 있어 일정기간 보호가 필요한 노인, ③ 신체적 · 정신적 · 사회적인 이유 등으로 가정에서 보호가 곤란하여 전문적인 보호가 필요한 노인 등이다.

재가노인복지서비스의 제공은 타인의 보호가 필요한 가정에 거주하는 노인을 대상으로 노인의 가정을 방문하거나 재가노인복지센터를 통원하게 하여 일상생활에 필요한 서비스를 주는 방식으로 이루어진다.

우리나라는 1993년에 개정된 노인복지법에서 재가노인복지사업의 실시 근거가 마련되었으며, 1997년 개정 노인복지법에서 재가노인복지사업으로 가정봉사원 파견사업, 주간보호사업, 단기보호사업이 규정되었다.

가정봉사원 파견사업은 신체적 · 정신적 장애로 일상생활을 영위하기 곤란한 노인이 있는 가정에 가정봉사원을 파견하여 노인의 일상생활에 필요한 서비스를 제공하는 것이다. 주간보호사업은 가족의 보호를 받을 수 없는 심신이 허약한 노인과 장애노인을 낮동안 시설에서 필요한 서비스를 제공하는 것이고, 단기보호사업은 가족의 보호를 받을 수 없어 일시적으로 보호가 필요한 심신이 허약한 노인과 장애노인을 시설에 단기간 입소시켜 보호하는 서비스다.

재가노인복지서비스를 제공하는 시설로는 가정봉사원파견시설, 주간보호시설, 단기보호시설이 있다.

5. 노인복지의 과제

앞으로 인생 80~90세 시대가 활짝 열리는 고령사회의 화두는 모든 노인들이 얼마나 건강하고 행복한 삶을 영위하는가 하는 것일 것이다. 현재 노인복지는 주로 저소득층 노인을 중심으로 실시되고 있음으로써 비저소득층 노인들이 노인복지제도로부터 소외당하는 현상을 보이고 있다. 나이가 많아질수록 노쇠해지고 노인복지서비스를 필요로 하게 되는 것은 모든 노인에게 공통된 일이다. 따라서 모든 노인들이 공적노인복지시스템 안에서 필요한 복지서비스를 제공받으며 편안하고 안락한 노후를 보낼 수 있게 하는 것이 노인복지의 가장 큰 과제라고 할 수 있겠다. 노인복지의 과제를 구체적으로 열거해보면 다음과 같다.

- 공적노인복지시스템의 확충
- 사회의 노인 공경의식의 향상과 노인차별 문화의 불식
- 부모와 자녀 간의 친밀감 향상
- 노인 개인의 삶의 주체성 확보
- 취업을 포함한 노인의 사회활동의 장 확대
- 노인의 권리와 권익의 증진
- 노년기 삶의 질적 향상

참고문헌

보건복지부(2001). 국민기초생활보장 대상자 연령별 통계.

보건복지부(2003). 2003년 보건복지통계연보.

보건복지부(2004). 2004년도 노인보건복지사업 안내.

아산사회복지재단(2003). 고령화사회 어떻게 대응할 것인가?

이혜원(2001). 노인복지론. 유풍출판사.

임춘식(1992). 현대사회와 노인문제. 유풍출판사.

정경희 외(1998). 1998년도 전국 노인생활실태 및 복지욕구조사. 한국보건사회연구원.

최성재 · 장인협(2002). 노인복지학(개정판). 서울대학교 출판부.

최순남(2000). 현대노인복지론. 한신대학교출판부.

최일섭 · 최성재 편(1995). 사회문제와 사회복지. 나남출판.

통계청(2001). 장래인구추계.

현외성 외(2000). 한국노인복지학강론. 유풍출판사.

Beaver, M. L. (1983). *Human Service Practice with the Elderly.* Englewood Cliffs. NJ: Prentice-Hall.

Birren, J. E. (1959). Principles of Research on Aging. *Handbook of Aging and the Individual.* Birren, J. E. (ed.) Chicago: University of Chicago Press.

Breen, L. B. (1960). The Aging Individual. *Handbook of Social Gerontology.* Tibbits, C. (ed.). Chicago: University of Chicago Press.

Report on the 2nd International Conference of Gerontoloty(1951).

厚生省人口問題研究所(1996). 人口統計資料集 1996年版.

제11장 장애인복지

1. 현대사회와 장애인문제

1) 장애인문제

장애인의 개념은 매우 복합적인 성격을 띠고 있으며 장애인을 규정하는 기준가치가 사회의 요구 또는 기대에 따라 다르므로 장애인을 한마디로 규정하는 것은 쉽지 않다. 그러나 일반적으로 장애인이란 '선·후천적으로 신체적·정신적 능력의 결여로 인해 일반적으로 개인 또는 사회생활에 필요한 것을 자력으로 부분적으로나 완전하게 기능을 할 수 없는 자'를 말하며 또한 '정신·신체적인 면에서 기능적인 장애를 가지며 사회생활과 직업생활의 영위에 연속적으로 제약을 받은 사람'을 말한다.

장애인들은 행동의 제한으로 동작이 자연스럽지 못하고 행동범위에 한계가 있어 경험의 영역이 협소하며, 필요없는 우려나 사회적 불이익의 측면을 심각하게 수용하는 등 불안의 정도가 높다. 따라서 장애인은 제거하기 어려운 장벽과 사회적으로 불합리한 점 때문에 욕구불만이 누적되어 연속적인 욕구 불만자가 되기 쉬운 특성이 있다.

사회문제로서의 장애인의 문제를 살펴보면 다음과 같다.

- **장애인 수의 증가** : 우리나라 장애인 수는 1999년에 2.35%에서 2000년에 3.09%로 나타났다. 세계보건기구나 다른 국가는 일반적으로 인구의 약 10%가 장애인이라고 할 때 3.09%는 매우 낮은 수치인 것으로 보이나, 장애인구의 적용기준이 다른 데서 비롯된 것이므로 실질적으로 우리나라의 장애인구가 전체인구에서 차지하는 비율은 결코 낮은 것은 아니다. 그 이유는 우리나라 장애인의 범주에 내부기관 장애인과 정신질환 장애인을 장애인으로 인정하지 않는 등 장애 범주가 매우 협소하며, 장애인복지제도가 제대로 갖추어져 있지 않고 사회적 편견으로 인해 장애를 드러내지 않는 사람을 포함하지 않았기 때문이다.

  장애인들의 장애원인은 2000년 현재 전체 장애인 중 후천적 장애인이 약 90%를 차지하고 있으며 산업화의 진전에 따라 교통사고(10.0%) · 산업재해(8.7%) 등 각종 사고와 질환(50.4%)에 의한 장애가 증가하고 있다. 특히 후천적 장애원인의 50.4%를 차지하고 있다. 각종 질병의 경우 우리나라 사망원인 1위인 뇌졸중 단일질환으로 인한 장애가 약 1/4 이상을 차지하고 있어 주요 관리대상 질환임을 알 수 있다.

- **의료문제** : 첫째, 장애인 수에 비해 장애인을 위한 특수의료시설 및 재활기관과 이에 종사하는 의료인력이 부족하다.

  둘째, 행위별 의료수가 체계를 가진 현행 의료보험제도에서는 장애인의 재활을 위한 기능훈련이나 생활지도에 대한 수가가 비급여부분인 경우가 많아서 장애인의 의료비 부담을 가중시키고 있다.

  셋째, 장애아동의 조기발견을 위한 검진 · 방문 · 치료 · 상담 등 일관된 서비스를 제공할 수 있는 전달체계가 확립되어 있지 않고, 임신 · 출산 등의 과정에서 모자보건 활동을 통해 장애 발생을 예방할 수 있는 체계가 부족하다.

- 교육문제 : 장애아동들은 헌법에 명시된 바와 같이 교육을 받을 권리가 있으며, 특히 특수교육을 받을 수 있다. 그러나 교육시설, 교육내용, 전문인력 등의 부족으로 인해 장애인들의 욕구 및 증상에 따른 교육의 필요를 실현시키는 데는 많은 문제점이 있다.
- 장애인의 노동의 기회부족 : 장애인이 스스로 살아갈 수 있도록 노동의 기회를 획득하는 것은 장애인 재활의 중요한 요건이다. 노동의 기회는 경제적 독립뿐만 아니라 삶의 보람을 찾는 것과도 연결된다는 의미에서 그 중요성은 더욱 커진다. 우리나라에서는 1989년 '장애인고용촉진법'을 제정하여 장애인의 직업재활을 위해 노력하고 있다. 그러나 아직도 장애인의 취업에 여러 가지 제약조건이 따름으로써 장애인의 재활을 더욱 어렵게 하고 있다.
- 장애인의 사회적 편견문제 : 장애인이 신체적 장애를 극복할 수 있기 위해서는 교육과 취업에 어려움을 주는 사회적 편견과 차별이 없어야 한다. 그럼에도 불구하고 신체적 기능보다 정신적 기능이 더욱 중요시되는 현대사회에서조차 장애인에 대한 편견과 차별은 뿌리 깊게 남아 있다. 따라서 장애인들은 거의 모두가 신체적 장애뿐 아니라 마음의 장애를 가지게 되며 심지어는 부모·형제들에게서마저 버림을 받는 고통을 경험하기도 한다.
- 장애인의 가족생활의 문제 : 장애인 중에서 시설의 수용보호를 받고 있는 부류를 제외한 대부분의 장애인은 가족의 보호를 받고 있다. 장애인 자신이나 가족의 글이나 수기를 통해 장애인의 가족생활의 문제를 살펴보면 다음과 같다.

  첫째, 장애인의 부모들은 자녀가 장애가 되지 않도록 각종 예방조치를 취함에도 불구하고 장애가 고정되거나 영속화되는 경우, 심한 충격을 받으며 장애상태를 수용하지 못하고 거부하여 부모·자녀관계뿐 아니라 부부관계에도 문제가 생기기 쉽다.

  둘째, 교육기의 가족문제로 장애아동이 자랄수록 부모의 보호부담은 커지게 된다. 특히 장애아동 자신의 소외감이나 반항 등으로 인해 부모의 정신적 고통이 심해지며 형제간에도 복잡한 갈등이 생겨나기 쉽다.

셋째, 중증장애인 경우 고등교육이나 경제적 자립기회가 거의 없기 때문에 계속 부모와 형제들의 보호를 받아야 하며 가벼운 장애인의 경우에도 완전한 경제적 자립이 어렵기 때문에 가족들은 이들의 보호문제로 인해 심각한 경제적 · 정신적 어려움을 겪게 된다.

2) 장애인구의 변화추이

우리나라 장애인의 현황은 2000년 말 등록장애인 958,196명에서 2003년 9월 현재 추가 장애인을 포함하여 1,422,890명으로 매년 등록률이 급속히 높아지고 있다(보건복지부, 2003). 더욱이 향후 장애범주의 확대, 장애인에 대한 편견 제거, 노인인구의 증가에 따른 노인장애인 수의 급증 등을 통해 볼 때 등록률은 더욱 높아질 것으로 예상된다.

2. 장애인복지

1) 장애인복지의 개념

장애인복지는 "모든 국민은 인간다운 생활을 할 권리를 가진다"는 헌법의 정신과 "장애인은 개인으로서 존엄과 가치를 존중받으며 이에 상응하는 대우를 받는다"는 장애인복지법의 규정에 입각하여, 장애인이라고 해서 멸시받거나 소외받지 않고 모든 사람과 더불어 삶의 전 영역에서 평등한 대우를 받아야 한다는 기본이념에 근거해야 한다.

장애인복지는 심신상의 문제를 개인의 불행으로 돌리는 사회적 편견이나 사회적 약자로 입지를 더욱 어렵게 하는 사회의 경쟁구조에 대하여 장애인이 생활상의 어려움을 극복해 나가도록 예방적 · 사회치료적으로 개입하는 시책과 실천행동이다. 따라서 장애인복지는 장애의 발생을 예방하고 장애인의 의료 · 보호 · 교육 · 고용의 증진 등 장애인의 자립 및 보호 · 생활안정에 기여하기 위한 공사 차원의 조직적 활동을 의미한다.

우리나라에서도 장애인 교육을 위한 특수교육진흥법이 1977년에 제정되었고, 1981년에 심신장애인복지법이 제정되었으며, 1989년 12월과 1999년 1월 2차에 걸친 장애인복지법 개정이 있었고, 장애인인권헌장이 전문 13개조로 제정되어 1998년 12월 9일(세계인권선언 50주년 기념일)에 선포되었다. 장애인복지법과 장애인고용촉진법 등에 관한 법률 등이 다시 개정 보완(1991년 1월)된 것은 그만큼 장애인에 대한 사회의 인식이 높아졌다는 것을 말해준다고 하겠다.

다시 말해서 장애인복지란 장애인의 인격의 존엄성과 인간적 권리의 회복 그리고 자립 노력과 사회 참가의 기회보장 등의 이념에 입각하여 장애인 본인의 노력뿐만 아니라 국가 및 지방공공단체가 장애인의 재활을 원조하며, 필요한 보호를 행하고 국민도 그의 재활에 협력하는 책무를 짐으로써 장애인의 문제점을 가능한 한 경감시켜 일반인과 같은 생활조건과 생활안정을 향유할 수 있도록 하는 것이라고 할 수 있다.

2) 장애인복지의 의의와 중요성

(1) 장애인복지의 의의

1975년에 발표된 장애인권리선언에서 주장하고 있는 "장애인은 인간으로서의 존엄과 존중되는 권리를 출생하면서부터 갖고 태어났다"는 규정에 입각하여, 장애인은 개인으로서 존엄과 가치를 지닌 인간으로서 인권의 존중, 사회적 · 경제적 · 문화적 · 교육적 기회 등에서 편견과 차별로부터 마땅히 보호받아야 한다. 뿐만 아니라 이들에 대한 평등의식의 존중, 사회통합의 보장, 주체적 인간으로서의 자립생활 조장과 장애인복지를 위한 모든 국민의 연대적 의식 등이 제고되어 장애인이 가지고 있는 잔존능력을 최대한 개발함으로써 그들이 사회적응과 경제적 독립이 가능토록 해주어야 한다. 또한 장애인들의 자립을 위해 국민운동 또는 지역사회운동 등에 의하여 장애인을 그 지역사회 내에 포용할 수 있는 정상화 이념을 기초로 해야 하며 또한 재활사업을 통해서 장애인복지시설에 수용 · 보호되고 있는 장애인은 사회에 복귀할 수 있도록 통합교육 등을 현실화하는 것이 무엇보다도 중요하다고 볼 수 있다. 그러기 위해서는 장애인들의 인간존엄을 유지하게 하고 헌법에도 명시되어 있는 국민으로서의 권리를 보장하며 누구나 장애인이 될 수 있는 장애의 사회성이라는 현대사회의 특성을 감안해야 할 것이다.

(2) 장애인복지의 중요성

장애인복지는 사회복지의 한 분야로서 다음과 같은 여러 가지 이유로 그 중요성이 더욱 강조되고 있다.

첫째, 장애인복지는 수혜대상의 범위가 넓다. 즉, 연령의 한계가 넓고 대상이 다양하다.

둘째, 장애인도 인간으로서의 가치와 권리를 가지고 있다.

셋째, 장애인복지는 그 개입 기간이 장기적이고, 재활에는 많은 비용이 소요된다.

넷째, 산업화 · 도시화 · 고령화의 추세에 따라 장애인의 수가 날로 확대되어 가고 있다.

그로 인해 교통사고나 산업재해 등과 같은 후천적 요인으로 인한 장애인 수가 증가되면서 장애인복지의 체계화 · 전문화가 요구되고 있다.

3) 장애인복지의 이념과 목표

(1) 자립성

자립은 인간의 기본적인 욕구인 동시에 권리이며 인간다운 생활의 중요한 요소이다. 일반적으로 자립이란 일생생활 동작의 자립 · 직업적 자립으로 인한 경제적 자립 등으로 이해되고 있으며, 장애인의 재활문제에 있어서는 잔존능력 개발과 향상에 초점을 맞춘다.

장애인에게 자립심을 고취시키기 위한 기본적인 요소를 보면 다음과 같다. ① 지역사회에서 격리와 차별로부터의 자립, ② 전체성에 안목이 향하도록 해야 하며, ③ 자신이 주체적이고 자기 결정적이어야 하고, ④ 자기실현을 향한 활동이 추구되어야 하고, ⑤ 또한 사회복지의 주체적인 활용이 되도록 해야 하는 것 등이다.

이런 자립정신을 통해 장애인 스스로가 맡은 책임을 다할 수 있어야 하고 자신이 사회적응 향상에 최선의 노력을 기울여야 한다.

(2) 정상화

정상화 원리는 가능한 한 사람들에게 가치있는 사회적 역할을 습득, 정리, 유지시키기 위해 문화적으로 가치있는 수단을 이용하는 것이다. 이 원리의 중요한 목적은 사람들이 그 사회 안에서 사회적으로 가치있는 역할을 수행할 수 있도록 지원해주는 것이다. 즉, 정상화란 장애인의 생활환경과 조건을 그 사회의 주류를 이루는 일반인의 생활표준과 원형에 가능한 한 가깝도록 하여 장애인을 비정상적인 개인으로 특수화하는 종전의 태도에서 정상적 · 보통의 사회구성원으로 인식하는 것을 말한다.

(3) 사회통합

장애인복지의 기본이념은 가시적 사회통합에 있다.

장애인의 사회통합이란 사회로부터 장애인을 구분하지 않는 상태를 뜻하며 다른 비장애인과 모든 면에서 연대감을 형성한다는 의미가 있다. 따라서 장애인의 통합된 삶은 사회생활을 정당화하는 가장 기초적인 가치이며 삶의 결과이자 완성이라 할 수 있다. 완전한 사회통합을 이루어 내기 위해서는 무엇보다 장애인에게 효과적이고 효율적인 배려가 있어야 한다. 또한 사회구성원으로서의 의미 있고 가치 있는 사회적 역할을 수행하도록 해야 하며, 장애인의 총체적 삶이 더불어 사는 사회에 복귀하도록 해야 한다.

위에서 살펴본 바와 같이 장애인복지의 기본이념은 자립성 · 정상화 · 사회통합으로 장애인들이 비장애인들과 동등한 생활조건과 생활의 안정을 확보케 하며 사회적 편견이나 차별을 극복하고 개선하거나 제거하도록 모든 노력을 강구하도록 하는 것이다. 그렇게 함으로써 장애인들의 존엄과 가치의 보장, 차별로부터의 해방, 사회적 참여의 보장, 자립생활의 조장 등 장애인복지의 이념이 실현될 것이다.

3. 장애인의 영역별 이해

이 절에서는 장애유형과 관련하여 2003년 7월 1일자를 기준으로 추가된 5개 장애를 포함한 장애인의 분류를 살펴보고자 한다(장애인협회, 2000; 박용순, 2003; 보건복지부홈페이지; 김미옥, 2003). 장애인복지법에서 규정하는 장애인의 분류를 표로 정리하면 〈표 11-1〉과 같으며 장애인 영역별 범주는 신체적 장애와 정신적 장애 그리고 주요질환으로 나뉘어진다.

1) 신체적 장애

(1) 지체장애

신체구조에 어떠한 질병이나 외상 등으로 그 기능에 장애가 있어 운동이나 활동을 자유롭게 하지 못하는 상태를 지체장애라고 하며, 운동기능장애, 감각장애의 상태 등으로 그 증상이 나타난다. 지체장애는 장애종류 가운데 가장 다양한 유형을 나타내며 인구 규모에 있어서도 가장 높은 비중을 차지하고 있다. 지체장애의 유형은 크게 지체기능장애,

관절장애, 절단장애, 변형장애로 구분된다.

(2) 뇌 병변장애

뇌 병변장애는 뇌성마비와 뇌졸중으로 구분된다.

뇌성마비는 미성숙한 뇌에 대한 비진행성 병변 혹은 손상으로 인하여 생기는 운동과 자세의 장애를 보이는 임상증후군으로, 산전원인과 주산기원인이 전체원인의 2/3를 차지한다.

뇌졸중은 우리나라 노령인구 1위를 차지하는 질환으로 신경장애의 가장 흔한 원인이다. 뇌졸중의 증상으로는 운동장애, 감각장애, 인지 · 지각장애, 언어장애, 대소변장애, 시야결손, 경직 등과 함께 사회심리적 문제를 갖게 된다.

(3) 시각장애

시각장애는 물체를 식별하는 기능에 장애를 가진 것을 말한다. 시각장애의 원인으로는 예전에는 주로 외상과 중독, 질환(안질환, 전신질환, 감염성질환) 등 유전적 요인이 많았으나, 오늘날에는 과거에 앓았던 전염성질환이나 영양실조로 오는 실명률은 의학의 발달과 경제수준 향상으로 감소되었다. 최근에는 질환이나 산업재해 등으로 인한 중도실명이 증가하는 추세다.

(4) 청각장애 · 언어장애

소리를 듣는 청각기관의 이상으로 인해 말과 음을 잘 듣지 못하는 상태를 말하며, 선천적 · 후천적 원인에 의해 언어의 습득 및 발달에 지장을 초래하여 의사소통에 곤란을 느끼고 이로 인하여 사회적응에 지장을 초래하는 경우를 의미한다. 일반적으로 농인과 난청인으로 분류하고 있다.

장애인복지법상의 청각장애인은 두 귀의 청력손실이 60db 이상, 한 귀의 청력 손실이 80db이상, 다른 귀의 청력손실이 40db 이상, 두 귀

〈표 11-1〉 장애인의 분류

대분류	중분류	소분류	세분류
신체적 장애	외부 신체기능의 장애	지체장애	절단장애, 관절장애, 지체기능장애, 변형 등의 장애
		뇌 병변장애	중추신경의 손상으로 인한 복합적인 장애
		시각장애	시력장애, 시야결손장애
		청각장애	청력장애, 평형기능장애
		언어장애	언어장애, 음성장애, 구어장애
		안면장애	안면부의 추상, 함몰, 비후 등 변형으로 인한 장애
	내부기능의 장애	신장장애	투석치료 중이거나 신장을 이식받은 경우
		심장장애	일상생활이 현저히 제한되는 심장기능 이상
		간장애	일상생활이 현저히 제한되는 만성 · 중증의 간기능 이상
		호흡기장애	일상생활이 현저히 제한되는 만성 · 중증의 호흡기 기능 이상
		장루 · 요루장애	일상생활이 현저히 제한되는 장루 · 요루
		간질장애	일상생활이 현저히 제한되는 만성 · 중증의 간질
정신적 장애	정신지체		지능지수가 70 이하인 경우
	정신장애		정신분열병, 분열형 정동장애, 양극성 정동장애, 반복성 우울장애
	발달장애(자폐증)		소아자폐 등 자폐성 장애

에 들리는 말소리의 명료도가 50% 이하인 자로 되어 있다.

(5) 내부장애

내부장애는 신장장애와 심장장애로 분류한다.

이러한 장애는 시간의 경과로 의료재활의 결과 등에 따라 장애상태의 변화가 가능하므로 주기적으로 장애상태를 확인해야 할 필요가 있다.

2) 정신적 장애

정신적 장애는 정신지체, 발달장애, 정신장애로 분류된다.

(1) 정신지체

지능이 일반인보다 현저하게 낮아 일상생활에 적응하지 못하는 사회적인 부적응 현상이 18세 이전에 발병하는 장애로서, 정신지체의 장애등급은 1~3급으로 되어 있다. 최근 정신지체의 원인은 다요인 접근을 통해 설명하려는 추세인데, 유전적 장애와 같은 생의학요인, 가족 상호작용과 관련된 사회요인, 산모의 약물남용 등 잠재원인이 될만한 행동요인, 적응기술 발달촉진과 관련된 교육요인 등이 있다.

(2) 발달장애(자폐증)

발달장애는 소아기 자폐증, 비전형적 자폐증에 의한 기능 및 능력 장애로 인해 일상생활 혹은 사회생활을 영위하기 위한 기능수행에 제한을 받아 도움이 필요한 사람이다. 장애등급은 1~3급으로 구분된다.

자폐아동들은 태어날 때부터 사람과 주변 환경에 대한 관계형성이 어렵고 언어의 발달에 심각한 장애가 있으며, 여러 종류의 행동장애가 동반된다. 법 개정 이전에는 대부분 정신지체로 등록되었으나 법 개정 이후 발달장애로 등록하게 되었다.

(3) 정신장애

정신장애는 지속적 정신분열병, 분열형정동장애, 양극성정동장애 및 반복성우울장애에 의한 기능과 능력 장애로 인하여 일상생활 혹은 사회생활을 영위하기 위한 기능수행에 현저한 제한을 받아 도움이 필요한 사람이다.

그동안 정신장애는 공식적인 장애로 인정받지 못하였으나 장애인복지법(2003. 7. 1) 개정 후부터 장애범주에 포함되게 되었다.

3) 주요질환

2003년 7월 1일 기준으로 추가등록된 장애는 호흡기장애, 간장애, 안면장애, 장루, 요루장애, 간질장애 등으로, 그동안 만성적 장애와 같은 어려움을 가지면서도 국가의 혜택을 받지 못한 사람들이 장애등록을 통하여 장애인복지시책 등의 혜택을 받게 되었다.

4. 장애인복지의 현황

우리나라 장애인복지 대책은 1979년 정부 각부처별로 시행 중이던 장애인복지사업을 총망라한 종합계획인 '장애인복지발전 5개년계획(1988-2002)'과 '제2차 장애인복지발전 5개년계획'을 중심으로 장애인의 완전한 사회참여와 평등보장을 위해 국가가 장애인복지의 책임주체로서 실천하는 데 기본방향을 두고 있다.

본 절에서는 제1차 장애인복지발전 5개년계획의 시행현황 및 평가를 중심으로 장애인복지대책 현황을 살펴보고자 한다(보건복지부, 2002; 보건사회연구원, 2002).

① 소득보장과 생활안정지원 현황

장애인의 소득보장과 생활안정은 장애인복지법에 근거하여 자녀학비자립, 자립자금대여, 장애수당지급 등을 지원하는 것으로 되어 있으며, 장애수당, 장애아동 부양수당 및 보호수당이 있다. 또한 일반 장애인을 위한 경제적 부담경감대책으로는 철도·지하철 요금할인, 전화요금, 공공시설 할인과 시청각 장애인에 대한 TV수신료 면제, 공영주차장 주차료 감면, 고속도로통행료 감면 등이 있다.

조세감면 대책으로는 1~3급 장애인 차량의 특별소비세, 자동차세 면제, LPG연료 사용허가, 소득세 공제 등이 있다. 2002년부터 장애아동부양수당이 신설되어 1급 장애아동을 보호하고 있는 국민기초생활 보장 수급가구에 대하여 월 45,000원씩 분기로 지급하고 있다.

② 의료보장 현황

장애인복지법의 법적 장애 확대를 위하여 1차적으로 2000년 1월 장애의 범주를 확대하였고, 2003년 7월 1일부터는 호흡기장애, 간질환장애, 장루장애, 안면기형, 간질장애 등이 추가 장애로 지정되어 범위가 더욱 확대되었다.

의료재활서비스를 지원하기 위한 대책으로 재활의학과 의원의 설치가 증가되어 2002년 현재 276개의 재활의학과가 설치 운영 중이지만 중증 장애인을 위한 중장기 재활치료의료기관은 여전히 부족한 실정이다.

③ 직업재활 지원현황

장애인의 고용촉진을 위한 지원으로 한국장애인고용촉진공단 산하에 고용개발원을 설립하여 장애인의 고용촉진을 위한 종합적인 서비스 연구 · 개발 · 인력양성 등의 사업을 실시하고 있으며, 공단에서 직접 운영하거나 인정직업훈련시설, 장애인복지시설 등을 통해 직업능력 개발사업을 지원하고 있다. 그러나 대부분의 직업능력개발훈련이 시설 중심의 훈련체계로 되어 있어서 장애인의 직업능력에 대한 실질적인 기여가 불투명하여 건축비 및 운영비로 투입된 1,400억원에 비해 매년 훈련생의 수는 400명이라는 점에서 비용 효과적 측면에서의 문제가 제기되고 있다. 또한 장애인의 고용촉진을 지원하기 위하여 장애인을 고용하는 사업주에게 장애인고용지원자금을 융자 또는 무상으로 지원하고 있으나, 그로 인해 장애인의 고용이 촉진되었는지는 확인되지 않아 단언할 수 없는 실정이다.

④ 사회참여 확대 지원현황

장애인의 완전한 사회활동 참여를 통한 장애인과 비장애인의 사회통합을 위하여 '장애인 먼저 운동'과 같은 국민 인식 개선활동이 전개되었으나 장애인 편의시설 설치가 조기 정착될 수 있게 하기 위한 운동이었던 '장애인이 살기좋은 장애없는 공간 만들기' 운동 등은 전개되지 않았다. 또한 기초생활수급자 대상인 장애인에 한해서만 80만원 한도 내에서 주택개조비용을 지원하고 있어 원래 정책의 취지인 편의시설 설치가 현실적으로 어려운 실정이다.

⑤ 주거 및 지역사회 생활지원 현황

장애인의 지역사회 생활지원을 위해 장애인복지법에 근거하여 장애인 생활시설, 장애인 지역사회재활시설, 장애인 의료복지시설 등 장애인복지시설을 설치하여 장애인복지서비스를 제공하도록 되어 있다. 그러나 장애인들이 선택할 수 있는 서비스의 종류가 획일적이고 선택의 여지가 없으며 관리자 및 종사자의 전문성 확보, 시설 종사자의 근무여건 개선 등은 이루어지지 않고 있는 실정이다.

5. 장애인복지의 과제

장애인복지정책이 궁극적으로 장애인의 욕구 충족과 장애인의 자립을 목적으로 하는 국가적 행위라는 점에서 향후 장애인복지정책의 우선순위는 장애인의 욕구에 근거하여 장애인의 궁극적인 자립을 지원하는 정책의 기본 방향에서 이루어져야 할 것이다. 즉, 장애인의 소득보장과 의료보호지원, 고용보장에 우선 순위를 두어야 할 것이다. 따라서 이상의 논의를 통해 앞으로의 장애인복지대책과 관련하여 실천과제를 정리하면 다음과 같다.

첫째, 장애인의 범위를 확대해 장애종류를 더 세분화시키고 세분화에 따르는 실익이 주어져야 하겠다.

둘째, 재가서비스의 확대로 재가장애인에 대한 다양한 서비스의 제공이 주어져야 할 것이다.

셋째, 장애인의 소득보장지원을 위한 과제로서 장애수당 및 장애인 가구의 실질적인 최저생계가 보장되어야 한다.

넷째, 장애인의 의료보장지원을 위한 체제로서 의료비 지원을 확대하고 재활요양병원 체계구축 및 건강보험수가체계 개선이 필요하다.

다섯째, 장애인고용보장 지원을 위한 과제로서 직업재활서비스의 연계망 구축과 직업적응훈련 및 직업능력개발사업의 강화가 이루어져야 할 것이다.

여섯째, 장애인 주거 및 지역사회 서비스 지원을 위한 과제로서 생활시설 및 지역사회 재활시설의 체계 구축과 확충이 이루어져야 하며, 자립생활 지원체계가 구축되어야 한다.

일곱째, 여성장애인 지원을 위한 과제로서 여성장애인의 임신 · 출산 · 육아에 대한 지원책을 마련하여야 한다.

여덟째, 장애인복지행정 및 정보화 지원을 위한 과제로서 장애인복지조정위원회의 실무기능을 강화하고 장애인을 위한 정보통신기기 개발과 장애인 정보화 교육이 확대되어야 한다.

아홉째, 장애예방과 지역사회 건강서비스를 지원할 수 있도록 응급의료기관 인프라자를 개선하고, 지역사회중심 재활사업의 전국적인 확대가 이루어져야 할 것이다.

현재 우리나라의 경우 장애인복지에 대한 국민적 의식이 어느 정도 개선되고 있고 장애인을 위한 기본적인 법적 장치가 정비되어 장애인 대책이 눈에 띄게 발전되고 있다. 이를 뒷받침할 수 있도록 장애인복지에 대한 전문가 양성과 함께 법적 · 제도적으로 바람직한 장치가 확립되어야만 할 것이다. 또한 국민들의 장애인에 대한 이해와 인식의 개선이 우선 이루어져야 할 것이다.

참고문헌

고수현 외(2002). 사회복지개론. 대학출판사.

김만두 · 한혜경(1993). 현대 사회복지개론. 홍익재.

김상규(1983). 사회복지론. 형설출판사.

김영모(1993). 사회복지학. 사회복지정책연구소 출판부.

김익균(2003). 가족복지론. 교문사.

남상만 외(1988). 장애인복지개론. 홍익재.

민성길(1995). 최신 정신의학. 일조각.

박옥희(1998). 장애인복지의 이론과 실제. 학문사.

보건복지부(2004). 장애인복지사업 지침서.

송성자(1987). 가족관계와 가족치료. 홍익재.

제12장 가족복지

1. 가족복지의 이해

1) 가족의 개념

(1) 가족의 정의

가족은 인간이 유지해 온 제도 중에서 가장 오래된 것으로, 사회의 변천에 따라 많은 영향을 받으며 꾸준히 지속되어 온 기본적인 사회제도이다. 그런데 개인이 경험하는 가족은 역사와 민족, 시대적 변천에 따라 다양하기 때문에 한마디로 정의하기는 어려운 일이다.

가족의 전통적 정의는 혈연, 결혼, 입양으로 관계를 맺은 두 사람 혹은 그 이상의 사람으로 구성된 단위로서 함께 살고, 경제적 단위를 형성하고, 자녀를 출산하고 양육하는 집단이다. 사전에서는 가족은 부부, 부모, 자녀, 형제 등 혈연에 의하여 맺어지며 생활을 함께 하고 공동체 또는 그 성원이라고 정의하고 있다. 또한 과거부터 가장 보편적인 정의로는 미국 사회사업가협회에서 정의한 '그들 스스로를 가족으로 정의하고 시간이 지남에 따라 일반적으로 가족체계의 근본적인 요소로서 간주되는 서로에 대한 의무감을 떠받는 두 명 혹은 그 이상의 개인으로 구성된 집단'을 들 수 있다.

(2) 가족의 기능

가족의 기능은 크게 대내적 기능과 대외적 기능으로 대별된다. 첫째, 대내적 기능이란 가족이 가족구성원에게 끼치는 필요한 작용으로서 애정, 성, 생식, 양육, 재화의 생산과 소비, 교육, 보호, 휴식, 오락, 종교적인 측면에서 수행되는 기능을 의미한다. 둘째, 대외적 기능이란 가족이 사회전체에 대해서 수행하는 기능을 말하는데 성적인 통제, 종족 보존과 사회구성원의 보충, 노동력 제공, 생활보장과 경제질서의 유지, 문화전달, 사회를 안정적으로 유지시키는 기능 등을 포함한다.

스트롱과 드볼트(Strong & Devault, 1992)는 가족이 담당하는 기능을 다음과 같이 4가지로 요약하였다.

- 친밀한 관계의 근원을 제공한다.
- 경제적 협조의 단위로서 기능한다.
- 자녀를 출산하고 그들을 사회화시킨다.
- 가족 구성원에게 지위와 사회적 역할을 할당한다.

2) 가족복지의 개념

(1) 가족복지의 정의

가족의 욕구와 문제에 대응하는 것을 가족복지라고 할 수 있는데, 가족복지의 개념은 문화적 양상에 따라 다양한 의미를 가질 수 있다. 가족복지에 대한 여러 학자들의 주장을 종합해 보면, 가족복지란 ① 목적면에서 국민의 생활권의 기본이념에 입각하여 가족의 행복을 유지시키고자 하는 것이며, ② 주체면에서 가족을 포함한 사회구성원 전체가 되며, ③ 대상면에서 가족구성원 개개인을 포함한 '한 단위로서의 가족전체' 가 되며, ④ 수단면에서 제도적, 정책적, 기술적 서비스 등 조직적인 제반 활동이 되며, ⑤ 범위면에서 사회복지의 한 분야가 되고 있음을 알 수 있다.

좀 더 구체적으로 말해서 가족복지는 가족문제의 해결, 예방, 인간의 사회적 기능수행의 활성화, 생활의 질적 향상 등에 직접적으로 관심을 갖는 사회복지서비스나 과정을 포함한다(이영철 외, 2000). 즉, 가족복지는 가족구성원 개인이나 가족에 대한 서비스뿐만 아니라 가족제도의 강화나 수정 및 변화에 대한 노력까지 포괄하는 것이다. 이와 같이 가족복지의 개념은 사회복지의 분야인 아동복지나 노인복지의 개념과는 그 관점을 분명히 달리한다. 가족복지가 다른 사회복지의 분야와 차이가 나는 것은 가족의 한 구성원의 곤란에도 그것을 가족전체와 관련시키고, 가족전체의 기능을 강화하려는 관점에서 서비스하기 때문이다.

(2) 가족복지의 기능

가족복지의 기능은 가족이 처하고 있는 시대적, 문화적 상황에 따라 다른 기능을 가진다. 오늘날 가족복지의 기능을 명료하게 이해하기 위해서는 변화된 가족의 기능에 주목할 필요가 있다.

전통적으로 가족이 수행해왔던 기능으로는 부부의 성적 기능, 자녀출산의 기능, 생산과 소비를 함께 하는 경제적 기능, 양육(보호)의 기능, 교육(사회화)의 기능, 부양의 기능, 휴식과 오락의 기능 및 종교적 기능 등으로 대별해 볼 수 있다. 그러나 산업화 이후에 핵가족화 됨에 따라 상공업을 중심으로 한 생업현장에서 거의 1~2세대로 구성된 적은 수의 가족들이 생활하게 됨으로써 전통적인 가족의 기능은 점점 변화되기 시작하였다. 즉, 자녀의 보호와 양육, 교육과 사회화의 기능, 노부모나 일가친척의 보호와 부양기능 및 가족 내에서의 오락기능은 약화되었고, 또 가정을 중심으로 한 생산기능과 소비기능도 점점 분리되기 시작하였다. 그래서 가족은 이전의 경제공동체적 기능보다는 애정공동체적 기능을 강하게 띠게 되었다. 그런데 이러한 변화에서 주목해야 할 것은 약화되거나 강화된 여러 기능들은 새로운 여러 가지 가족문제를 발생시키는 동인으로 작용하고 있다는 점이다. 그리고 이렇게 변화된 기능들은 변화된 상태로 방치해도 좋은 기능이 아니며, 오히려 가족 내외의 자원을 동원하여 가족의 기능을 지지, 보완, 대리하지 않으면 안 되는 기능이다. 다시 말하면 가족복지가 필요하며, 더 구체적으로는 각 가족이 처한 상황에 적합한 가족복지적 기능이 요구되는 것이다. 종합해보면 가족복지의 기능을 3가지로 정리해볼 수 있다(이영철 외, 2000).

① 가족의 기능을 지원하는 사업

이는 사회가 요구하는 가족의 기능을 가족 스스로가 보다 잘 수행할 수 있도록 지지하는 기능이다. 가족상담과 일시보호 및 보편주의적 관점에서 제공되는 각종 보장을 들 수 있다. 소득보장, 주택보장, 교육보장, 보건 및 의료보장, 각종 생활정보를 제공하는 서비스 등이다.

② 가족의 기능을 보충하는 사업

가족의 내부적 원인이나 가족 외부환경으로 인해서 가족문제가 발생했을 때 이를 해결하여 가정이 안정을 찾을 수 있도록 사회가 가족기능의 일부를 보충해주는 것이다. 보육사업, 가정봉사원 서비스, 선별주의적인 관점에서 제공되는 각종 사회보장, 즉 국민기초생활보장법에 근거하여 저소득층에 제공되는 생계급여, 교육급여, 의료급여 등이 있다.

③ 가족의 기능을 대리하는 사업

가족 스스로가 그들이 당면한 문제를 극복하거나 해결하기 힘들 때 가족의 기능을 전적으로 대리해주는 기능을 말하며, 일시 또는 장기간의 가정위탁보호, 입양과 각종 시설보호 등이 있다.

(3) 가족복지의 대상영역

1970년대까지만 하더라도 미국의 가족복지 대상영역은 다음의 세 가지와 같았다(NASW, 1970).

첫째, 가족의 스트레스 상황, 즉 정상적인 능력을 가진 가족일지라도 가족구성원의 갑작스런 사망, 이혼, 가장의 전근, 낯선 지역으로의 이사, 생계 유지자의 실직 등으로 인한 스트레스 상황에 놓여 있을 때를 포함한다. 둘째, 경제적 곤궁 및 사회자원 도입의 곤란 등 경제적, 사회적 요구를 충족할 수 없는 상황인 경우를 포함한다. 셋째, 가족관계, 가족구성원의 개인적 기능의 장애상황, 즉 가족구성원 중 누군가의 이상성격으로 곤란한 문제가 발생해 가족의 사회적 제 기능을 수행하는 데 제한이 생기는 경우를 포함한다.

그러나 오늘날 가족의 여러 형태는 그 좋고 나쁨을 떠나서 동성애적 결합에서 코뮌(Commune)에 이르기까지 현실적으로 다양하게 존재하는 형편이다. 그 속에서 어쩔 수 없이 생활하고 있는 아동들의 인권을 보호하기 위해서는 그들 가족의 편익을 도모하는 정책이 필요하지만, 실제는 전통적인 단위로서의 핵가족을 육성하고 지지하는 수단으로서의 가족정책만이 존재하고 있는 게 사실이다(NASW, 1995).

펠드만과 셔즈(Feldman & Scherz, 1967)는 가족의 생활주기를 중시하고 가족주기 각 단계의 일반적 상황을 명확하게 하여 가족주기를 ① 결혼의 성립기, ② 육아기, ③ 노후기의 3기로 나누어 각 시점에 해당하는 가족복지 대상영역을 설정하고 있다.

첫째, 부부 결혼의 성립기에서는 건전하지 않은 결혼형태가 가족의 성립을 곤란하게 하고, 가족구성원 상호간의 불균형 상황을 낳게 되어, 당연히 가족복지의 대상영역으로 설정된다고 말하고 있다. 일반적인 결혼 유형으로는 ① 부모-자녀 관계와 비슷한 결혼, ② 투영적 동일화의 결혼, ③ 부부간의 거리가 있는 결혼, ④ 미성숙한 결혼, ⑤ 상호의존이 강한 결혼, ⑥ 지배적 · 굴복적 결혼, ⑦ 공생적 결혼 등이 있다.

둘째, 육아기에는 건전한 육아기능수행과 관련된다. 육아의 주된 목표는 건전한 신뢰감의 육성, 자기통제, 사랑하고 사랑받는 능력의 조장, 훈련, 학습능력의 습득 등을 도와주는 것이다.

셋째, 노후기에는 노후의 문제를 중심으로 하고 있다. 즉, 인생 생활주기 속에서 가족주기의 최후 단계인 노년기를 60세 이상으로 규정하고, 노후의 문제에 초점을 맞추면서, 노인 단독의 문제가 아니라 가족문제로서 노인문제가 주요 대상영역이 된다(조홍식 외, 1997).

가족기능이 충분히 기능하지 못하고 긴급한 요구에 대하여 원조할 경우에는 국가의 공적개입이 불가피하다. 그러나 그러한 지속적인 도움의 장기적 습관화로 인해 가족 상호부조의 의무나 책임이 약화되고, 가족생활의 기본적 유대를 약화될 우려가 있다. 따라서 공적개입 시 적절하고 신중한 접근이 필요하다. 또한 가족의 기능이 충분하지 못하고, 가족의 긴급한 요구 등 기본적인 국민생활권에 대한 국가의 공적개입은 당연한 현대국가의 의무임을 잊지 말아야 한다(김성천 · 서윤 역, 1995).

2. 가족복지의 접근방법

가족복지는 여러 다양한 가족문제에 의도적으로 직접적, 간접적으로 개입하는 것을 의미하고 있으므로 정책적 접근방법과 서비스적 접근방법으로 분류해서 알아볼 수 있다. 그러나 이 두 가지 접근방법이 어떤 수준에서 출발하느냐 하는 것은 시각상의 차이일 뿐 가족의 사회적 기능수행의 향상 및 행복을 도모하고자 한다는 점에서는 상호보완적 관계에 있다고 하겠다.

1) 가족복지의 정책적 접근방법

가족복지의 정책적 접근이란 그 대상이 가족전체, 즉 전국민을 의미하므로 개인적인 차원이 아닌 사회적인 차원의 접근방법이다. 따라서 국가가 주체가 되어 여러 사회적 위험들로 인한 사회구조적 문제들에 대해서 정책적으로 접근하는 것이다.

(1) 가족복지정책의 개념

가족복지정책은 문제가족에 대하여 사후 복귀적 처우라기보다는 예방적 처우라는 관점을 갖고서 사회의 구조적인 문제에 대하여 제도적, 환경적, 거시적으로 접근하는 것이다. 그러므로 가족복지정책은 정부가 가족을 위해 시행하는 모든 활동을 의미하며, 가족복지정책을 사회제도의 결함으로 발생된 사회문제를 해결하는 사회적 대책이다(조추용, 1999).

(2) 가족복지정책의 범위

미국 사회사업가협회(1995)에서는 가족정책의 영역을 명시적 가족정책, 묵시적 가족정책 두 가지로 분류했다.

① 명시적 가족정책

정부가 특정한 기획과 정책을 행할 때, 가족에게 분명하게 관여하는 것이며 그것이 가족정책의 목표라고 할 수 있는 것으로서 탁아서비스, 아동복지서비스, 가족상담, 생활보조, 가족계획, 각종 조세혜택, 주택정책 등을 들 수 있다.

② 묵시적 가족정책

여러 목표 모두가 승인되지 않더라도, 가족에 대해 관여하고 있는 기획이나 정책으로서 성립되는 것을 말한다. 가족에게 직접적이고 특정적으로 1차적으로 관여하는 것이 아니라, 정부나 행정기관이 행하는 활동이 간접적으로 가족을 위해 사회적으로 중요성을 가지는 것이다. 이러한 예로는 공장 설치를 어디에 하는가, 도로와 건물의 배치를 어떻게 해야 하는가, 관세조정, 이민정책 등을 들 수 있다.

(3) 가족복지정책의 실제

가족복지정책의 기본방향으로는 선 가정보호, 후 사회보장이 기본원칙이다. 가족복지정책의 실제로는, 경로효친 사상을 정신적 지주로 유지·발전시켜 노인이 가정과 지역사회에서 존경을 받으며, 잘 봉양될 수 있도록 하여 노인문제를 극소화시켜야 하는 정책, 건전가정의 육성·지원을 통하여 불우아동의 발생을 예방할 수 있는 정책, 여성들이 스스로의 발전을 도모하고, 가정의 구성원이 가정과 사회에서 적극적으로 자기의 역할을 수행할 수 있도록 하는 각종 지원책 등이 있다.

가족복지정책의 전체적인 모습은 그 사회가 추구하는 사회적 비젼, 사회적 목표를 바탕으로 결정되며, 전체 가족복지서비스 체계를 구성하는 적합한 요소들은 가족복지정책에 의해 반영된다. 이러한 가족복지정책적으로 고려해야 할 사항에 포함되어야 할 몇 가지 중요한 요소들을 제시하면 다음과 같다.

첫째, 가족복지정책의 목표가 갖는 가족구성원 개개인의 보호 측면과 전체가족의 유지 측면의 균형문제다. 둘째, 가족정책의 대상이나 중점 프로그램을 선정하는 과정에서 보면 보편주의와 선정주의의 균형문제다. 셋째, 재가가족 중심 프로그램과 가족외부의 가족대체 프로그램과의 균형문제다. 넷째, 전문주의 개입 대 일반주의 개입의 균형문제다. 다섯째, 예방 대 치료의 균형문제다. 여섯째, 가족정책 주관기관에 대한 관심이다. 일곱째, 단기 비용과 장기 수익의 균형문제다.

그러나 가족복지정책을 하나의 정책목표 과제로 정부가 실시해 나가기 위해서는 가족의 일상생활의 복지문제에 대해 직접적이고 광범위하게 다룰 수 있는 가족복지정책을 위한 관리운영체계가 충분히 조직되어야 하는 등 실제로 가족복지정책을 실시하고자 할 때 다음과 같은 장애요소가 존재한다. 즉, 비용문제, 가치 차이문제, 정부(지방자치단체 포함)의 역할에 대한 다양한 견해차이 문제, 가족복지정책과 가족복지프로그램이 가족에게 오히려 악영향을 준다는 견해, 가족복지정책 발달에 대한 과학적인 예측이 가능하지 않는 데서 오는 문제 등이다. 따라서 가족복지정책은 상당히 힘든 과제를 안고 있으나, 오늘날 사회복지정책의 중요한 하나로 부각되고 있음을 알 수 있다.

2) 가족복지의 서비스적 접근방법

가족복지서비스와 관련하여 가족에 대한 연구의 역사는 길다.

1960년대를 기점으로, 가족을 전체로 보고, 하나의 유기체로 접근하는 방법은 가족복지서비스의 분야에서 사회복지전문가들의 관심을 끌었다. 가족복지의 서비스적 접근방법의 내용으로는 다음의 7가지 내용을 들 수 있다(NASW, 1995).

① 가족 직접개입

가족 직접개입의 대표적인 것으로 가족사회사업을 들 수 있다. 가족사회사업은 부부간의 문제, 부모와 자녀 간의 관계문제, 세대간의 갈등과 같은 문제와 관련하여 전문가가 개입하게 되는 방법을 말한다.

② 가족보호

가정 내에서 발생하는 각종 장애 문제에 대해 보호를 제공해줌으로써 가족의 역할수행과 능력을 고취 · 향상시키는 기능을 수행하는 것이 가족보호다.

③ 가정생활교육

집단역학의 학습과정을 통해 가족 및 개인들의 사회적 기능을 향상시키기 위한 서비스로 가족구성원들로 하여금 집단 및 지역사회생활의 정상적 형태 및 긴장요소를 이해하도록 하여 대인관계를 향상시키고 상황적 위기를 예방 혹은 완화시키도록 하는 데 목적이 있다.

④ 가족계획사업

재생산적 건강보호서비스의 일종으로 임신중절이나, 성병에 대한 보호, 영양, 자녀수에 대한 계획, 임신을 위한 서비스 등을 제공함으로써 건강한 가족생활을 하도록 하는 사업이 가족계획사업이다.

⑤ 가족보존과 가정기반서비스

가족에 대한 복지서비스를 하는 복지관들은 다양한 가족의 욕구충족과 가족보존을 위하여 여러 가지 가족보존과 가정기반서비스를 개발하고 있는데, 그 예로는 가정법률상담, 학령 전 아동 및 노인을 위한 주간보호 등을 들 수 있다. 이러한 가족기반서비스들은 다양한 접근방법으로 이루어지며, 치료방법, 상호보완적인 서비스의 결합형태로 행해지기 때문에 여러 다양한 전달체계에 의해서 수행된다.

⑥ 가족치료

가족을 단위로 하는 사회사업이다. 치료 및 상담 등의 방법을 절충하는 모델로 가족복지기관 및 사회복지관련 분야에서 활발하게 행해지고 있으며, 이 책의 제6장 사회복지실천방법 부분을 참고하면 된다.

⑦ 가족옹호

지역사회에 필요한 변화를 유도하고, 사람들로 하여금 기술의 적용 및 사회행동의 사명을 가지고 가족의 욕구에 대해 직접적이고 전문적인 지식을 이용하게 함으로써 가족의 생활조건을 향상시키도록 계획하는 전문적 서비스를 가족옹호라고 한다.

3. 가족복지 프로그램

1) 소득보장 프로그램

가족을 경제적으로 지원하기 위한 프로그램으로 가족수당, 아동수당, 장애인수당, 노령수당 등이 있다. 가족복지정책 중에서 핵심을 이루고 있으며, 주로 요보호대상자 가족에 대한 각종 수당과 세제혜택, 우선권 등을 통한 소득보장 프로그램들이 있다.

- **아동을 위한 소득보장 프로그램** : 아동복지사업에 의한 아동가장가족의 지원사업이 있다. 주요내용으로는 아동가장가정 부가급여지원, 가정위탁양육비 지원, 퇴소아동 자립정착금 등의 공적지원과 정부나 사회단체 및 기타 후원자의 도움을 받아 아동이 건전하게 성장하여 건전한 가정을 이룰 수 있도록 후견 및 결연사업을 시행하는 사적 지원이 있다.
- **장애인을 위한 소득보장 프로그램** : 장애인에 대한 소득보장정책은 직접적 소득보장정책과 간접적 소득보장정책이 있다. 직접적 소득보장대책으로는 사회보험, 국민기초생활보장제도, 장애수당, 자립자금 대여, 자녀교육비 지원 등의 공공부조에 의한 것이다. 간접적 소득보장대책으로서 장애인을 위한 시설 이용료와 세금을 감면해주기도 한다(조추용 외 2001 : 186).
- **노인을 위한 소득보장 프로그램** : 노인가족을 위한 소득보장에는 공적연금제도에 의한 노령수당, 경로연금 등과 각종 의료서비스, 재가 서비스, 시설서비스 등이 있다. 또한 각종 세제우대나 노인들에게 고용기회 확대 등의 프로그램을 통해서 경제적인 지원을 한다.
- **미혼모를 위한 소득보장 프로그램** : 미혼가족의 복지재원 지원에는 숙식보호, 분만비 보조, 의료혜택, 직업훈련 기관에서의 취업알선, 아동의 보호양육에 대한 경제적 지원, 숙식보호시설에서 퇴소하는 미혼모를 위한 지원 등이 있다.

2) 주택정책 프로그램

가족복지정책의 일환으로 정부예산이나 이자가 싼 대출을 통해 공공주택을 제공하거나, 자녀가 많은 가족에게 싼 주택의 우선권, 무주택자에 대한 우선순위제, 임대주택활성화 대책, 주택수당을 주는 등 가족의 주택문제를 지원해주는 정책이 이루어지고 있다.

3) 가족상담 프로그램

가족복지기관을 통해 제공되는 핵심적인 서비스로, 그 목적은 유용하고 만족스러운 삶을 영위할 수 있도록 모든 가족성원의 노력을 증진시키는 데 있다. 대상별로는, 아동가장가족을 위한 학습 및 진로지도, 정서적 지원, 노인가족, 비행청소년가족, 빈곤가족 등의 다양한 가족형태에 따라 상담프로그램을 개발하고 접근해야 한다.

4) 가족치료 프로그램

1950년대 후반부터 미국에서 실시해온 집단치료의 새로운 형태로, 환자의 증상을 가족 상호간의 역동적 관계의 표현이자 산물로 보아 가족 전체의 심리적 갈등을 처리하여 가족관계를 개선시키는 데 목적을 둔다.

4. 가족복지의 현황

가족폭력문제가 사회화되고, 이혼율이 늘어가면서 일부에서는 '가족의 해체' 또는 '가족의 위기' 라고 말하고 있다. 그러나 우리의 경우 명절이면 고향을 찾아가는 '민족의 대이동' 현상이 여전하며, 결혼에 반대하는 사람이 인구에 1.3%에 지나지 않을 정도로 가족은 여전히 매우 중요한 의미를 갖고 있다.

우리나라 가족복지의 현주소는 가족의 기능유지를 위해 이를 지원하고 육성하기보다는 가족기능의 특징을 살린다는 미명 아래 국가의 책임을 저버리고 있다. 즉, 가족의 책임만을 강조해 개별가족이 가족을 유지하며 사회복지의 기능을 담당해야 한다고 강조하고 있다.

이러한 전제하에 실시된 우리의 가족관련정책은 기존의 대상별 보호정책, 고용정책, 가족계획, 생활보호제도 등을 중심으로 이루어져 왔다.

그러나 이러한 정책은 가족의 총체성을 고려하지 않은 채 가족 개개인에게 일차적인 초점을 둔 정책이다. '대한가족계획협회' 가 주축이 되어 실시한 인구정책은 가족의 요구에 기초한 가족복지정책이라기보다는 가족을 다른 정책의 수단으로 보는 성격이 강하다.

또한 우리나라에서 시행되고 있는 가족복지서비스는 주로 저소득층 요보호대상자들에게 집중되어 있을 뿐이다. 민간복지기관에서 제공하는 가족복지서비스도 극소수의 가족치료서비스를 제외하고는 컴퓨터 교육, 홈패션, 서예 등 주부들의 교양프로그램에 지나지 않는다. 그리고 가족단위의 정체성 강화와 가족문화 형성을 위한 프로그램의 경우 공공서비스는 부재한 반면 '주말농장' 이나 '콘도미니엄' 과 같은 가족휴양시설이 기업의 영리를 목적으로 개발되어 운영되고 있다.

최근에는 2004년도 2월 9일에 건강가정기본법이 제정 · 공포되고 2005년도 1월 1일부터 시행되게 되었다. 이 법은 급변하는 현대사회에서 다양한 가족문제를 예방 · 해결하고, 가족의 복지를 증진하기 위해서 종합적인 가족지원정책의 필요성에 따라 제도적 틀을 마련하기 위해 제정된 것이다. 이 법에서 말하는 '건강가정' 이란 가족 모두의 욕구가 충족되고 인간다운 삶이 보장되는 가정이다. 그러나 그러한 건강가족이 이상적으로는 존재할지라도, 이 세상 어디에도 실제로 존재하기는 힘들다(한혜빈, 2004). 또한 전달체계의 문제, 이혼 전 상담의무화 등의 모순이 있다. 한국가족복지학회는 뜻을 같이 하는 한국여성학회, 한국여성단체연합, 참여연대, 한국 YMCA연맹, 한국여성민우회, 한국여성의 전화연합 등 제반 시민단체들과 함께 건강가정기본법에 맞대응하는 '가족지원기본법 제정을 위한 공동대책위원회' 를 조직 구성하여 가족지원기본법을 입법화하는 데 총력을 기울이는 등의 가족복지를 위한 각 계의 노력이 진행 중이다.

5. 가족복지의 과제

가족복지의 관심이 높아지고, 가족복지정책의 관심도 확대되고 있는 이때, 가정의 노인 및 아동에 대한 부양기능을 보완하기 위해 가정봉사원을 파견하여 일상생활보조 등의 서비스를 제공하는 재가노인복지사업과 맞벌이가정을 위한 보육사업을 적극 추진하고 있으며, 노인단독세대, 소년소녀가정세대, 저소득 모자가정 등 불안정 세대에 대한 각종 지원서비스를 강화하고 있다. 특히 가정이 붕괴되어 가고 있는 가족 윤리를 재정립하고 나아가서 가정이 건전하게 유지·발전될 수 있도록 하기 위해 전통적인 가족제도의 장점을 유지하며 그 기능을 발전시키는 방안이 요청되고 있다.

현대사회에서 적용할 수 있는 새로운 가족복지서비스 모형을 개발하고, 가정에서 가족구성원 각자의 책임과 역할에 대한 인식제고와 상호간의 역할에 대한 이해를 증진시키기 위한 가정교육 프로그램을 개발하여 보급하는 정책방향을 모색해야 한다.

따라서 가족복지정책으로 고려되어야 할 사항은 가정교육의 제도적 기반을 마련해주는 일이다. 현대가족의 기능이 축소되고 있다 하더라도 자녀들은 가정에서 태어나 예절이나 가정교육을 통해 건전한 사회인으로 성장한다. 이에 일반 학교교육과 사회교육을 통한 가정생활교육이나 부모교육이 활성화할 수 있는 제도적 방안이 모색되어야 한다. 또한 3세대가 함께 생활할 수 있는 아파트나 주택이 건설되어서, 전통적 가정의 장점을 계승하여 노인문제도 해결하는 동시에 올바른 가족생활이 영위되도록 주택보장서비스가 고려되어야 한다.

현재 직면해 있는 가족문제는 개별가족이 해결할 수 있는 한계를 넘어섰으므로, 국가나 사회가 개입해야 한다. 건전가정을 유지하고 가족윤리를 정립하기 위해, 국가는 복지의 보편적인 서비스를 확대시켜야 할 것이다.

참고문헌

김성천 · 서윤 역(1995). 현대가족복지론. 이론과 실천.

김훈(2004). 사회복지법제론. 학지사.

박용순(1999). 사회복지개론. 학지사.

송성자(1995). 가족관계와 가족치료. 홍익재.

이영철 외(2000). 사회복지학. 양서원.

조추용(1999). 한국사회복지학회 추계학술대회 자료집. 한국사회복지학회.

조추용 외(2001). 가족복지론. 창지사.

조흥식 외(1997). 가족복지학. 학지사.

한혜빈(2004). 한국가족복지학 제14호. 한국가족복지학회.

Feldman, F. L., & Scherz, F. H. (1967). *Family Social Welfare : Helping Troubled Families*. N. Y. : Atherton Press.

NASW (1990; 1995). *Encyclopedia of Social Work*(12th; 19th).

Strong, B., & Devault, C. (1992). *The Marriage and Family Experience*. West Publishing Co.

제13장 의료사회사업과 정신보건사회사업

1. 의료사회사업

1) 의료사회사업의 개념과 발달배경

(1) 의료사회사업의 개념

① 일반적 개념

의료사회사업은 사회적 요인들과 질병의 관계에 관한 것으로, 질병을 하나의 사회문제로 보고 의료기관에서 사회사업가가 진료팀의 일원이 되어 효과적인 진단과 치료에 지장을 주는 문제들을 해결하도록 환자와 그 가족을 돕는 전문분야다.

② 기술적(전문적) 개념

의료기관에서 치료팀의 일원으로서 사회사업의 전문적인 실천방법론을 활용하여 환자의 질병치료와 회복 및 사회복귀기능을 돕는 목적을 가지고 질병으로 파생되는 환자의 심리적 · 사회적 및 경제적인 문제를 해결하거나 조정하여 환자 및 그 가족들을 돕는 전문적인 활동이다. 따라서 의료사회사업가는 임상의료팀의 일원으로서의 위치를 가지고 예방, 진단, 치료, 사후지도, 사회복귀 등 광의의 의료에 참여하게 된다.

③ 정책적 개념

질병의 예방과 건강증진 및 향상을 지향하는 의료복지를 목적으로 한 영역에서 개별사회사업(case work), 집단사회사업(group work), 지역사회조직(community organization), 사회조사, 사회 복지정책 등의 광범위한 방법론을 통하여 보건의료의 욕구측정과 의료서비스 전달체계를 평가하고 그 개선과 활용을 용이하게 하며, 의료의 질 향상은 물론 의료보호와 의료서비스 확대 및 질적 향상을 기여하는 데 참여하는 사회사업의 한 과정이다.

④ 통합적 개념

통합적 관점에서의 의료사회사업이란 질병에 대한 다각적인 접근방법을 바탕으로, 질병을 가진 개인과 환경과의 상호작용관계에 초점을 두고 의료팀의 일원으로서 환자 및 가족의 사회기능 향상을 위해 전문적 실천방법을 활용하여 질병의 예방, 치료 및 재활에 이르기까지 다양한 활동을 수행하는 사회사업의 한 전문분야다.

〈표 13-1〉 사회복지 접근방법에 따른 의료사회사업의 정의

관점	정책적 개념	기술적 개념	통합적 개념
대 상	보건의료체제 전반	환자 및 가족의 심리, 사회, 경제적 문제	질병을 가진 개인과 환경(환자, 가족은 물론 의료, 보건제 종사자 등)
관 점	사회복지조사, 사회복지정책 등 광범위한 방법	사회사업의 전문적 방법	사회사업의 전문적 방법과 사회복지조사, 사회복지정책 등 다각적인 접근방법
목 적 (효과)	질병의 예방, 건강증진 및 향상을 지향하는 의료복지	환자의 질병치료와 회복, 사회복귀기능을 지원	환자 및 가족의 사회기능 향상, 질병의 예방, 치료 및 재활 등 다양한 목적

자료 : 이광재(2002). 137.

(2) 의료사회사업의 발달배경

① 의료사회사업의 기원적인 활동

의료사업의 역사는 구빈 역사와 함께 전개되었으며, 전문적으로 발전하기 이전까지 여러 가지 형태의 서비스가 의료시설에 있었다. 비조직적인 봉사활동으로 수도원과 구빈원들이 설립되어 빈곤환자의 가정방문을 통해 치료와 생활원조를 실시하였고, 부녀봉사원들이 빈곤환자의 적격여부를 사정하여 의료기관에 의뢰하였으며, 정신병환자의 사후지도를 통해 위탁가정이나 사회복지시설의 요양원 등에 의뢰가 이루어졌다. 환자의 질병에 대한 사회경제적 제 조건을 이해시키기 위한 대학의 자원봉사 장려 등은 의료사회사업의 기초가 되었다.

② 구미 의료사회사업의 발달

의료사회사업의 전문화는 1895년 스튜어트(Stewart)가 영국 왕실 시료병원 사회사업가로 채용되면서 시작되었다. 그 후 1919년 미국 병원사회사업가협회가 결성되었고, 1955년 전국사회사업가협회가 결성되었다. 1930년 대공황으로 의료사회사업서비스의 영역은 사회적 · 심리적 문제를 가진 환자로 확대되었으며, 제2차 세계대전 이후에는 재활의 중요성이 강조되어 사회복귀시설에 처음으로 사회사업가가 채용되었다.

③ 한국 의료사회사업의 발달

현대적 의료사회사업의 시작은 1883년 세브란스 병원에서 자원봉사자들이 부녀봉사대(Lady Almoner)의 역할을 한 것이 그 기원이다. 1959년 국립종합의료원, 원주기독병원에서 개원과 동시에 의료사회사업이 시작되었고, 1966년에는 사회사업가가 정식으로 채용되어 활동하였다. 1973년 의료사회사업의 전문화를 위하여 대한의료사회사업가협회가 설립되었으며 계속하여 의료사회사업이 확대 실시되고 있다.

2) 의료사회사업의 내용

(1) 의료사회사업의 대상

① 질병에 따른 심리적 대응문제

환자가 질병이 있다는 것을 자각하거나 진단을 받게 되면 다양한 심리적 반응을 하게 되는데 이 반응이 지나치면 질병의 수용이 어려워 진료과정에 장애적인 요소로 작용하게 된다. 이와 같은 불합리적인 반응에 전문적인 도움이 요구된다.

② 사회적 문제

환자와 가족이 경험하는 사회적 문제는 직업에 대한 문제와 사회복귀의 문제다. 직장생활의 유지와 가족이나 직장 내에서의 원활한 관계 형성을 위한 적응훈련 및 교육이 필요하다.

③ 경제적 문제

환자의 질병에 따른 경제적 문제로는 치료비와 요양비의 조달문제, 생활비와 자녀교육비 등이 있다. 환자에게는 치료활동에 중요한 부분으로서 경제적 자원조달과 그 활용방안이 요구되므로, 이에 법적·제도적 장치와 지역사회 자원체계의 연결망이 모색되어야 한다.

④ 정신·신체질환의 문제

유기체의 항상성 유지를 깨뜨리는 조건 중에는 세균성에 의한 것 외에 정서적, 사회적 갈등이나 소위 스트레스에 의한 경우도 많다. 즉, 정서와 밀접한 관계를 가지고 있는 자율신경계에 통제를 받는 내분비선과 장기운동의 불균형적인 상황이 오래 지속되면 신체적 질환으로 변환된다. 이와 같이 심리적 요인에 의한 신체장애는 근본원인이 정서적·심리적 요인에 있기 때문에 이러한 요인이 신체장애로 되지 않고도 건전하게 표현하고 해결할 수 있도록 돕는 문제가 중대한 과제다.

(2) 의료사회사업의 기능

① 여러 차원의 학문적 접근을 통합할 수 있는 의료팀워크(medical team work)

의료팀은 의사, 간호사, 물리치료사, 작업치료사 등으로 구성된다. 의료진과 함께 협동적인 서비스를 할 때 사회사업가는 환자의 개인력, 가족력, 사회경제적 상태와 그 역동적인 관계를 사정, 평가하여 의료팀의 전원에게 정보를 제공하여 가장 합리적이고 효과적인 치료계획과 상호협력적인 노력을 하게 된다.

② 환자 및 그 가족에 대한 직접적인 서비스

의료사회사업가는 환자의 진료과정에서 개별사회사업활동과 치료계획을 설정한다. 환자와 그 가족들에게 질병에 대한 정서적, 사회적, 영향력을 이해시키고 이들 문제에 개입하여 진료과정의 문제를 제거하거나 진료를 촉진시킨다. 또한 환자의 질환의 성격이나 환자 질환에 있어서 가족 역동을 종합적으로 이해하여 만성적, 재발성이 있는 질환은 환자와 가족에 대한 사회사업의 실천기술과 방법, 가족치료, 집단치료와 교육을 통하여 직접서비스를 제공한다.

③ 병원 내 프로그램 계획과 정책결정에 참여

의료사회사업가는 사회사업의 전문적인 지식과 경험을 가지고 병원 행정이나 다양한 의료사회서비스 제공절차 및 정책결정과정에 참여하고, 지역사회보건과 사회복지서비스에 관계되는 프로그램 설정에 참가할 의무를 지닌다.

④ 지역사회조직에 참여

지역사회자원의 조직과 계획이 필요로 하는 의료처치 프로그램은 병원 등의 의료기관에서 보다 다양하고 양질의 서비스를 줄 수 있도록 예방적인 활동을 증진시키는 일에 참여하게 된다.

⑤ 교육프로그램에 참여

보건 · 의료기관의 규모에 따라 차이가 있겠으나 수련병원에서는 특별히 의과대학생, 간호학과 학생, 사회복지학과 학생들의 보건 · 의료영역의 전문적인 교육과 임상실습지도에 참여하여 의료팀의 일원으로서 사회사업가의 기능과 역할을 소개하고 전인진료를 위한 다양한 프로그램을 지도한다.

⑥ 의료에 관련된 조사연구에 참여

의료사회사업가는 보건 및 의료영역에서 사회사업 개입이 필요한 욕구를 측정하고 프로그램 개발을 위한 자료를 수집한다. 의료전달체계의 운영상 문제점을 사정하거나 평가하여 병원기능이나 전달체계의 활동에 보다 과학적이고 합리적인 방안을 모색할 수 있도록 기초자료를 제공한다.

(3) 의료사회사업가의 역할

① 심리사회적 치료자의 역할

의료서비스를 받는 데 있어 환자가 성취감과 자신감을 갖고 참여의욕을 증진시킴으로써 당면문제를 해결하거나 완화되도록 돕는 치료적인 역할을 말한다. 또한 환자와 가족관계에서 협력과 치료적인 분위기를 조성하여 환자의 재적응문제를 돕는 활동을 들 수 있다.

② 서비스 조정자의 역할

진단과 치료 및 서비스 계획을 수립함에 있어서 심리사회적, 경제적인 정보를 의료팀에 제공하여 환자의 전인적인 이해를 증진시키고 의료팀의 종합적이고도 통합적인 서비스를 위한 협력과 조정을 담당한다.

③ 자원동원가

재활과정에 있어 필요한 의료적인 제 사회자원의 활용을 극대화하기 위해 자원 조직화를 비롯하여 환자의 병 회복과 재활 및 사회복귀를 위한 지역사회의 공·사적인 사회자원을 조직하고 동원하는 역할이다.

④ 재활치료와 교정자의 역할

재활과정에서 파생될 수 있는 심리사회적인 문제나 행동반응을 치료하거나 교정 및 생활지도를 하여 사회기능 회복이나 잠재기능을 개발하도록 돕는 역할이다.

3) 의료사회사업의 실천영역

(1) 일반의료사회사업

일반의료사회사업은 환자의 치료과정에서 파생되는 문제의 해결이나 효과적인 진료를 위한 협력적인 활동이며, 환자의 질환이나 치료과정에 악영향을 주는 심리사회적인 문제, 빈곤환자의 재활문제들을 대상으로 전문적인 서비스와 자원활용, 조정의 활동에 중점을 두는 활동이다. 개인력 및 사회경제적 배경 조사, 심리사회적 문제사정 및 지지격려, 퇴원계획, 의료보장 전환, 간병인 문제, 지역사회자원 연결 등의 활동을 한다.

(2) 재활의료사회사업

재활의료사회사업은 장애의 기능회복과 잠재능력의 향상을 통한 적극적인 사회참여로 기본욕구의 충족과 자기실현을 할 수 있도록 사회자원을 조직화하거나 동원하여 주로 심리사회적 진단과 치료 등을 서비스하는 사회사업의 활동분야다. 병원에서 제공하는 의료적 치료를 조정, 보강하여 사회적, 정신적인 인간 내면의 문제들을 해결하도록 돕고, 퇴원 후 정상적인 자신의 사회적 기능을 발휘하도록 사회사업방법을 활용함으로써 환자의 치료 및 재활을 돕는다.

(3) 지역사회보건사회사업

지역사회보건사회사업이란 지역사회보건기관에서 지역사회주민의 건강향상과 복지를 증진시킬 목적으로 지역사회자원을 효과적으로 활용할 수 있도록 돕는 의료사회사업의 한 영역으로 보건소 · 모자보건센터 · 병원 및 의원 등의 기관이 수행하고 있다. 환자의 가정방문과 가정실태를 파악하여 관계요원과 협의를 하고 해당기관에 의뢰, 지역주민을 대상으로 하는 사회교육을 통해 국민보건교육, 무의촌의 이동진료 계획과 실천을 통해 질병의 예방과 치료, 계몽활동 등을 한다.

2. 의료사회사업의 현황 및 과제

1) 의료사회사업의 현황

(1) 병원 내의 진료과 중심으로 이루어지는 팀협력 활동

사회사업실의 업무 중 임상적인 역할이나 활동으로 분류될 수 있는 활동 중에서 팀 단위로 협력이 이루어지는 내용들을 살펴보면 〈표 13-2〉와 같다.

(2) 병원과 지역사회의 연계를 중심으로 하는 팀협력 활동

첫째, 후원(회)금 활용이 있다. 병원 자체에서 별도의 후원회를 운영하고 있거나, 후원회는 조직되어 있지 않지만 경제적으로 어려움을 겪고 있는 환자들을 지원하기 위한 후원금을 모으거나 관리하는 영역에서의 팀협력이다.

둘째, 자선진료와 관련된 협력활동이 있다. 자선진료는 국내에서 지역사회복지관이나 어린이집, 영세지역, 농촌지역의 무료순회검진 등이 있다. 자선진료는 지역사회로 나아가 서비스가 필요한 대상자를 발굴하고 그 대상들이 혜택을 받을 수 있게 한다.

〈표 13-2〉 임상적 기능에서 이루어지는 팀협력

활동내용	팀 협력 내용	팀구성원
장기이식팀	• 장기이식대상과 심리사회의 적응 문제 상담 • 장기이식 공여순수성 평가 • 장기이식인 재활집단 운영	의사(신경내과, 혈액종양내과) 외과, 영양사, 약사, 간호사(코디네이터) 사회복지사 등
비만클리닉	• 비만관리, 교육	내과의사, 간호사, 영양사, 사회복지사 등
당뇨교육원	• 당뇨환자 자조집단 운영 • 당뇨환자 교육집단 운영 • 당뇨환자 가족교육집단 운영 • 당뇨캠프	내분비내과의사, 영양사, 간호사, 사회복지사 등
뇌졸중 교육팀	• 뇌졸증환자 및 가족 교육팀 운영 • Team conference	신경과의사, 영양사, 간호사, 사회복지사 등
호스피스팀	• Team conference	의사, 간호사(가정간호), 사회복지사, 사목자, (약사, 영양사는 필요시) 등
소아과와 팀협력	• 소아암환자 부모교육 • 학대아동보호팀 • 희귀 · 난치성질환 부모모임 지원	의사, 간호사, 사회복지사 등
정신과와 팀협력	• 가족정신건강교육 등 • 환자별 Team Meeting	의사, 간호사, 임상심리사, 사회복지사 등
재활의학과와 팀협력	• Family Meeting • Team Conference	의사, 간호사, 물리치료사, 직업치료사, 언어치료사, 사회복지사 등

자료 : 삼성서울병원(2003). 사회사업실 활동보고서; 가천의과대학 길병원(2001). 의료사회사업 임상실제; 아주대학교병원(1995). 사회사업팀 활동보고서; 한림대학교 한강성심병원(2003). 사회복지과 업무실적 1(미간행) 등을 참조하였음.

2) 의료사회사업의 과제

(1) 표준직무의 개발 및 실무에의 적용

직무표준화는 사회복지사간의 의사소통을 명확히 하여 전문성을 향상시키고, 직무평가의 기준으로 적용할 수 있으며 의료사회사업가의 활동영역을 확대하는 계기가 될 것이다.

(2) 사회사업서비스에 대한 의료보험수가 적용의 확대

의료보험수가 적용의 확대는 병원의 수익을 증대시킴으로써 의료사회사업의 활동 기반을 강화시켜 줄 것이다.

(3) 퇴원계획지도의 성공적 이행 및 외래 및 응급환자에 대한 지원의 확대

의료사회사업가는 의료기관의 방침에 부응함과 동시에 환자의 원활한 사회복귀를 돕기 위하여 퇴원계획지도 업무를 성공적으로 수행해야 한다. 또한 외래 및 응급환자에 대한 사회사업서비스의 확대를 도모해야 할 것이다. 이는 장차 입원중심서비스에서 지역사회중심서비스로의 전환을 암시한다.

(4) 정보화

상담기록 등의 업무의 효율적 관리 및 공식적 · 비공식적 자원의 체계적이고 효율적인 관리를 위해 정보화의 노력이 필요하다.

3. 정신보건사회사업

1) 정신보건사회사업의 개념과 발달배경

(1) 정신보건사회사업의 개념

정신보건사회사업이란 정신적 · 정서적 장애로 어려움을 겪고 있는 사람들에게 치료 및 재활, 문제 발생의 조기 개입과 예방을 통하여 국민건강증진을 목적으로 하는 것으로, 정신의료기관 또는 환자의 회복을 돕는 사회복귀시설 등에서 실시하는 모든 사회복지적 접근방법이다.

(2) 정신보건사회사업의 발달배경

① 미국 정신보건사회복지의 발달

- **태동기** : 1773년 버지니아 주에 최초로 정신병원이 설립되어 정신병 환자를 감옥으로부터 이전시켰다. 1905년 보스턴의 매사추세츠 종합병원에서는 환자의 질병이 그 배후의 사회환경과 깊은 관계가 있음을 깨닫고 사회사업가를 최초로 채용하였다. 이듬해 맨해튼 주립병원은 환자의 사회력 조사와 사후지도 프로그램[1] 마련을 위한 목적으로 사회사업가를 채용하였다.

- **발전기** : 1913년 보스턴 병원의 정신병리병원에서 정신의료사회사

1) 사후관리서비스(aftercare services program) : 지역사회정신건강 운동과 함께 진행된 탈시설화의 영향으로 미국에서는 장기간 시설에 입원되어 있던 대다수의 정신장애인들이 퇴원함에 됨에 따라 정신장애인들을 관리하는 사후관리서비스가 필요하게 되었고, 이에 다양한 형태의 서비스가 개발되었다. 이는 환자를 조기퇴원시켜 지역사회에서 치료하는 치료형태도 발달하게 되었다.

업가라는 용어를 최초로 사용하였다.

- **정착기** : 1920년 보스턴 병원의 정신의료사회사업가들이 정신요법을 시행하였고, 1942년에는 정신의료사회사업가협회의 결성으로 전문가로 인정받게 되었다.
- **지역사회정신보건체계의 확립** : 1950년대 이후 사회사업가들은 집단요법, 가족치료, 병실환경 등에 관심을 갖고, 치료공동체 프로그램을 운영하였으며, 지역사회건강센터에서 행정적 역할까지 수행하게 되었다.

② 한국 정신보건사회사업의 발달

- **태동기** : 미군병원에서 정신의료사회사업가가 정신과의사와 함께 일하는 것에서 영향을 받았으며, 모간(Morgan)의 역할은 정신의료사회사업가의 필요성을 인식시켜 주었다.
- **발전기** : 1973년 의료법시행령이 개정되어 종합병원에 환자의 갱생, 재활과 사회복귀를 위한 상담과 지도를 위해 사회복지사를 1인 이상 두도록 명시하였다.
- **정착기** : 1993년 한국정신보건사회사업학회가 창립되고, 전문학술지인 『정신보건사회사업』이 창간되었다. 1995년 정신보건법이 제정됨으로써 활동영역을 확대할 수 있는 전기가 마련되었고, 1996년 정신보건법의 시행으로 지역사회에까지 나갈 수 있는 계기가 마련되었다.

2) 정신보건사회사업의 내용

(1) 정신보건사회사업의 대상

첫째, 정신장애로 진단된 환자의 정신병리와 기존 병리를 사정하고 평가하여 진료팀과 협력적으로 개입해야 하는 정신장애인들이 가지고 있는 문제다.

둘째, 정신장애로 인하여 파생되는 심리사회적 문제와 가족들에게 미치는 영향 등에 개입해야 하는 문제다.

셋째, 만성정신장애인에 대한 사회복귀와 정신사회재활을 위한 법적·제도적 보장과 전달체계의 확충 등 환자의 권익옹호와 대변자적 역할 개입에 관한 일 등이다.

(2) 정신보건사회사업의 기능

① 진단적 기능

환자가 병원에 의뢰되었을 때 개인력검사, 사회환경조사를 통해 정신보건사회복지사는 초기접수된 환자를 진단하고 치료계획을 수립하는 과정에 참여하게 된다.

② 치료적 기능

정신질환자에 대한 정신보건사회복지사의 치료적 접근방법은 환자가 병원에 와서 처음 정신보건사회복지사와 관계를 맺는 것부터 사회치료(social treatment)라고 할 수 있다. 치료활동은 개별치료, 집단치료가 있으며 집단치료를 통한 활동치료(작업치료, 오락치료, 예술치료, 음악치료, 사이코드라마 등)를 실시한다.

③ 퇴원 및 사후보호 기능

치료 종결 및 퇴원 후 사회복귀에 관한 구체적 준비를 위해 사회복귀에 대한 불안, 갈등을 처리하고 자립시키기 위한 도움을 준다. 또한 지역사회로의 복귀과정에서 치료와 동일한 서비스를 받을 수 있으며, 다른 사회복지기관과 연관관계를 가지고 지역사회에서 얻을 수 있는 자원을 소개한다.

(3) 정신보건사회사업의 역할

① 치료의 영역

환자의 개인과 환자집단 및 가족집단을 위한 전문적인 서비스 프로그램과 그 기술훈련을 한다.

② 재활의 영역

지역사회와의 거리를 가깝게 하는 재활치료를 위한 일상생활 훈련과 지역사회주민들의 정신과환자에 대한 편견을 없애기 위한 계몽교육, 지역사회자원을 활용하여 사회적응을 돕는 일은 물론 재가복지서비스 개발을 한다.

③ 예방의 영역

정신보건교육과 자문, 위기개입, 정신질환의 조기 발견과 조기치료를 돕는 일, 정신건강에 대한 올바른 인식 등을 돕는 일을 한다.

3) 정신보건사회사업의 실천분야

치료시설로 종합병원 정신과, 정신과 전문 병 · 의원, 낮병원, 사회복귀시설 및 재활시설, 정신보건센터, 정신요양원, 보건소 등에서 환자의 문제해결능력 향상, 사회적 기능의 회복과 재활에 사회복지실천 활동을 한다.

4. 정신보건사회사업의 현황 및 과제

1) 정신보건사회사업의 현황

우리나라에서는 1995년에 정신보건법을 제정하고 1997년부터 이를 시행하면서 정신보건환경이 많이 달라졌다. 사회복귀시설 및 보건소의 정

〈표 13-3〉 정신보건관련기관 (단위: 개소, 병상, 명)

구분	기관수	등록/병상 입소/이용자수	주요기능
계	1,109	-	· -
정신보건센터	64	18,925연	정신질환자, 가족 및 지역주민 대상 정신질환 예방, 정신질환자 발견, 상담 · 진료, 사례관리 및 정신보건시설간 연계등 지역사회 정신보건사업 기획 · 조정 및 수행
사회복귀시설	84	2,368명 (이용 · 업소)	정신의료기관 또는 정신요양시설 등에서 치료 · 요양하여 증상이 호전된 정신질환자 대상 사회복귀훈련 실시
정신의료기관	904	49,868	급성 정신질환자 대상 의료서비스 제공
정신요양시설	55	12,580	만성 정신질환자 대상 요양서비스 제공

참고 : 2002년 6월말 현재 알코올상담센터 9개소, 보건소 내 기본형 정신보건사업이 추진되고 있는 곳이 48개소, 낮병원이 84개소이다.
자료 : 보건복지부(2003).

신보건사업을 비롯하여, 국가가 주도적으로 관여하고 있는 정신보건센터, 낮병원, 그리고 사회복지관에서의 정신보건사업과 주거시설의 확대를 들 수 있다. 이와 관련하여, 2002년 12월 현재 정신보건관련기관의 현황을 살펴보면 〈표 13-3〉과 같다.

또한 정신보건법에는 정신보건 영역에서 일하는 정신보건전문요원의 자격기준을 정해놓고 있다. 그 내용을 살펴보면, 각 전문직마다 그 기준이 조금씩 다르기는 하지만, 공통적으로 1급의 경우는 관련전공의 석사학위를 취득하고 지정기관에서 3년 이상 수련을 마친 자로 명시하고 있으며, 2급의 경우에는 관련전공의 학위 혹은 자격증(심리: 심리학 학사 학위, 간호: 간호사 면허, 사회복지사: 1급 사회복지사)을 소지하고 지정기관에서 1년 이상의 수련을 마친 자로 하고 있다. 그리고 각 전문직 모두 연간 1,000시간의 교육과 수련을 거치도록 하고 있는데, 이는 150시간의 이론교육과 830시간의 임상훈련, 그리고 20시간의 전문직별 학회활동에 참여하는 것을 골자로 하고 있다.

〈표 13-4〉 정신보건사회복지사의 자격증 취득현황

연도	1급	2급	비고
1997	72명	111명	2002년 수련생의 경우 총 수련기관이 57개소로 그 구성비를 보면 병원이 47개소, 정신보건센터가 4개소, 사회복귀시설이 6개소임
1998	–	37명	
1999	–	14명	
2000	1명	67명	
2001	–	93명	
2002	–	135명	
계	73명	457명	

자료 : 이영철 외(2003). 273.

정신보건사회사업학회에 등록된 회원수는 2002년 10월 말 현재 860명에 이르고 있다. 1997년부터 시행된 정신보건전문요원 수련제도에 따라 정신보건사회복지사의 자격증 취득현황은 〈표 13-4〉와 같다.

2) 정신보건사회사업의 과제

(1) 정신과 치료팀과의 협력방안 필요

정신과 환자의 정확한 진단을 내리기 위해서는 환자 개인과 그 가족력, 사회력에 관한 올바른 정보수집이 요구된다. 정신보건사회복지사는 사회복지시설의 지식과 기술, 경험들을 통하여 환자의 가족력과 사회환경을 조사하고 파악하여 역동적 팀접근에 일조해야 한다.

(2) 정신과 병원의 프로그램 개발

정신과 병원 및 시설은 치료공동체운영, 집단치료 프로그램운영, 자원봉사자활용, 정신과 환자 진료계획 등 프로그램의 운영방침을 현실성 있게 세울 필요가 있다. 특히 정신보건사회복지사는 다양한 프로그램을 통하여 환자들에게 동기, 능력, 기회 등을 부여함으로써, 이들의 잠재능력 계발과, 재사회화의 기능향상으로 사회복지를 잘 할 수 있도록 원조해야 한다.

(3) 지역사회자원과의 연계

지역사회의 유익한 자원인 자원봉사자, 치료레크리에이션, 도자기공예활동 등과 연결이 가능하도록 한다. 특히 환자의 지속적인 서비스를 위해 낮병원과의 업무연결, 퇴원 후 지역 내의 자조집단연결, 사회기관과 재활훈련 연결, 직업재활을 위한 작업장 연결, 집단거주시설의 연결 등이 구축되어야 한다.

(4) 교육프로그램의 활성화

정신보건과 관련한 홍보 및 교육프로그램을 개발하여 환자와 그 가족에게 적합한 교육이 이루어져야 한다. 특히 환자와 가족에 대한 교육과 자문, 지역주민의 정신건강에 대한 홍보와 의욕 고취를 위해 참여를 유도해야 한다. 그리고 회복기에 있는 정신질환자의 재활을 위한 의식조사, 정신사회재활프로그램 개발, 정신보건시설 확장 등의 활용방안이 이루어져야 한다.

참고문헌

강남구 보건소(1995). **강남구 지역사회 정신보건사업 시범보고서.**

권진숙(2001). 정신보건사회복지사의 효율적 활용방안. **정신장애 편견극복을 위한 Workshop 자료집.** 한국정신보건전문요원협회.

김규수(1999). **정신보건사회사업실천론.** 형설출판사.

김규수(2000). **의료사회사업실천론.** 형설출판사.

김기태 외(2001). **정신보건복지론.** 양서원.

대한의료사회사업가협회(2003). **의료사회복지사의 제도적 역량 강화.**

대한의료사회사업가협회 · 연세대학교 사회복지연구소(1997). **의료사회사업가의 직무 표준화를 위한 연구.**

박미은(2002). 정신보건법 시행 후 정신보건사업의 변화와 실천역량의 평가와 방향. 정신보건사회사업학회 추계학술대회 자료집.

서동우(2002). 지역사회정신보건의 현황과 전망. 한국사회복지학회 춘계학술대회 자료집.

안향림 · 박정은(1997). 정신의료사회사업. 홍익재.

양옥경(1996). 지역사회정신건강. 나남출판사.

유수현(1980). 한국의료사회사업의 전문화를 위한 고찰. 사회복지 통권 第67호.

이광재(2002). 의료사회사업원론. 인간과복지.

이영실(2000). 정신의료와 재활(상). 도서출판 신한.

이영철 외(2003). 사회복지학. 양서원.

이윤로 · 이선영(2002). 정신보건사회복지론. 학지사.

이윤로 · 홍영수(2002). 의료사회사업론. 학지사.

임상사회사업연구회(1999). 사회복지 실천과 임상사회사업. 학문사.

정원철(2000). 정신보건사회사업론. 학문사.

정종우(2004). 사회복지학-문제와 해설. 학지사.

한국전문대학사회복지교육협의회(2003). 신사회복지론. 유풍출판사.

한국정신보건사회사업학회 편(2001). 정신보건전문요원 수련교재. 양서원.

한인영 · 최현미(2000). 의료사회사업론. 학문사.

제14장 산업복지

1. 산업복지의 이해

1) 산업복지의 정의

산업복지는 산업의 장(場)을 배경으로 이루어지는 사회사업을 의미한다. 즉, 전문적 사회사업의 지식과 기술을 적용하여 산업배경에서 발생하는 사회심리적 문제에 효과적으로 대처함으로써 근로자와 그 가족의 복지를 추구하는 노력이다.

산업화로 인한 현대사회는 경제적 측면뿐만 아니라 문화적인 면에서도 많은 변화가 나타났으며, 한편으로는 풍요와 안정을 주었지만 반면에 여러 가지 새로운 문제가 발생하였다. 산업복지는 기업이 실시하는 복지후생, 노동조합이 행하는 근로자복지, 국가가 행하는 사회보장, 민간사회복지단체가 행하는 소비자 보호운동을 포함하여 근로자와 그 가족의 생활수준을 향상시키고, 생활복지의 증진을 도모하여 생활의 안성을 위하여 선개되는 활동을 말한다.

2) 산업복지의 특성

사회복지가 전통적으로 사회적 약자에게 관심을 기울여 왔듯이 산업복지도 산업현장에서의 약자인 근로자에게 우선적 관심을 가지게 된다. 그것은 산업복지의 발달과정에서 근로자는 빈번히 착취의 대상이 되기도 하였고, 생산과 관리의 체제가 고도로 발달함으로써 노동의 비인격화와 인간소외 현상을 가중시켰고 근로자는 심각한 직무스트레스(job stress)에 노출되었기 때문이다. 또한 근로자들을 단순히 기계의 연장으로 파악하려는 고용주의 낡은 노동관은 근로자를 적절한 보호없이 위기에 방치시킴으로써 근로자의 보호와 복지의 욕구가 가장 절실하게 요청된 결과이기도 하다.

근로자들은 더 이상은 상품과 용역을 생산하는 경제적 도구로 전락하는 상황을 참지 않으며 거대한 조직생활 속에서도 따뜻한 인간관계를 유지하며 정서적 욕구충족과 함께 근로자 자신이 자기 존경심을 가질 수 있는 직장을 고용주에게 요청하게 되었다. 또한 고용주들도 근로자를 단순한 노동력으로 파악하기보다는 노동을 하는 인간으로 파악하는 것이 오히려 생산성 증대에 효과적이라는 사실을 깨닫기 시작하여, 근로자에 대한 복지사업에 눈을 돌리게 되면서 산업복지에 대한 욕구가 발생하게 된 것이다.

산업복지는 직장을 중심으로 실시되는 서비스와 프로그램으로 구성된다. 근로자가 사회적 서비스를 이용하는 데 있어서 겪어야 할 시간적, 장소적, 경제적, 심리적 불편을 덜게 되었고, 익숙한 환경에서 용이하게 사회적 서비스에 접근할 수 있게 되었다. 이는 직장에 대한 신뢰감과 만족감을 증대시켜주며 그 직장의 유용성을 높여주는 일이 된다.

이러한 제반 효과는 결국 양질의 노동력의 확보와 노동력의 안정에 기여하게 되고 나아가 생산성 향상이라는 경영측의 노무관리 목표에도 기여하게 된다.

3) 산업복지의 기능

산업복지는 근로자와 그 가족을 도와서 직장 내에서 발생하는 그들의 문제를 해결하여 근로자로서의 만족스러운 생활을 영위할 수 있도록 지원함으로써 우선적으로 산업복지적 기능을 수행한다. 이러한 기능을 통하여 조직의 목표달성에도 기여하게 되는데, 전통적으로 산업사회사업이 산업에서 수행해온 기능은 다음과 같이 요약될 수 있다.

(1) 비용 절감의 기능

근로자에게 미치는 자연적 또는 산업적 위해(危害)에 대해서 노동력을 보호함으로써 지출되어야 할 비용을 절감하고 기업의 이윤증대에 기여하게 된다. 복지투자가 단순한 소비에 지나지 않는다는 종래의 관점을 부인하고 복지투자는 다시 비용절감과 효율증대로 되돌아온다는 생산적 측면을 부각시켜주는 기능이다.

(2) 노동력 안정의 기능

산업복지의 서비스나 부가급여를 통하여 근로자의 전직을 약화시키고 노동력의 이동을 감소시킴으로써 노동력의 안정을 도모한다. 뿐만 아니라 근로자의 욕구를 적절한 시기에 효과적인 방법으로 만족시켜 줌으로써 근로자의 불만을 해소하고 불필요한 노사갈등을 사전에 방지해주기도 한다.

(3) 노동력 표준화의 기능

산업에 투입되는 노동력은 일정한 조건을 구비하였을 때 더욱 효율적으로 운용될 수 있다. 그렇기 때문에 근로자가 가지는 다양한 여건과 문제들은 투입 이전에 정리되어야 할 필요가 생긴다. 특히 새로 유입된 노동력이나 부녀자, 연소자 등 특수집단의 표준화기능이 요구된다.

산업복지는 이러한 욕구들을 수렴하여 개별 근로자가 가지는 노동의 장애요소들을 경감시킴으로써 근로자를 업무에 준비시키고 효율적인 노동력 활용을 용이하게 한다.

(4) 기타

산업복지가 가지는 잠재력으로서 보다 많은 활동을 개발하고 전개할 수 있다. 이러한 활동을 통하여 산업복지는 기존에 수행하여왔던 기능을 보강하고 새로운 기능을 창출할 수 있을 것이다.

가능한 활동의 분야로서는 긍정적 활동의 자문, 산업 내에서 활동하는 타 전문직들과의 연락조정, 지역사회 홍보 등이 있으며 조직개발과 직무 재설계를 통하여 조직의 인간화 기능의 발휘도 기대된다.

2. 산업복지의 내용

1) 산업복지의 대상

산업복지의 대상은 산업에 관계되어 생활하는 모든 인간 및 그와 관련된 환경까지도 포함되겠으나 각 근로자를 중심으로 그가 처하게 되는 상황과 그가 속하게 되는 집단 및 조직으로 파악해볼 수 있다.

첫째, 개별 근로자는 산업과 관계되는 과정에 따라 구직자로부터 신입자, 부적응 근로자, 산업재해자, 직업병환자, 전직자 및 정년퇴직자등의 처지가 되어 어려움과 위기에 봉착할 수 있다. 또한 대상이 가지는 속성에 따라 분류한다면 청소년근로자, 여성근로자, 노년층근로자 및 장애인으로 구분되며 이들에게는 특별한 보호조치가 요구된다.

둘째, 근로자 집단은 공식적 조직으로서 최소 작업집단인 분임조 또는 작업반과 단위업무 부서, 노동조합과 비공식적 조직으로서 취미클럽과 봉사집단, 그리고 집단치료를 위한 치료집단 등이 있다.

셋째, 근로자의 가정은 근로자의 정서적, 육체적 안식처이지만 때로는 가정에서의 문제로 인하여 갈등과 심리적 불안정을 유발시켜 직장에서의 적응까지도 영향을 줄 수 있으며, 반대로 근로자의 직장적응상태 여하에 따라 가정도 직접적인 영향을 받게 되므로 근로자의 가정은 산업의 최근 거리에 위치한다고 볼 수 있다.

넷째, 다양한 구조와 기능을 가진 단위기업 전체는 지역사회 범주에 포함되는 하나의 구성원으로 다룰 수 있다. 또한 지역사회는 기업이 입주함으로써 외부경제와 외부불경제(不經濟) 등의 상호관계를 형성하므로 중요한 대상이 되는 것이다.

2) 근로자의 문제

근로자의 문제는 단독으로 발생하기보다는 몇 개의 문제가 상호연관을 가지고 발생하는 경우가 많기 때문에 문제해결에 있어서도 종합적인 대책이 필요하게 된다. 밀러(Miler)는 세 가지 범주로서 근로자의 문제를 파악하였다.

첫째, 직무와 관계되는 문제로서 직업에 대한 불만, 상사와의 갈등, 동료간의 불화, 작업성과 부진, 직무수행에 대한 불안 등을 포함한다.

둘째, 자신과 관계되는 문제로서 우울증, 불안반응, 극심한 정서장애, 알코올중독, 약물남용, 중독적 도박 등이 포함된다.

셋째, 타인과 관계되는 문제로서 부부갈등, 부모자녀문제, 노부모문제, 결혼전문제, 임신상담 및 배우자의 행동(알코올중독, 정신병, 우울증)에 관한 문제 등을 포함한다.

3) 산업복지의 실시단계

오자와(Ozawa)는 산업사회사업은 다음과 같은 4단계를 거쳐 기업내에서 실시될 수 있다고 하였다.

① 제1단계

산업복지의 시작단계에 있어서는 특수한 문제 한두 가지를 다루게 한다. 즉, 알코올중독이라든가 약물중독과 같은 문제해결을 위하여 경영자나 노동조합은 산업사회사업가를 채용한다든지 지역사회의 복지기관과 계약할 수 있다.

② 제2단계

경영자나 노동조합 표면에 나타난 한두 가지의 문제들은 더 크고 잠재되어 있는 문제의 한 증상이며 다양한 문제들은 서로 상호연관을 가진다는 것을 깨닫고 더욱 광범위한 서비스를 제공하여야 한다는 사실을 인식하게 되며 예방적 조치에까지 착안하여 복지 담당부서를 설치한다. 그러나 아직 이 단계에서는 대부분 임상적 접근방법을 사용하여 개인적 문제를 다루는 정도에 그친다.

③ 제3단계

여기서의 중재는 조직까지도 그 대상으로 포함한다. 근로자의 불만족이 작업활동에서 연유됨을 인식하여 작업장에서의 인간관계와 근로자의 동기유발에 특별한 배려를 기울인다. 사회사업가는 직무의 재조직, 근로자의 인간관계, 집단의 의사결정능력, 직무의 확대에 대하여 경영과 노동조합에 자문하게 된다. 결국 인간자원관리를 채택하여 근로자들에 대한 더 깊은 이해로 이끌며 이들의 복지를 증진시켜주게 된다. 그러나 이윤을 극대화하는 궁극적인 목적에 입각한 경영과의 약속을 벗어날 수 없다는 제약을 받고 있다.

④ 제4단계

이 단계는 노사간의 경계선이 모호하다는 특징을 가지는데 상호간의 성실과 공동관심사를 강조함으로써 이루어진다. 주식회사 형태의 회사에서 일하는 근로자는 공동체의식을 가지며 생계를 유지하고 있을 뿐만 아니라 인간으로서의 발전을 추구하고 있다고 느끼게 된다. 그리하여 그들의 목표를 더 넓은 사회의 가치와 흐름에 연결시킬 수 있는 것이다. 이사회에 근로자의 대표를 보내어 의사결정에 참여하여 주주의 배당금과 임원 및 근로자들에 대한 보너스, 임금, 이익의 분배 등과 관련된 정책결정에 참여하며 또한 경영자와 함께 무엇을, 왜, 생산하여야 하는지를 결정하게 된다. 결국 근로자와 경영자는 공동운명을 갖기 시작한다. 이렇게 될 때 지루하던 직무도 충분한 의미를 갖기 시작하여 근로자들은 그들의 매일매일의 근로를 보다 넓은 사회적 가치의 맥락 속에서 발견할 수 있게 된다.

4) 산업복지의 프로그램

① 개인상담(individual counseling)

근로자 개인을 도움으로써 그 자신의 힘으로 자신의 문제를 해결하여 인격적 성숙과 적응을 도모하여 보다 나은 삶을 누리도록 하는 한편 더욱 안정된 상태에서 능률적으로 일할 수 있도록 근로자의 문제에 대하여 상담서비스를 제공한다.

② 자문(consultation)

보다 상위직 근로자를 대상으로 부하 종업원을 보다 원활히 통솔하도록 자문에 응한다. 감독자, 인사관리자, 의료전문가, 노조간부, 비공식조직의 지도자 등에 대하여 개별면담이나 회의와 같은 형태로 실시한다. 또한 근로자의 공통된 문제와 조직의 문제에 대하여 경영과 노조에 자문하여 준다.

③ 집단지도(working with groups)

교육강좌, 단위조직의 업무회의, 분임조회의, 대책회의 등의 회합에 대하여 도움을 준다. 또한 근로자의 자생적 집단을 원조하고 집단활동을 통하여 특정한 개인의 문세를 해결하도록 원조하며 때로는 사조집단을 구성하며 도움을 준다.

④ 교육활동

생애설계, 퇴직계획준비, 알코올중독과 약물중독의 자각, 기타 건강 및 가정경제에 대한 사항의 교육기회를 마련한다.

⑤ 위기개입

산업재해, 해고, 은퇴 등의 심각한 심리적 · 정서적 문제에 개입하여 위기의 극복을 원조하여 준다.

⑥ 근로자 가족복지서비스

근로자의 자녀를 위한 보육시설과 가정부 서비스, 부부상담, 재정문제상담, 법적도움 등을 제공한다.

⑦ 지역사회조직 활동

지역사회활동 및 기업체의 협의회를 구성하여 지역사회문제에 대처하기도 한다.

⑧ 기타

근로자들의 욕구와 기초자료를 파악하기 위한 조사활동 및 대외 홍보 활동을 포함시킬 수 있다.

위와 같은 프로그램을 통한 산업사회사업의 개입을 시기와 대상별로 분류하여 정리하면 〈표 14-1〉과 같다.

〈표 14-1〉 산업복지 개입의 유형

개입시기	사전	진행중	사후
개인 및 가족	• 개인 및 가족 변동상태에 대한 대비(이혼, 전직, 정년, 퇴직, 불치병, 재해 등)	• 정서적 스트레스, 질병위기, 결혼생활의 문제, 산업재해, 직장생활에서의 문제 등에 대한 개인치료 • 클라이언트의 의뢰와 지역사회서비스의 알선 • 만성적 문제의 개인치료	• 신체적 재활 또는 산업재해를 입은 근로자의 추수지도 • 직무에 복귀한 알코올 및 약물중독 회복자의 추수지도
집단	• 건강 및 정신건강 교육 • 특수집단(미혼부모, 10대부모 등) 집단상담 • 정년퇴직 예정자의 집단상담	• 위기에 대처하는 자조집단의 설립(미망인, 이혼녀, 알코올 중독자 등)	• 자조집단의 자문과 자원보유자로서의 역할
조직 또는 지역사회	• 사회사업가를 보좌할 수 있는 대리인의 선정 및 훈련 • 경영 및 감독자, 노조간부에게 인간관계기술에 관한 교육 및 훈련 • 특수집단을 위한 프로그램개발(탁아, 소아과진료, 육아, 상담, 퇴직자상담 등)	• 특정부서의 위기 중재 • 근로자와 감독자 사이의 중재 • 근로자의 문제와 욕구에 관하여 지도 감독 • 프로그램에 대한 자문(탁아, 퇴직 등)	• 위기를 지나온 부서나 집단의 추수지도(산업재해, 부서의 병합, 인사이동 등) • 하나의 특수집단으로서 장애근로자의 욕구충족을 위한 개발사업의 시행

3. 산업복지의 발전방향

산업복지는 근로자가 노동에 종사하면서 경험하게 되는 생활상의 다양한 사회적, 심리적, 경제적 문제들에 대한 체계적인 대책과 방안들을 개인의 특성과 욕구에 맞추어서 프로그램을 제공함으로써 근로자의 성공적인 노동생활의 기초를 제공한다. 단기적으로는 산업복지프로그램의 실행은 근로자들이 노동생활을 지속하면서 생길 수 있는 부적응의 문제들을 신속하게 해결할 수 있는 효과가 있고, 장기적인 측면에서는 전체 근로자의 사기진작과 생산성에도 매우 긍정적인 영향을 미치게 된다(Monk, 1998).

산업복지프로그램을 효과적으로 개발하고 운영하기 위해서 사회복지사는 개발적, 교육적, 상담적인 측면을 고려해야 한다. 첫째, 개발적인 측면으로서 아직 우리나라에서는 산업복지프로그램에 대한 이해가 매우 부족하다. 산업복지사는 지역사회를 거점으로 기업 및 노동조합 등을 대상으로 산업복지프로그램의 의의와 효과에 대해서 설명하고, 이를 실행할 수 있도록 다양한 정보와 자료를 제공하여야 한다. 이를 위해서 지역사회의 기업들을 대상으로 설명회나 공청회를 개최할 수도 있다. 산업복지프로그램을 처음으로 기획하고 개발하기 위해서는 각 기업과 근로자의 특성을 고려하는 것이 바람직하다.

둘째, 교육적인 측면으로서 근로자들은 직장생활에 적절하게 적응하기 위해서 여러 가지의 지식과 정보가 필요하다. 산업복지사는 교육 프로그램을 통해서 근로자들이 그들의 욕구, 관심 및 기호 등을 살려서 직장생활에 성공적으로 적응할 수 있도록 다양한 교육적 지식과 정보를 제공하고 조언해주어야 한다.

셋째, 상담적인 측면으로서 산업복지사는 근로자들이 성공적인 직장생활을 하도록 하기 위해서, 객관적인 현실인과 올바른 방향정립을 할 수 있게 상담적인 측면에서 도와주어야 한다. 이를 위해서 그들의 욕구와 기호를 고려하여 프로그램을 수립할 수 있도록 다양한 대안과 자원들을 제공해주어야 하고, 특별히 개인적인 문제가 심각한 경우에 개별 근로자를 대상으로 집중적인 개별상담을 하여야 한다. 또한 가족들과의 관계를 원만하게 정립할 수 있도록 대인관계의 측면에서도 도움을 주어야 한다.

넷째, 기업체에서 산업복지프로그램을 효과적으로 개발, 계획 및 운영하기 위해서는 산업복지사는 자문가(consultant), 프로그램개발가(program developer), 서비스 제공자(service deliverer) 및 훈련자(trainer)의 역할들을 기업의 대내외적인 환경을 고려하여 적절하게 수행해야 한다.

산업복지프로그램이 효과적으로 운영되기 위해서는 정부에서 기업복지나 자주복지를 활성화시킬 수 있도록 관련 법규 및 제도를 정비하여 산업복지프로그램을 시행하는 기업들에게 세제혜택을 통하여 프로그램 운영비의 일부를 지원해주는 방안도 검토할 필요가 있다. 우선 정부는 대기업과 각 산업별 노동조합을 중심으로 산업복지 프로그램을 시행하도록 장려하고, 중소기업이나 소규모 사업장의 근로자들을 위해서는 지역의 사회복지기관이나 근로복지공단을 활용하여 산업복지프로그램을 제공할 수 있는 방안을 신중하게 검토해야 한다. 앞으로 산업복지프로그램을 기업이 운영할 때 단편적인 부분만을 중심으로 운영하는 것보다는 근로자들에게 발생할 수 있는 모든 측면에 개입할 수 있는 종합적인 프로그램을 기획하여 운영하는 것이 바람직할 것이다.

마지막으로 산업복지가 활성화되기 위해서는 고용주의 의지, 기업의 적극적인 후원, 근로자의 적극적인 참여, 정부의 제도마련과 세제혜택, 전문적으로 프로그램을 운영할 수 있는 산업복지사의 훈련과 양성이 절실하게 요청된다. 단기적으로 많은 기업들이 구조조정의 어려움을 겪고 있는 이 시점에서 산업복지프로그램이 활성화되기에는 많은 어려움이 있다. 그러나 선진국의 경험을 살펴보면 단기적으로 산업복지프로그램을 운영하는 것은 일정한 비용이 소요되지만 장기적으로는 효과적인 산업복지프로그램의 운영은 근로자들의 삶의 질의 향상뿐만 아니라 기업의 전반적인 생산성의 향상에도 매우 긍정적인 영향을 미친다.

참고문헌

구종회 외(1999). 산업복지학의 이해. 홍익재.
국민건강보험공단(2001). 국민건강보험제도.
국민연금관리공단(2001). 국민연금기금운영.
근로복지공단(2001). 고용보험제도.

근로복지공단(2001). 산업재해보상보험제도.

김상균 외(2001). 사회복지개론. 나남출판.

김진수(1999). 산재보험제도의 개선방안. 홍익재.

남세진 · 조홍식(1997). 집단지도방법론. 서울대학교 출판부.

성규탁(1987). 산업복지론. 박영사.

우재현 편(1998). 산업복지개론. 경진사.

장인협(1998). 사회사업실천방법론(상). 서울대학교 출판부.

전재일 · 김상규(1996). 개별사회사업. 형성출판사.

정무성(1998). 산업복지의 사회복지정책 성격. 가톨릭대학교 사회과학연구소.

조홍식 · 김진수 · 홍경준(2001). 산업복지론. 나남출판.

차갑부(1997). 열린사회의 평생교육. 양서원.

최일섭 · 류진석(1997). 지역사회복지론. 서울대학교 출판부.

Monk (1998). *Handbook of Gerontological Services.* New York: Van Nostand Reinhold Company.

제15장 학교사회사업

1. 학교사회사업의 이해

교육기본법 제9조는 "유아교육 · 초등교육 · 중등교육 및 고등교육을 실시하기 위하여 학교를 둔다"고 명시하고 있다. 따라서 학교는 학생이 사회규범을 습득하고 자아를 실현하는 교육의 장이어야 한다. 교육이란 "가르치다"의 교(教)와 "기르다"의 육(育)이 균형을 이루며 건전한 사회구성원으로 성장시켜야 한다는 의도를 내포하고 있다(조영승, 1998 : 13-14).

그럼에도 불구하고 전인교육을 목표로 해야 하는 학교가 오늘날에는 입시 위주의 교육과정과 성적 위주의 경쟁제도로 인하여 오히려 불안과 갈등을 유발시키는 스트레스의 장으로 변하고 있다. 이는 학생 개개인의 능력과 주변의 환경을 고려하지 않는 획일화된 교육이 초래한 결과라 볼 수 있으며, 이러한 양상은 각종 청소년문제 등 심각한 부작용을 낳고 있다.

따라서 이 장에서는 헌법 제31조와 교육기본법 제8조(의무교육)에서 규정하고 있는 이상적인 교육환경을 실현하기 위한 대책으로 마련된 학교사회사업에 대하여 알아보기로 한다.

1) 학교사회사업의 개념

학교사회사업은 1900년대 초기에 미국에서 시작되었다. 처음에는 가정과 학교의 협조를 연계해주는 방문교사의 역할을 하였으나 차츰 학교에 적응하지 못하는 학생들 쪽으로 관심이 기울어 갔다. 1970년대에 들어서는 학생-학교-가정-지역사회의 연계를 통해 청소년문제를 예방하고 해결함은 물론, 모든 학생이 자신의 잠재력과 능력을 최대로 발휘할 수 있도록 하여 최상의 교육환경과 공평한 교육기회를 제공하고 있다.

코스틴(Costin)은 "학교사회사업은 학교가 학생 개개인의 지적 · 사회적 · 정서적 욕구와 문제해결에 관심을 갖도록 도와주며, 이를 통하여 모든 학생들이 학교에서 공평한 교육기회와 성취감을 제공받을 수 있도록 학교현장에서 활동하는 전문적인 사회사업분야"(Costin, 1977; 1981)라고 하였다.

알렌 메아스(Allen-meares)와 그녀의 동료들에 의하면, "학교사회사업은 학생들이 건전한 심리 · 사회적 기능을 이룰 수 있도록 준비시켜 주며, 학생 개인의 문제뿐만 아니라 사회환경이나 학교환경의 변화에 즉시적으로 개입하여 학교가 자신의 역할과 기능을 극대화할 수 있도록 도와주는 연계활동"이라고 정의하였다.

이를 종합해보면 학교사회사업이란 "학교교육의 현장에서 모든 학생의 배분적 교육 평등권을 보장하는 환경 안에서 학교교육의 목표를 달성하고자 학생, 학부모, 교사, 지역사회를 대상으로 접근하는 사회복지의 전문적 분야"라고 함축적으로 정의할 수 있다(한인영 외, 1999 : 38-39).

2) 학교사회사업의 목적

개인의 잠재력과 지적능력을 계발하고 사회화과정을 습득시켜 전인교육을 하여야 하는 것이 학교의 궁극적 목적이라면, 학교사회사업이란 학교가 목적을 효과적으로 달성할 수 있도록 조력하는 사회사업의 전문분야라 할 수 있다.

학교사회사업의 목적은 다음 세 가지로 설명할 수 있다(한인영 외, 1999 : 41).

첫째, 교육기회 제공이다.

둘째, 전문적인 심리치료와 사회복지서비스의 제공이다.

셋째, 삶의 질을 향상하여 학생복지를 실현하는 것이다.

2. 학교사회사업의 역사적 발달

1) 미국 학교사회사업의 역사

학교사회사업은 사회사업의 기반 위에서 탄생하였으며, 1906~1907년 하트퍼드, 보스턴, 뉴욕 시에서 지역사회의 복지기관이 독자적으로 학교사회사업을 시작한 것이 그 시초다. 그리고 100년이 지나는 동안 사회적 상황과 시대적 욕구에 따라 변천을 거듭하며 오늘에 이르게 되었다.

이를 시기별로 구분하여 그 특성을 알아보기로 한다.

(1) 방문교사시기(1800년대 후반~1930년대)

1800년대 후반에서 1900년대 초기의 미국사회는 유럽에서 건너온 이민자와 농촌에서 도시로 이주하는 이농민이 급증하였는데, 이러한 이주민들로 인해 다양한 사회문제가 발생하던 시기였다. 유럽 이민자의 증가와 도시화 현상은 빈곤, 아동방임, 주택부족, 정신건강, 범죄 등의 다양한 사회문제가 유발되었다. 도시 빈민 자녀들은 산업화 과정 속에서 노동착취를 겪으며 학교교육의 기회조차 박탈당한 채, 빈곤과 사회부적응의 악순환을 거듭하고 있었다.

이러한 빈곤과 사회부적응 등 사회문제를 해결하기 위한 방안으로 대두된 것이 자선조직단체와 인보관의 설립이었다. 자선조직단체는 빈곤가족의 심리 · 사회적 문제를 해결하기 위해 조직되었고, 인보관시설은 열악한 환경을 개선하여 사회적응을 향상시키기 위해 설립되었다. 이와 함께 사회사업가들은 요보호학생들을 위한 서비스를 제공하게 되는데, 이것이 바로 학교사회사업의 효시라 할 수 있는 방문교사(visiting teacher) 제도다. 방문교사들은 학생의 출석의무를 도와주는 한편 학업목표를 성취할 수 있도록 학교와 가정을 연계하는 역할을 하였다.

이 사업은 점차 발전하여 1920년대 후반에는 요보호학생에 대한 방문교사 역할뿐 아니라 정신건강의 예방과 치료에 중점을 두는 정신건강 전문가로 변화하기 시작하였다. 즉, 개인의 심리이론, 개별지도 방법론, 사회사업의 가치, 정체성 등이 여기에 포함되는데 이를 체계적으로 지도하기 위하여 사회사업가를 교육시키는 정규과정을 대학에 설치하였다.

(2) 학교사회사업의 전문화시기(1940년대~1980년대 초반)

이 시기는 학교사회사업가라는 명칭이 공식적으로 대두되는 때다. 즉, 학교사회사업이 제도적으로 정착되면서 동시에 전국적으로 확산되었고, 자격증제도를 두어 전문인력을 양성하였다. 이와 함께 1945년에는 기존의 '방문교사협회'가 '학교사회사업가협회'로 개칭되었는데, 이 협회는 1948년에 학교사회사업의 전문화를 위해 학교사회사업가의 자격조건, 대학교육의 내용, 양성과정 등을 표준화하였다. 이러한 표준화의 노력에 따라 1950년까지 학교사회사업가의 자격기준에 적합한 교육을 제공하는 사회사업대학원 10개교가 설립되었다. 학교사회사업가협회는 1955년에 '미국 사회사업가협회'가 창설되면서 사회사업의

한 전문단체로서 위 협회에 참여했으며, 오늘날까지 학교사회사업의 전문화를 위해 노력하고 있다(한인영 외, 1999 : 67-68 재인용).

1976년 미국 사회사업가협회(NASW)에서 학교사회사업의 표준지침서가 마련되어 발표되었다. 여기에서는 학교사업가의 역할, 양성과정, 윤리강령, 서비스의 종류와 과업 등을 규정하였으며, 학교사회사업의 대상이 되는 학생의 종류와 숫자에 따른 학교사회사업가의 고용비율을 제안하여 학교사회사업가의 의무고용과 각 학교의 상황에 적합한 학교사회사업가의 역할을 처음으로 표준화하였다(한인영 외, 1999 : 69 재인용).

(3) 학교연계의 통합적 서비스시기(1980년대 중반~현재)

1980년대에 이르러 학교사회사업은 이전의 사업추진의 성과에 힘입어 명실상부한 사회사업의 한자리에 자리매김하였다. 이러한 성과는 체계학적 이론에 의하여 학교와 사회환경 간의 상호관계를 중요시하게 하였다. 이를 계기로 학교생활에 영향을 주는 가정환경, 학교환경, 사회환경의 조건들에 대한 연구가 많아졌고, 이러한 연구를 통하여 학교환경의 개선과 학교의 사회적 역할이 강조되었다. 즉, 학생의 학업실패와 사회문제의 궁극적인 이유가 학생 개인적인 원인보다는 사회적, 경제적, 가족적인 요인이 상호작용함으로써 유발한다고 보았기 때문이다. 따라서 이 시기의 학교사회사업은 요보호학생뿐만 아니라 일반학생까지 확대시키는 역할을 하였다.

2) 한국 학교사회사업의 역사

(1) 1945년 이전

1945년 이전에는 학교와 관련된 사업이 사회사업 차원에서 이루어졌다. 1903년 평양 정진학교 설립, 1914년 이화학당 내 유치원 교육 시작, 1921년 조선사회사업연구회 조직, 1928년 조선사회사업협회 창설, 공적부조의 시작이라 할 수 있는 1944년의 조선구호령 등이 그것으로,

이것들은 모두 사회복지 측면이 강했다.

(2) 1945년 해방 이후부터 1960년대 후반

이 시기는 공교육이 도입되고, 교육이 국민의 의무로서 법적 효력을 갖게 되는 때다. 해방 이후 국가 경제사정의 악화와 1950년 한국전쟁으로 말미암은 빈곤과 기아의 급증으로 어린이에 대한 구호활동이 전개되었다.

당시 선교사 중심으로 이루어진 외원기관에서 근무하던 사회사업가들은 빈곤아동이나 요보호학생의 가정을 방문하여 상담과 제정적 지원을 제공하였으며, 결국에는 이들 아동들이 학교교육을 마칠 수 있도록 도움을 주었다는 면에서 1900년대 초기에 나타난 미국의 방문교사제도와 유사하다고 할 수 있다. 예를 들면, 기독교아동복리재단이나 양친회와 같은 복지기관은 후원금 연결사업을 통하여 아동의 의식주문제를 해결해줌은 물론 이들이 학교교육을 지속할 수 있도록 도움을 주었으며, 10개의 복지단체들이 학생상담, 가정상담, 비행청소년 상담 등을 제공하기도 하였다(최원규, 1995).

(3) 1970년대 이후부터 현재

이 시기는 사회복지 분야가 좀 더 구체적으로 세분화되고 다양화되면서 학교사회사업에 관한 이론과 개념이 소개되기 시작하였다.

교육법 제79조에 근거한 교도주임교사의 의무 배치(1973)가 시행되었으며, 서울특별시 교육연구원에서 학생상담자원봉사제도가 도입(1985)되었다. 1986년에는 현대고등학교에서 교사 겸임의 사회사업가가 상담활동을 전개하였다. 1990년 시도교육연구원에 진로교육부가 신설되었으며, 1994년 초 · 중 · 고등학교에 사회복지사가 개입하여 부분적인 학교사회사업이 시작되었다. 이어 1995년 국민복지기획단에서 학교사회사업제도 도입을 건의하였으며, 1996년 교육부에서 학교사회사업의 제도적 도입을 발표하였다. 또한 전문상담교사제의 도입을 발표하였으며, 서울시 교육청(3개교)과 교육부(4개교)에서 학교사회사업 시범사업을 실시하였다. 그리고 1997년에는 학교사회사업학회가 창립되기에 이르렀으며, 삼성복지재단이 학교사회사업을 주제로 프로그램을 공모함으로써 학교사회사업에 대한 개념이 확산되기 시작했다.

3. 학교사회사업의 실천

1) 학교사회사업가의 역할과 업무

학교사회사업가의 역할과 업무는 시대적 상황에 따라 다양하게 변화하여 왔다.

레빈(1996)은 학교사회사업가의 역할의 변천에 영향을 주는 요소들로 ① 기관의 사명, ② 지역사회 내의 인구통계학적 변화, ③ 법정, 법률, 정부의 행정분과, ④ 전문적 가치, 지식, 관계성, ⑤ 기관의 시설에 원조서비스를 포함시키고자 하는 행정가의 자발성을 들고 있다.

또한 학교사회사업의 변천에 영향을 준 요인들을 분석하여 보면 다음과 같다.

첫째, 학교지역 내의 다양한 욕구를 가진 인구집단의 발견 또는 출현이 사회사업가가 새로운 대상을 다루거나 업무를 담당하게 하는 데 기여해왔다는 걸 보여준다. 둘째, 학교사회사업가의 자료수집, 사정, 위원회의 참여, 새 계획안의 작성, 보조금을 위한 계획안의 작성 등의 다양한 실천기술들이 사회사업가의 역할변화를 유도하였다. 셋째, 가족의 역동성이 아동의 학교생활에 미치는 영향과 사회경제적 요인이 가족의 삶의 질에 미치는 영향 등에 관한 학교사회사업가의 전문적 지식은 학교사회사업가가 특별한 욕구를 가지고 있는 학생들을 위한 교육과정을 개발하는 데 참여할 수 있는 기회를 제공하였다. 넷째, 학교사회사업가는 교육개정안 등의 정책적 변화에 의해 새로운 기능과 역할을 부여받아 아동연구팀의 일원으로서의 자문활동이나 십대 부모들을 위한 교육 및 사회적 서비스의 제공 등의 새로운 활동에 개입해왔다. 다섯째, 학교사회사업가의 조직적 활동은 학교구조가 변화를 겪을 때 학교 세팅의 통합적 부분으로 간주되는 것을 가능하게 했으며, 학교의 다른 직원들과 다양한 예방 프로그램을 개발하고 실행하도록 하였다.

다음에서 학교사회사업가의 역할과 업무에 대하여 살펴보겠다.

(1) 학교사회사업가의 역할

학교사회사업가의 역할은 다음과 같다. 첫째, 학생을 대상으로 하는 학교사회사업 방법으로 학생들의 문제를 조사, 사정(査定), 치료하는 것이다. 둘째, 학부모를 대상으로 활동한다. 이는 학생과의 일만큼이나 중요하다. 셋째, 학교를 대상으로 학교사회사업가는 학생과 교사 간의 관계적 중요성을 인식하고, 이들간의 문제가 생기면 교직원이 상의하고 의뢰할 수 있는 체계를 만든다. 즉, 교직원과 함께 학생문제를 해결하는 데 정보제공하고 개선방안을 모색하는 일이다. 넷째, 지역사회복지기관과의 협력을 통해서 실제적인 서비스와 체계를 조성하고 개발하는 일이다.

(2) 학교사회사업가의 업무

학교사회사업가가 행할 수 있는 업무내용들에 대해 광범위한 목록을 작성한 코스틴(Costin)의 연구결과물들을 몇 개로 묶어보면 ① 지도력과 정책결정, ② 아동과 부모에 대한 개별사회사업서비스, ③ 아동과 부모에 대한 교육상담, ④ 교사에 대한 개인적 서비스, ⑤ 사례건수 관리, ⑥ 학교사회사업서비스에 대한 설명, ⑦ 가정과 지역사회기관과의 연계, ⑧ 아동을 교사에게 설명, ⑨ 아동의 정서적 문제에 대한 임상적 치료로 분류할 수 있다(한인영 외, 1999 : 155-158).

[그림 15-1]은 Costin의 분류법에 근거하여 우리나라의 현실에 맞게 작성한 업무 목록표를 도표화하여 나타낸 것이다.

학교사회사업가

↓

조력자, 치료자, 중개자, 교사, 자문가, 공동협력가, 조정자, 대변자, 관리자

↓ ↓ ↓ ↓

학생	가정	학교(교사)	지역사회
• 학생들의 욕구조사 • 개별상담 • 집단상담 • 교육활동(창의재량) • 정보제공 • 장학금, 결연서비스 등과 같은 복지서비스 제공 • 사례관리 • 멘토링 • 또래간의 관계증진 • 특별한 교육욕구 충족 • 즐거운 학교를 만들기 위한 이벤트 등 • 학부모 교육	• 학부모상담 프로그램 • 가족상담 및 치료 • 자녀교육에 대한 정보 제공 • 가정방문을 통한 가족 지원 서비스 제공 • 지역사회자원과 연계한 복지서비스 제공 • 가정과 학교의 협력 추진	• 학교사회복지에 대한 홍보와 설명회 • 학생복지와 관련한 교사들의 욕구조사 • 담당교사, 담임 및 학년부와의 협력체계 구축 • 학생들의 심리, 사회, 복지, 보건 등의 특별한 보호를 요하는 학생들의 파악 • 학교와 가정 그리고 지역사회의 협력체계 구축 • 교육계획 수립시 협력의견 제공 • 학교교육목표에 맞는 사업 기획 및 실행 • 학교사회복지위원회 구성 및 운영	• 지역사회 현황 파악 • 지역사회의 욕구 및 인식조사 • 학교와 협력할 수 있는 자원들의 개발 및 연계의 공식화 • 지역 학교사회복지위원회 구성 및 운영 • 지역사회 내에서 교육복지와 관련한 교육 및 설명 • 학교와의 연계 프로그램 개발 및 시행 • 학교사회복지에 대한 홍보 • 학교사회복지실습 지도

↑ ↑ ↑ ↑

생태체계적 관점

자료 : 김주미(2004).

[그림 15-1] 학교사회복지사의 직무

(3) 학교사회사업가의 업무결정

학교사회사업부서가 업무에 대한 우선순위를 결정해야 하는 가장 큰 이유는, 학교사회사입의 대상집단과 활동내용이 광범위하고 모호한 데서 비롯된 문제점을 해결하기 위해서다. 이에 모리슨(Morrison, 1984)은

응급-위기 개입과 특수교육 프로그램에 학생을 배정하기 위한 사정과 같은 법적 의무사항들을 가장 우선순위가 높은 학교사회사업가의 업무 내용으로 들고 있다.

또한 학교가 학교사회사업가의 업무와 역할에 대한 우선순위를 정하는 것은 몇 가지 이로운 점이 있다. 첫째, 학교사회사업가와 학교교직원들간의 의사소통을 원할히 해주며 정보의 공유를 강화해준다. 둘째, 학교교직원들이 학교사회사업가들이 무엇을 하는지, 학교사회사업가의 기능수행에 교육자들이 어떠한 영향을 미칠 수 있는지 구체적으로 알 수 있게 해준다. 셋째, 학교사회사업가에게 각 학교를 위해 일련의 활동계획을 세울 수 있게 해준다. 넷째, 학교사회사업가들간의 또는 다른 학교 교직원들과의 역할갈등을 줄여 줄 수 있다(Staudt & Kerle, 1987).

2) 학교사회사업의 실천

(1) 학교사회사업의 실천 대상

초기의 학교사회사업은 보호학생이나 학교부적응학생이 주된 대상이었으나 오늘날에는 심리 · 정서적인 문제, 즉 학교폭력, 가출, 약물남용, 자살 등이 학교사회사업의 주된 요소로 자리잡았다. 특히 오늘날에는 문제를 해결하기 위한 학교사회사업가의 개입도 중요하지만 전체 학생을 대상으로 사전에 문제를 예방하는 개입도 중요하게 자리잡아가고 있다. 이는 환경체계의 개선을 통하여 모든 학생들에게 질적으로 향상된 학교 생활을 영위하도록 하자는 데 의의가 있다.

그럼 학교사회사업실천의 대상집단과 대처방안에 대하여 알아보기로 한다.

① 대인관계에 문제를 보이는 학생의 경우

대인관계에 문제를 보이는 학생은 폭력행동, 비사교적인 행동, 교사나 성인의 권위에 대항하는 행동 등의 모습을 보인다.

'폭력행동'의 경우 학교사회사업가는 먼저 폭력행위의 장소가 어디인지, 개별적인 행동인지 집단적인 행동인지 그 실태를 정확히 파악하여야 한다. 그리고 '비사교적인 행동'과 '교사나 성인의 권위에 대항하는 행동'의 경우 폭력행동에 의한 피해의식 때문인지 아니면 부모나 성인의 무관심 혹은 적대감에서 비롯된 것인지를 정확히 파악하기 위하여 가정방문을 한다든지 주위 환경에 대한 자료를 수집하여 담당 교직원에게 제공할 필요가 있다.

이러한 자료를 토대로 학교사회사업가는 지역사회 기관에서 제공하는 교육, 훈련프로그램을 활용한다든지, 학생들 사이에 서로 돕는 지지체계를 형성하도록 지원하는 등 피해학생에 대한 지지와 보호, 피해학생뿐 아니라 가해학생에 대한 개입, 학교환경의 재구조화, 사회환경에 대한 개입이 필요하다.

② 심리 · 정서적인 문제를 지닌 학생의 경우

심리 · 정서적인 문제를 지닌 학생은 대개 우울해 하거나 소외감, 공포, 불안, 자살기도, 갑작스런 심리적 · 행동적 변화를 일으키기 쉽다. 이러한 요소들은 방치되거나 장기화되면 자살로 이어지기 쉽기 때문에 전문적 개입이 필요한 심각한 문제다. 그러므로 개별상담을 통한 인지치료로 접근할 필요가 있는데, 자살청소년들을 위한 학교 프로그램은 다음을 포함하여야 한다.

- 취약학생들, 자살을 시도한 학생들, 자살할 학생들, 자살시도 후에 학교로 돌아온 학생들을 위한 구체적인 학교의 정책들과 절차들을 마련한다.
- 자살과 자살에 대한 학생들의 반응, 사후 프로그램, 자원에 대하여 교직원을 교육한다.
- 자살과 자살에 대한 학교의 반응과 관련하여 부모들에게 개입한다.
- 자살과 이용가능한 자원, 자신 혹은 친구가 자살 감정을 가지게 된다면 어떻게 할 수 있는지에 대하여 학생들에게 프로그램을 제공

한다.

- 학교로부터 의뢰를 받는 지역사회기관들과 연결한다.

③ 학교 규칙을 위반하거나 학습부진을 보이는 학생의 경우

학교 규칙을 위반하는 학생은 장기 결석, 등교 거부, 잦은 지각, 무단 조퇴, 수업에 불참하는 등의 행동을 하며, 학습부진을 보이는 학생은 학습의욕 저하, 학습 무능력, 학습부진, 학업불량 등 내외면적인 현상으로 나타난다.

학교사회사업가는 이와 같은 교칙위반행동 및 학습부진을 정서문제, 가족문제, 비효과적인 교육 등에서 그 원인을 찾을 필요가 있다. 또 이를 근본적으로 해결하기 위하여 교칙위반 혹은 학습부진에 대한 개입 또는 학교환경에 대하여 개입하거나, 대안교육(alternative education) 프로그램을 개발하여 활용하여야 한다.

④ 가정환경상의 문제를 갖고 있는 학생의 경우

가정환경상의 문제를 갖고 있는 학생으로는 결손가정, 이혼, 재혼, 빈곤, 소년소녀가정세대 등이 있다.

이들은 다른 어떤 대상집단보다도 학교사회사업가의 관심을 필요로 하는 집단이다. 그러므로 학교사회사업가는 이들을 사회적 지지체계와 연결함으로써 이들에게 경제적, 정서적 지원을 할 필요가 있다. 즉, 주거에 대한 문제가 있는 빈곤가정 학생들에게는 동사무소나 지역사회복지관과 연계하여 지원할 필요가 있으며, 소년소녀가정세대들에게는 경제적인 어려움 해소와 정서적으로 안정을 줄 수 있는 프로그램이 필요하다.

⑤ 부모가 아동양육에 문제를 보이는 학생의 경우

부모가 학생에 대한 신체적 학대 · 심리적 혹은 정서적 학대 · 성적 학대 및 방임 등 아동양육에 문제를 보이는 학생의 경우, 학교사회사업가는 학대받거나 방임된 아동을 찾아내고 적절한 조치를 취할 필요가

있다.

학대받는 학생들의 행동적 징후를 살펴보면, 쉽게 놀라거나 두려워하며, 사회성의 결핍, 학습능력 부족과 가출, 비행에 쉽게 빠져든다. 거짓말을 잘하며 계절에 맞지 않게 긴소매 옷이나 긴바지를 입는다. 또한 우울한 증세를 보이거나 지나치게 순종적인 행동, 공포감, 분노와 적대감으로 공격적인 행동, 운동 등 사회적 활동에 참여하기를 꺼리거나 자살기도 및 자기파괴적인 행동, 방화 등의 일탈행동을 보인다.

학교사회사업가는 학교 안팎에서 일어나는 학대 및 방임을 식별해내고 평가하며, 학대 및 방임에 대한 예방과 대처방안에 대해 교사와 협의하는 한편 전문가를 초빙하여 학생과 가족에게 개입하여 서비스를 제공한다.

⑥ 반사회적 행동을 하는 학생의 경우

반사회적 행동을 하는 학생의 유형으로는 폭력, 절도, 가출, 약물남용, 불량서클 가입, 임신 등이 있다.

⑦ 장애인 학생의 경우

장애학생에는 신체장애, 정신지체, 언어장애, 학습장애 등 정서 · 발달 · 신체장애 학생이 해당된다.

(2) 학교사회사업의 실천개입

학교사회사업실천의 대상집단을 규명하고 현황과 특성이 파악되면 개입방안을 마련하게 된다. 개입에는 전통적 임상모델, 학교제도 변화모델, 지역사회 학교모델, 사회적 상호작용모델이 있는데 앤더슨의 학교사회복지 모델을 〈표 15-1〉을 통하여 알아보기로 한다.

〈표 15-1〉 앤더슨의 학교사회복지의 모델

구분	전통적 임상모델	학교제도 변화모델	지역사회 학교모델	사회적 상호작용모델
대상	사회적 또는 정서적 문제를 가진 학생들	학교제도 (학교규범과 규칙)	학교를 오해하고 불신하는 빈곤지역사회	학생과 학교 간의 상호작용에 의한 문제
목표	학교와 관련된 사회적 · 정서적 어려움을 가진 학생들이 보다 효과적으로 기능하도록 한다.	역기능적인 학교규범과 규칙을 개선한다.	지역사회에 대한 자원을 개발하여 학교가 빈곤학생들을 원조하고 이들의 박탈된 상태를 경감시킨다.	상호원조체계의 발전을 촉진하고 상호작용의 장애물을 제거한다.
표적체계	학생과 그 부모	학교 전체	지역사회	상호관계적 분야
문제에 대한 관점	가족, 특히 부모-자녀 문제로부터 기인한 아동의 정서적 또는 정신적 어려움	역기능적인 학교규범과 규칙	빈곤과 기타 사회적 조건	학생 · 클라이언트의 어려움과 사회환경 상호간에 발생하는 역기능
학교사회사업가의 과업	개별지도, 집단지도, 가족치료를 중심으로 하여 학생, 부모, 선생님을 포함하는 교육 직원 간의 기능을 연계한다.	역기능적인 학교규범과 규칙을 확인하고 선생님, 행정가와 개별적이고 집단적인 협의를 한다.	지역사회조직 활동을 통하여 지역사회와 학교가 상호이해하고 서로 돕고 관련되도록 조장한다.	학생과 환경 간의 문제를 확인하고 상호간의 목표를 설정하여 의사소통을 향상하고 상호간의 원조체계를 설립한다.
학교사회사업가의 역할	지지적인 협동과 협의	옹호, 협상, 협의, 약물치료	중재, 옹호, 그리고 out-reach	중재, 협의, 가능자
이론적 기초	심리분석, 심리사회적, 자아심리학, 개별지도 방법론	사회과학이론, 특히 일탈이론, 조직적 이론	지역사회-학교개념, 의사소통 이론	체계이론, 사회과학이론, 의사소통이론

자료 : 표갑수(2002). 391.

4. 학교사회사업의 전망과 과제

1) 학교사회사업의 전망

앞서 학교사회사업의 역사에 대해 살펴본 바 있다. 그리고 시대의 흐름과 함께 각종 유해환경에 노출된 학생들의 사고와 가치체계에 커다란 변화가 있음을 알 수 있었다. 따라서 바람직한 학교사회사업을 위해서는 학교사회사업가를 제도적으로 육성하는 한편, 내실있는 프로그램을 마련하여 제공해야 하겠다. 또한 학교-가정-지역사회의 긴밀한 협조체계가 이루어져 학교사회사업을 원만하게 추진하도록 하여야 할 것이다.

이러한 체계가 갖추어지면 학교사회사업에 대한 관심이 더욱 증대될 것이라 본다. 즉, 학교사회사업을 지원하는 주체가 확대될 것이며, 중앙정부뿐만 아니라 지역사회사업에 관여하는 지방자치단체의 관심의 증폭으로 재정지원과 함께 학교사회사업을 채택하는 사례가 확산될 것이라는 전망이다.

2) 학교사회사업의 과제

학교사회사업을 실천하기 위한 과제로는 다음의 요소가 있다.

첫째, 학교사회사업의 제도화 및 체계구축을 위하여 사회복지계 내부의 적극적인 관심이 집중되어야 할 것이다.

둘째, 현재 학교사회사업이 진행되고 있는 프로젝트에 대한 효과성과 책임성 입증에 전력을 기울여야 한다.

셋째, 학교사회복지의 제도화를 주도하는 주체들의 역량강화가 필수적이다.

넷째, 학교사회사업가의 양성이다. 학교사회사업이 보다 효율적이고 지속적으로 이루어지기 위해서는 무엇보다 전문인력의 양성이 우선되어야 할 것이다.

다섯째, 무엇보다 중요한 것은 학교사회사업의 주체가 전체 학생인 만큼 학교와 가정, 지역사회가 동참하는 연계사업이 이루어져야 할 것이다.

여섯째, 학교사회사업을 체계적으로 실천할 수 있는 제도적, 재정적 기반이 마련되어야 할 것이다.

우리나라의 학교사회사업은 그 역사가 짧아 아직 초보단계에 머물러 있다. 따라서 학교사회사업가의 개입으로 인한 계량적인 효율성을 파악한다는 것도 아직은 이른 감이 있다. 그렇지만 학교사회사업가들이 이미 현장에 투입되어 활동하고 있으며, 제도적, 재정적 기반이 마련된다면 학교사회사업에 대한 전망은 매우 밝을 것이다.

참고문헌

김주미(2004). 학교사회복지의 이해 및 실천전략. SSWG 2004 워크샵 자료집. 광주대학교 사회복지전문대학원.

아산사회복지사업재단(1997). 아동복지편람.

전재일 · 김상규(1992). 개별사회사업. 형설출판사.

조영승(1998). 청소년육성법론. 교육과학사.

표갑수(2002). 아동청소년복지론. 나남출판사.

한인영 외(1999). 학교와 사회복지. 학문사.

교육인적자원부 www.moe.go.kr

노동부 www.molab.go.kr

문화관광부 www.mct.go.kr

법제처 www.moleg.go.kr

보건복지부 www.mohw.go.kr
통계청 www.nso.go.kr
한국성폭력상담소 www.sisters.or.kr
한국청소년개발원 www.youthnet.re.kr
한국학교사회사업실천가협회 http://kassp.or.kr

제16장 교정복지

1. 교정복지에 대한 이해

1) 교정복지의 개념

교정복지는 사회복지 실천가와 교정분야 종사자 또는 자원봉사자나 일반 시민, 국가가 주체가 되어 범죄인과 우범자의 재범방지와 사회복귀는 물론 관련 환경의 개선을 도모하는 사회적 노력과 활동이다. 이때 그들의 문제, 그리고 유해환경 등을 대상으로 해서 미시적으로는 사회복지실천방법의 개별사회사업(case work), 집단사회사업(group work), 지역사회조직(community organization)과 같은 지식과 기술을 활용하고, 거시적으로는 사회복지정책의 법과 제도적 장치 등을 활용한다. 그동안에는 교정복지가 협의의 개념으로 이해되고 비춰지는 경우가 많았으나, 범죄나 비행과 관련된 환경적 요인과 예방적 측면이 중요해지면서 광의의 개념에 대한 인식이 점차 높아지고 있다(이영희, 1999).

2) 교정복지의 필요성

(1) 범죄문제의 심각성

오늘날 각 나라들은 그 어느 때보다도 다양한 사회문제(실업문제, 인구의 노령화, 생태계 파괴와 환경오염, 가족해체, 빈곤과 식량부족, 범죄문제, 인종차별, 자원의 고갈, 인간성의 상실 등)로 고민하고 있다. 그러나 이러한 사회문제 중에서 국제적으로나 국내적으로 그 심각성이 충분히 인정되고 있지 않는 부분이 바로 범죄문제다.

범죄는 사회 속에 존재하는 암세포와 같아서 무서운 파괴력을 발휘하고 한 번 발생하면 범죄 그 자체와 그로 인한 결과를 완전히 제거하기가 매우 곤란하기에 사회의 지대한 관심이 요구된다. 우리나라도 점점 범죄발생건수가 증가 추이를 보이고 있다. 정부가 더 많은 재정을 투자하여 더 많은 수용시설을 지어 범죄자를 구금하고 재소자를 위해 더 투자한다면 범죄자가 감소되어야 하겠지만, 현실을 보면 우리의 바

〈표 16-1〉 최근 10년간 범죄 발생 현황

제도 / 년도	발생건수	검거건수	검거율(%)	검거인원	총인구(천 명)	인구비
1991	1,230,118	1,130,262	91.9	1,418,168	43,268	2,843
1992	1,241,102	1,135,146	91.5	1,451,942	43,663	2,842
1993	1,356,914	1,298,637	95.7	1,656,113	44,056	3,080
1994	1,373,407	1,246,582	90.8	1,582,428	44,453	3,090
1995	1,399,085	1,269,375	90.7	1,599,930	44,850	3,119
1996	1,494,846	1,358,982	90.9	1,681,321	45,248	3,304
1997	1,588,613	1,452,097	91.4	1,802,720	45,991	3,454
1998	1,765,887	1,632,678	92.5	2,010,814	46,430	3,803
1999	1,732,522	1,651,896	95.3	2,081,797	46,858	3,697
2000	1,867,882	1,664,441	89.1	2,126,258	47,274	3,951
2001	1,985,980	1,763,346	88.8	2,234,283	48,022	4,135
2002	1,977,665	1,826,852	92.4	2,267,557	48,518	4,076

자료 : 법무부(2003).

람과는 정반대로 재범자와 누범자에 의한 범죄비율은 전체 범죄건수의 반을 차지하고 있어 교정효과가 없음을 단편적으로 보여줌으로써 교정복지의 필요성을 각인시키고 있다.

(2) 사회환경의 변화(청소년 비행 및 범죄 증가)

현대사회는 경제의 급속한 발전과 개방화에 편승하여 향락 퇴폐업소 및 폭력, 음란성 매체 증가, 황금만능주의 팽배 등 반사회적인 환경요인이 증가하고 가족의 기능이 매우 약화되었다. 이로 인해 범죄의 원인이 증가하는 등 사회문제가 심각하게 대두되었다. 특히 가출, 약물남용, 성폭행, 청소년 윤락, 청소년 폭력, 미성년자 고용 등 청소년 문제가 심각한 사회적 현안이다(문화관광부, 1998 : 373; 배임호 외, 2001 : 16 재인용).

이러한 청소년 비행 및 범죄 증가의 주요 요인을 살펴보면 다음과 같다.

첫째, 급속한 사회변화의 흐름 속에서 기존의 전통적 가치와 새로운 가치관의 차이에서 오는 세대간의 갈등이 발생되고 우리 사회의 전체적인 혼돈상태의 야기와 정보화 또는 세계화로 인하여 외부로부터 유입된 여러 가지 가치와 생활방식은 경쟁 속에서 뒤떨어지는 사람들이 겪는 새로운 소외현상을 발생시키고 있다. 또한 이들은 자포자기로 이어져 비인간적인 흉악한 범죄를 저지르는 것으로 이어지고 있다.

둘째, 그 어느 때보다도 예민한 청소년들은 사회변화의 긍정적 영향보다는 부정적 영향에 쉽게 노출되는 현상에 대해서 심리적 · 정신적으로 쉽게 상처받을 수 있지만(vulnerable), 이들을 보호하거나 지원할만한 별다른 사회적 제도나 장치가 미비하여 여러 가지 반사회적인 환경요인에 순응함으로써 사회문제의 제공자로 낙인되게 되는 것이다.

셋째, 우리 사회의 급격한 변화로 가정의 전통적 윤리의식의 변화, 핵가족화에 의한 역기능 증가, 여성의 사회활동 증가 등으로 부부간의 갈등과 가정의 불화로 이혼율이 급속히 높아지고 있고 전통적인 가족 내의 문제는 가족 내에서 스스로 해결하려고 하던 것과는 달리 국가적 또는 법정과 같은 공공기제(fomal mechanism)를 통하여 해결하려고 하는 것이 증가하는 것도 최근 두드러지게 나타나는 현상이다. 이들 청소년을 비롯하여 범법자들에 대한 현행 형벌제도의 대표적인 형태는 구금형이며 이 구금형을 통하여 범죄자를 처벌한다. 이 처벌이라는 것은 한 개인이 범법하였기 때문에 이에 대한 대가로서 고통과 불쾌감을 부과하는 것이다. 범죄자에게 부과되는 고통이라는 것은 가정과 사회로부터 격리하는 것이다.

사회의 보호라는 명분에서 범죄자를 사회로부터 격리시키는 것이 불가피하다고 하겠지만, 격리 자체는 범죄자를 사회에 재통합시키고자 하는 교정의 궁극적 목적과는 상반되는 것이다. 교도소 생활은 낮은 자신의 가치를 더욱 낮게 할 것이며, 범죄행위의 되풀이가 될 것이다.

이에 교정복지는 범죄자와 범죄의 원인, 그의 가족 등 주위 환경을 살펴봄으로써 인간에 대한 서비스를 제공하고 그의 범죄행위를 근절시키는 역할을 할 수 있다(배임호 외, 2001 : 16-26). 또한 사회적으로는 재소자들이나 비행청소년의 재범방지와 재활을 도움으로써 상습적인 범죄가 줄어들고, 사회안정에 기여하는 면에서 교정복지의 의의가 있는 것이다(Byrne, 1990 : 23-27).

3) 교정복지의 종류와 기능

(1) 교정복지의 종류

① 시설 내 처우제도

구금제도, 순회점검 시찰 참관 권리구제제도, 수용, 계호, 접견과 서신, 급여, 위생과 의료, 교육과 교회, 교도작업과 직업훈련, 영치, 수형자의 분류와 처우, 상우 및 징벌, 가석방제도, 석방, 사형집행 및 사망, 미결수용 등 교도소, 소년원 감호소와 같은 교정시설에 수용한 후에 교정 · 처우하는 것을 의미한다. 그러나 범죄인을 이 같은 시설에서 개선, 교정하는 데에는 한계가 있으며 오히려 교도소가 범죄인의 양성소로 전락했다는 비판이 계속되고 있다.

② 중간 처우제도

개방처우제도, 귀휴제도, 외부통근제도, 주말구금제도, 가족접견제도(부부접견제도), 중간처우의 집제도 등이 있다.

③ 시설 외 처우제도

시설에 수용하지 않고 사회 내에서 지도 · 감독 및 보도후원의 방법으로 교정 · 처우하는 것을 의미한다. 즉, 일정 기간 동안 감독관이 생활을 감독하고 필요한 도움을 제공함으로써 정상인으로 사회에 복귀시키는 것이다.

시설 외 교정의 예로는 보호관찰제도, 형사시설과 사회의 중간시설 운영, 그룹홈, 시설외부로의 통근, 통학제도, 사회봉사명령등이 있는데 우리나라에서는 소년법에서 보호관찰제도 및 사회봉사명령제도를 도입하고 있다.

(2) 교정복지의 기능

교정복지의 주요한 기능은 대체적으로 다음과 같이 요약할 수 있다.

첫째, 범죄인 및 비행청소년의 적응을 돕는 기능이다. 일반적으로 범죄인이나 비행청소년의 재활은 우선 수용시설 또는 지역사회 내에서 안정된 생활을 영위할 수 있어야 하는 데 중점을 두고 있다.

둘째, 범죄인의 특정질병이나 장애의 치료에 대한 협력을 제공하는 기능을 갖는다. 오늘날 비행청소년 및 범죄인의 특성이 더욱 다양해지면서 알코올중독, 약물중독, 후천성면역결핍증, 기타 정신질환 등으로 어려움을 겪고 있는 이들이 늘어나고 있는데, 이들의 재화에 교정복지 전문가가 개입하여 이들의 치료를 직접 혹은 간접적으로 돕는 기능을 하게 된다.

셋째, 보호관찰과의 협력기능을 들 수 있다. 보호관찰제도가 발달한 나라들의 경우, 관련 전문가로서 사회복지사가 대부분 활약하고 있다.

즉, 교정복지분야에 있어 보호관찰은 무엇보다 핵심부문이라 할 수 있을 정도로 양자는 밀접한 관련을 맺고 있으며, 교정복지의 기술과 접근방식이 보호관찰제도에 크게 기여하고 있다. 그리하여 사회복지사는 보호관찰을 받는 범죄인 및 비행청소년의 바람직한 적응을 위해 보호관찰기관과 협력하는 기능을 수행하게 된다.

넷째, 범죄인 가족에 대한 원조기능을 들 수 있다. 상당수 재소자 및 비행청소년들과 그들의 가족간의 관계는 갈등적이며, 가정의 경제수준이 낮은 것으로 보고되고 있다. 또한 이들 가정의 가족은 친인척을 포함한 지역사회로부터 범죄인 가족이라는 낙인을 받고 있는 경우가 많다. 이러한 범죄인 가정과 주변인의 실상을 고려해볼 때, 주변인들이 범죄인을 보다 올바르게 이해하고 포용할 수 있는 환경조성이 절실하다고 하겠다(박경일 외, 2002 : 342-343).

4) 교정복지의 기본원리

첫째, 인도주의를 들 수 있다. 절대적 인과응보사상에 따른 비인도적 행형에 대한 반성을 촉구하고 고통증대의 금지, 구금기간의 활용, 개선수단의 개별화, 사형폐지, 고문의 금지 등 인간성의 존중과 인권의 보장을 제창한다.

둘째, 과학주의로 범죄의 원인, 범죄자에 대한 과학적 분석 및 분류, 인격조사, 교정처우, 사회복귀를 기본구조로 삼고 처우의 과학화 · 개별화를 중요시하는 원리다.

셋째, 교정의 사회화 원리가 있다. 사회에 복귀하여 잘 적응하려면 부자연스러운 환경 속에 고립시키기보다는 사회와 상호작용하게 해야 한다. 사회생활을 영위할 자유와 기능을 주어 자신에 관한 사항은 스스로 처리하게 한다. 개방교도소의 설치, 개방처우의 추진 등 구체적인 방안을 통해 수형자의 책임감에 대한 신뢰와 자율을 보장해야 한다.

5) 교정민영화와 민간 참여

(1) 교정민영화

최근에 교정행정은 급변하는 우리 사회의 시대상황에 발맞춰 재통합적 교정정책으로의 전환, 폐쇄된 교정시설의 민간개방, 사회 내 처우제도의 도입 등 다양하고 혁신적인 변화를 추구하고 있다. 그 일환으로 추진되는 교정의 민영화는 민간의 참여와 경쟁원리의 도입을 통해 궁극적으로 공공의 이익을 보호해야 한다는 철학적 관점을 토대로 하고 있다. 현재 교정의 민영화 추세는 일종의 유행처럼 영미법계를 중심으로 확산되고 있으며, 그동안 무관심했던 대륙법계 일부 국가에서도 적극적 관심을 보이는 추세다. 이러한 교정민영화의 효율성에 대한 연구들은 교정서비스의 질, 비용효과 측면의 경제성, 재범률 등의 교정효과에 주안점을 두고 있다.

교정의 민영화가 국가운영의 교정보다는 운영비용, 서비스의 질, 출소자의 재범률 등에서 다소간 경쟁적 우위를 점하고 있다고 알려져 있으나, 현재까지 교정민영화의 효율성에 대한 찬반론의 경험적 연구결과들만으로는 어떠한 일반적인 평가를 도출하기에는 어렵다 할 것이다. 이러함에도 교정의 민영화가 주는 효용은 21세기 교정에 있어서도 주요한 관심사로 남을 것이다(이윤호, 2002 : 631).

(2) 민간 참여의 문제

최근 교정복지사업에서는 민간참여론이 대두되고 있으며 민간참여의 이론적 · 사회적 배경에는 다음과 같은 내용이 작용하고 있는 것으로 보인다.

첫째, 범죄예방과 대책의 수립 · 집행에 있어서 지역사회의 개입이 국가에 의존하는 것보다 바람직한 결과를 가져올 것이라는 기대가 작용하고 있다. 범죄예방 및 대책은 국가기관의 책임일 뿐만 아니라 지역사회전체의 책임이기도 한 것이다. 지역사회가 범죄예방을 위해 능동적이고 적극적인 역할을 수행해야 한다.

둘째, 다소 경제적 · 재정적인 관점에서 민간참여의 필요성과 합리성을 역설하는 견해가 대두되고 있다. 선진 자본주의 체제가 구조적 불황으로 인해 복지예산을 감축하고 긴축재정을 운영해야 하는 상황에서, 사회복지 및 서비스 부문에 있어서 국가역할이 상대적으로 감소되는데 반비례하여, 민간부문의 자원을 동원하고 활용할 필요성이 커져간 것이다.

셋째, 사회복지적 견지에서 민간참여를 통해 수요자의 구체적인 필요에 적응하여 보다 양질의 서비스를 제공할 수 있을 것이라는 기대가 저변에 자리잡고 있다. 국가운영의 어떤 교정시설도 재소자의 다양한 필요와 욕구에 전문적으로 대응하기란 거의 불가능하다. 또 전문적인 식견과 경험을 가진 전문가도 매우 부족한 실정이다. 따라서 국가조직은 관련 민간조직과 협력을 강화해 가야 할 것이다.

마지막으로 이러한 민간참여의 강조는 참여민주주의의 활성화를 위한 불가결한 요소 가운데 하나로 간주될 수 있다. 종래 교도소는 바깥사회와 단절된 일종의 고도(孤島)이며, 그 속에서 수형자는 특별권력관계에 편입되었다. 이같은 여건에서 행형 실제에 관한 정보를 얻기 어려웠고, 수형자들은 바깥사회의 일반 시민들과 의미있는 접촉을 유지하기 어려웠다. 정보의 차단과 접근의 곤란으로 인해 행형의 영역에서는 어떤 방해와 간섭을 받음이 없이 자의적이고 전제적인 권력행사가 가능하게 된 것이다. 행형영역에서 민간인 참여는 이러한 교도소와 사회와의 사이에 두텁게 깔려있는 장막을 걷어내고, 교정행정에 대한 민간인들의 접근 가능성(accessibility)를 높이는 데 기여한다(이윤호, 2000 : 633).

2. 교정복지의 실천

1) 교정복지시설의 주요내용

〈표 16-2〉 교정복지시설의 주요활동과 내용

구분	주요시설	활동 및 서비스
수용시설	교도소(구치소)	형의 유무에 따라 교정시설에 기결(미결)수용자를 수용, 성별, 연령별, 죄의 경중, 기능별로 분류 수용
	보호감호소	재범의 위험이 있는 자에 대해 특수한 교육, 개선 및 치료가 필요한 경우, 수용 및 교정
	특수교도소	약물, 알코올남용, 나환자 등 특수 처우가 필요한 대상을 수용
보호시설	보호관찰소	교정시설에 수용하지 않고 일상 사회생활을 영위하면서 재범에 빠지지 않도록 대상자를 지도, 감독하고 원호하는 사회 내 처우(상담, 취업알선, 학교복귀, 환경개선 등) – 사회봉사명령 : 지정시간에 무보수로 근로에 종사함으로써 죄를 반성하고 지역사회에 봉사하도록 하는 형사재제
	소년원	가정법원소년부에 송치된 비행소년들을 보호, 수용하여 교정교육을 하는 특수교육기관(학교교육, 직업훈련, 심성순화, 심신의 보호, 지도 등)
	소년분류심사원	범죄소년에 대한 분류심사를 실시하여 법원 소년부에 자료제공, 교정처우 지침 제시, 사후지도 권고 등
	치료감호소	범죄를 저지른 장애인 및 약물중독자의 재활을 위한 보호와 서비스
민간시설	갱생보호기관(한국갱생보호공단)	집행유예나 선고유예자, 가석방 처분이나 출소자를 대상으로 정신적, 물질적 원조 제공, 건전한 사회복귀와 재적응 도모
	소년보호시설	소년법원에서 4호 처분을 받은 소년들을 아동복지시설 또는 소년보호시설 등에 위탁하여 감호, 학업 및 직업교육 제공
	종교, 사회기관 및 시설, 지역사회복지관 및 복지시설	다양한 교정기관 시설로부터 서비스 대상자를 위탁받음

자료 : 박종삼 외(2002). 464-466.

(1) 소년경찰

종래에는 범죄소년을 성인범죄와 같이 수사경찰이 다루고 촉법소년과 우범소년을 소년경찰이 다루어 왔으나, 1986년 7월부터 소년범죄를 소년경찰이 전담하도록 소년수사전담반을 설치하고 처리절차도 일원화하였다. 외국에서는 전문사회사업가를 소년경찰로 채용하여 소년비행관련 업무를 보다 전문화하고 있다.

(2) 선도조건부 기소유예제도

기소유예를 결정함에 있어서 계속 선도할 필요가 있다고 판단되는 범법소년에 대해 법무부 장관의 위촉을 받은 민간소년선도위원의 선도를 조건으로 기소유예를 결정하는 제도다. 즉, 개선 가능성이 보이는 소년에 대해 교도소나 소년원에 수용하여 전과자라는 낙인을 찍는 것보다 사회 내에서 선도위원에게 맡겨 선도 · 보호하는 것이 바람직하다고 판단하여 이 제도를 시행하는 것이다.

(3) 보호관찰

심각한 폭력성 범죄를 제외한 초범에 대해 교정시설이나 소년원에 가게 하는 최종판단이나 형집행을 연기하고 보호관찰관의 지도나 감독하에서 일정 기간 지역사회에서 정상적인 삶을 살게 하고 재적응하게 하는 제도다.

이것은 범죄인에 대한 적극적, 개별적인 사회 내 처우방법이고 형벌의 유예를 전제로 하여 행해지며, 대상자에 대한 감독과 원조를 그 내용으로 한다. 이 제도는 범죄자의 교화개선과 사회복귀를 통해 재범을 방지하고 사회를 범죄로부터 보호하며 범죄를 미연에 방지할 수 있다는 장점을 가진다.

(4) 소년법원

소년법원은 경찰, 검찰, 법원으로부터 보내온 소년사건에 대해 비행원인을 조사 · 심리하여 최적의 보호처분을 행하는 재판기관이다. 소년법원의 판사는 검찰로부터 송부된 사건기록과 조사관의 조사의견을 종합하여 심리개시 여부를 결정하고 심리개시한 사건의 심리도 비공개로 진행한다. 외국에서는 사회사업가가 소년법원에 채용되어 조사관의 역할을 통해 판사를 조력하고 비공개로 진행되는 심리에도 참석하여 범죄소년의 입장을 대변하는 역할도 한다. 그러나 우리나라에는 아직 이 제도가 정착되지 못하고 있다.

(5) 소년분류심사원

소년법 및 소년원법에 따라 법원 소년부로부터 위탁된 소년을 수용하여 그 자질을 분류심사하는 국가기관이다. 소년분류심사원은 분류심사 결과를 법원소년부에 참고자료로 제공하고, 사회에 복귀하는 소년에 대해서는 가정지도의 자료로 활용토록 하며, 재비행 방지에 힘쓴다. 그 외에 외래분류 심사제도를 두고 가정, 부모, 학교 등에서 요청이 있을 경우 분류심사 진단을 실시하여 가정지도의 자료를 제공하고 있다.

(6) 소년원

소년법 및 소년원법에 따라 송치된 소년을 수용하여 교정교육을 행하는 국가기관이다. 소년원의 교정교육은 엄격한 규율 밑에서 국민으로서의 기초적 교육훈련과 의료, 직업훈련 등을 통하여 보호소년이 사회생활에 원만하게 적응하고 전인적으로 성장 · 발달할 수 있도록 하는 것을 목적으로 한다.

(7) 갱생보호제도

범죄자의 재범을 방지하고 자활독립의 경제적 기반을 조성하려는 목적을 가지는 것으로서 범죄자가 자립·갱생하여 건전한 사회인으로 복귀할 수 있도록 취업알선, 물질적 자원제공 등의 자립기반을 마련해주는 것이다.

(8) 중간시설

최근에는 석방된 자와 비행청소년의 재활을 돕기 위한 중간시설이 발달하고 있다. 즉, 슬럼지역이나 재범을 하게 할 가능성이 있는 환경에서 사는 경우나 혹은 가족이 없는 사람들에게 적합한 직업과 개인적 거처를 발견할 때까지 머무르게 하는 시설이다(박종삼 외, 2002 : 464-466).

2) 교정사회복지의 주요내용

교정복지실천현장에서 범죄인과 비행청소년을 위해 교정사회복지사가 이 분야의 전문가로서 해야 할 과업을 구체적으로 살펴보고자 한다(최옥채, 2003 : 73-77).

(1) 범죄인 및 비행청소년의 적응을 위한 도움

범죄인과 비행청소년의 재활은 먼저 수용시설 내에서 이들이 안정된 생활을 할 수 있어야 한다는 데 중점을 두어야 한다. 범죄인의 재활을 위한 초점은 범죄의 유형과 그들의 형편에 따라 달라질 수 있겠으나 범죄인은 언제나 변화가 가능하다는 점을 감안한다면 범죄의 원인이나 재범방지와 같은 즉각적인 접근보다는 인간으로서 먼저 그들의 생활이 안정되어야 한다는 것이다. 수용시설 안에서 재소자 및 비행청소년의 적응은 크게 다음의 세 가지 원칙에서 볼 수 있다. 이 세 가지는 함께 상호보완적이어서 순환적으로 잘 이루어져야 피수용자의 생활이 안정될 수 있을 것이다.

① 시설 내에서의 작업 및 기타 활동

특별한 경우를 빼고 모든 피수용자는 수용시설 안에서 작업에 임하게 되어 있다. 각 작업장의 배치는 그들의 특성에 따라 알맞게 이루어져야 하기 때문에 분류심사과에서 주로 하고 있다. 이에 교정사업가가 개입하여 재소자가 자신에게 적합한 직업을 선택할 수 있도록 협력하여야 한다. 나아가 이들이 각 작업현장에서의 작업활동에 생산적으로 임할 수 있도록 도와야 한다.

② 동료간의 관계

재소자가 교정시설에서 늘 관계하는 상대는 동료재소자와 교도관이다. 이들과의 관계가 긍정적이고 건설적으로 형성되지 않는다면 재소자의 재활에 큰 장애가 될 것이다. 특히 동료재소자와의 관계는 서로를 이해할 수 있는 가장 가까운 상대라 할 수 있기 때문에 이 점을 자신들의 재활에 최대로 활용할 수 있어야 한다. 이렇게 재소자들로 하여금 생산적인 상호간의 인간관계를 유지할 수 있도록 교정사회사업가는 전문프로그램을 통해 도울 수 있다.

③ 실무자와의 관계

교정현장의 실무자와 피수용자의 관계가 지배자와 지배받는 자, 있는 자와 없는 자, 아는 자와 모르는 자의 관계를 벗어나 상호협력자 혹은 동반자와 같이 더불어 사는 관계형성은 양자의 공동노력에 의하여 가능한 것이며, 교정사회사업가는 바로 이들의 긍정적이고 생산적인 관계를 위하여 개입해야 한다.

(2) 범죄인의 특정질병에 대한 치료

비행청소년 및 범죄인의 특성이 날로 다양해지면서 알코올중독, 약물중독, 후천성면역결핍증, 기타 정신질환 등으로 어려움을 겪고 있는 이들의 재활에 교정사회사업가가 개입하여 이들의 치료를 위해 직접 혹은 간접으로 도울 수 있다. 특히 알코올중독이나 약물중독은 정신질환의 일종으로 간주하여 치료하고 있는 실정이므로 이들을 범죄인으로서 교정할 것이 아니라 정신질환자로서 접근해야 한다.

한편 우리나라에서도 앞으로는 교정시설에서 에이즈를 앓는 재소자가 예상되는 바, 이들을 대할 수 있는 전문인력이 요구되며, 이렇게 불치의 질병에 걸려있는 재소자들로 하여금 스스로 대처할 수 있는 능력을 키울 수 있도록 교정사회사업가가 개입해야 한다.

(3) 보호관찰업무에의 협력

보호관찰제도의 역사가 깊고 비구금제도가 발달한 나라에서는 전문가로서 사회사업가가 개입하고 있다. 특히 보호관찰제도에서는 사회사업학을 전공한 자가 거의 보호관찰관으로 활동하고 있다. 사실 교정사회사업에서 보호관찰은 꽃이라고 할 수 있을 정도로 어느 부분보다 사회사업학과 밀접한 관계를 맺고 있다.

(4) 비행청소년과 범죄인 가족을 위한 도움

수용시설 내에 있는 대부분의 재소자 및 비행청소년들과 그들의 가족과의 관계가 갈등적인 것으로 나타나고 있다. 나아가 특별한 재소자 혹은 비행청소년을 제외하고는 대부분 가난으로 가정형편이 매우 어렵다. 그리고 이들 가정의 가족은 친인척을 포함하여 지역사회의 주변인들로부터 낙인받고 있는 실정이다. 이러한 범죄인 가정과 주변인의 실상을 고려하면 이들 가족이나 주변인이 범죄인을 올바르게 이해하고 나아가 수용할 수 있는 환경이 절실히 요구된다고 하겠다.

(5) 교정복지를 위한 자원봉사자 조직 및 교육

교정당국은 교정현장에 자원봉사인력을 대폭적으로 확장해야 할 것이다. 재소자의 교정 · 교화를 위하여 자원봉사자를 대거 참여시키는 데에는 크게 두 가지 이유가 있다. 첫째, 부족한 자원을 지역사회로부터 제공받는다는 점이며, 둘째, 지역사회의 인력이 교정현장에 참여함으로써 지역사회가 범죄인과 비행청소년을 이해하고 함께 할 수 있는 기회가 주어진다는 점이다.

또한 자원봉사자는 전문적으로 교육된 자들로 성실히 과업을 수행할 수 있어야 한다. 이들의 인력을 조직하고 교육하는 일은 곧 교정사회복지사의 일이다.

(6) 교정제도 개선에 기여

교정사회복지사는 자신이 맡은 클라이언트의 재활에 일차적으로 관심을 가져야 하겠으나 이 일 역시 교정제도라는 틀에 의해 좌우될 수밖에 없다. 그러므로 교정사회복지사는 교정제도가 적법하게 만들어질 수 있도록 이의 개선에 기여해야 한다.

3) 교정사회복지사의 주요역할

교정사회복지사를 규정하는 제도는 아직 없지만, 다만 현재 실천하고 있는 교정관련 사회복지사의 과업과 앞으로 가능한 부분을 예상하면서 교정사회복지사의 역할에 대해 살펴보기로 하겠다(최옥채, 2003 : 63-67).

(1) 상담 · 치료자 역할

교정사회복지사는 수용시설에 갇혀있는 재소자나 소년원생들에게는 이들의 평안한 생활을 위해 요구될 수 있는 제반 사항에 대해 상담할 수 있다. 이러한 상담가의 역할은 현재 교정시설에서 이루어지고 있는 것과 같은 무분별하거나 비자발적인 만남을 지양한다. 또한 이 역할은 상담가나 재소자 어느 한편의 일방적인 욕구에 의하여 이루어지기보다는 상담의 원칙을 지키면서 규칙적으로 진행되는 전문적인 상담이어야 한다.

(2) 중재자의 역할

수용시설의 동료 피수용자간의 관계와 이들과 실무자간의 관계를 생산적으로 하기 위하여 교정사회복지사는 중재자의 역할을 할 수 있다. 나아가 수용시설 밖에 있는 피수용자 가족과의 갈등관계를 풀어주는 데 중재자로서 중요한 역할을 할 수 있다.

(3) 안내자 역할

교정시설 내에 있는 재소자뿐만 아니라 지역사회의 비행청소년들은 누구보다도 정보에 어둡고 그래서 갖가지 정보를 간절히 원하고 있는 것이 사실이다. 이들의 이러한 욕구를 감안하여 교정사회복지사는 이들에게 유용한 정보를 신속히 전해줄 수 있다. 이와 함께 재소자나 비행청소년들이 앞으로 나가야 할 방향에 대해서도 여러 가지의 대안을 제시해주는 것이 안내자의 중요한 역할이라 할 수 있다.

(4) 교육자 역할

비행청소년을 포함한 범죄인의 재활은 결국 자신들의 깨달음(마음의 변화, 변화의 동기)이라고 할 수 있다. 이들은 마음의 변화를 위한 방법이나 지식이 부족한 경우가 많다. 마음의 변화가 쉽게 이루어질 수 있도록 동기를 부여해주는 것이 바로 교육자의 역할이다.

(5) 변호자의 역할

대체로 비행청소년과 범죄인들은 자신의 권리를 자유롭게 주장할 수 없는 처지에 놓여 있다. 이는 그들 자신의 능력부족 혹은 사회의 일탈자라는 주변의 낙인에서 올 수도 있다. 특히 교정사회복지사는 비행청소년과 범죄인의 가족에게도 이들이 인간적인 대우를 받을 수 있도록 관계기관과 관계인들에게 이들의 사정을 대변하는 역할을 수행해야 한다.

(6) 개혁가의 역할

교정복지실천현장에서 실무가 원칙적으로 이루어지기 위해서는 현재 우리의 상황이 대대적으로 변화해야 한다. 이에 교정정책의 변화를 주요 쟁점으로 꼽을 수 있다. 이의 변화와 발전을 위해 교정사회복지사는 여러 전략을 구사하여 당국에 적절히 대응하는 역할이 필요하다.

3. 교정복지의 전망과 발전과제

1) 교정복지의 전망

(1) 범죄에 대한 사회적인 관심의 확대

예전에는 범죄의 대표적인 원인을 단순히 가난으로만 보았는데 요즘에는 가난과 함께 갈등관계가 많이 지적되고 있다. 특히 사회적으로 문제가 되고 있는 가족간의 갈등으로 인한 범죄는 앞으로 더욱 심화하여 나타날 것으로 보이며, 이에 합당한 대처방안이 요구되고 있다. 어쨌든 범죄의 지속적인 증가와 범죄양상의 비인간화로 사회가 지금까지 외면하거나 감추려고 했던 경향이 이를 직시하려는 쪽으로 변해가고 있는 추세이다. 특히 범죄의 예방이나 범죄인의 재활은 사회의 관심이 없이는 불가능하므로 범죄에 대한 사회적인 관심도는 더욱 높아질 것으로 예상된다.

(2) 교정현장의 개방

범죄에 대한 사회의 관심이 높아지면 높아질수록 교정현장은 개방적으로 변해야 한다. 다시 말하면 교정먼저 스스로 개방하려고 노력해야 한다. 당위성으로는 ① 교정당국의 힘만으로는 범죄인의 재활이 불가능하다는 점과, ② 교정당국이 사회로부터 교정현장의 개방을 압박받게 될 것이며, ③ 보다 과학적인 교정사업이 전문가에 의하여 연구되고 있다는 점 등을 들 수 있겠다.

(3) 전문인력의 요구

범죄인의 재활은 다각적인 접근이 필요하다. 예전의 강압적이고 단편적인 접근에서 탈피하여 보다 과학적인 방안으로서 팀접근이 필요하다는 것을 교정현장에서도 인정해야 한다. 이때 각 분야에서의 전문인력이 요구되는데, 특히 정신의학, 교정학, 사회복지학과 같은 분야의 전문가를 들 수 있겠다.

(4) 교정당국-지역사회-연구기관과의 적극적인 협력 요구

범죄인 및 비행청소년을 위한 재활의 과학화가 요구된다. 이때 교정당국과 지역사회 그리고 연구기관과의 상호협력이 중시되어야 한다. 지금까지 교정현장에서 필요로 하는 대안이나 기술들이 얼마나 적합하게 활용되어 왔는가 하는데 의문을 갖지 않을 수 없다. 아무리 연구가 잘 되어도 이를 현장에서 적용할 수 없다면 무용지물에 불과한 것이고 지역사회의 절대적인 참여가 없는 교정의 활성화는 기대하기 어렵다. 이런 측면에서 효과적인 교정사업은 반드시 제3자의 성실하고 적극적인 협력이 있어야 할 것이다.

2) 교정복지의 발전과제

앞으로 21세기의 교정은 단순히 처벌로 끝나는 교정정책에서 벗어나 범죄를 복지차원에서 처우해야 함을 강하게 인식하면서 다음과 같은 발전과제를 제시해본다.

첫째, 전문인력의 양성과 자질향상이 요청된다. 특히 교정 관계인의 전문화가 필수적으로 요구되며, 전문적 프로그램을 수행할 수 있는 사회복지 인력의 선발과 기존 인력의 계속적인 재교육이 이루어져야 할 것이다.

둘째, 교정시설의 개방화와 중간시설의 활성화가 이루어져야 할 것이다. 1960년대 이후 선진국을 중심으로 교정 분야에 있어서 탈시설화와 지역사회 중심의 교정활동이 계속 강조되어 오고 있다(Waegel, 1989; 박경일, 2001 : 350-352 재인용). 이런 측면에서 청소년의 경우 외부와 차단된 시설에서의 생활은 심리적 지체와 사회적 지체의 영향이 매우 커서 사회복귀와 재활에 악영향을 미칠 가능성이 높다. 따라서 교정시설들은 야간수용제, 휴일수용제, 가족과 만나는 날(외출, 외박) 등의 제도를 확대하여야 하며, 또한 집단가정(group home)이나 중간시설(half-way house) 등을 활성화하여야 할 것이다.

셋째, 교정 분야의 전문적 자원봉사활동이 더욱 활성화되어야 할 것이다. 앞으로 전문적인 자원봉사가 더욱 필요해지는 상황에서, 교정 분야의 자원봉사자들은 보다 통합화된 체계와 조직 및 운영을 통해 활동을 전개해나가야 할 것이며, 공적인 교정기관에 단순히 예속되어 수동적인 활동을 펼치는 것이 아니라 교정 분야의 전문 자원봉사자로서 적합한 교육 및 훈련을 이수하도록 해야 할 것이다.

넷째, 사회적 연계망의 활용이 요청된다. 비행청소년의 경우, 그들의 행동 중 대부분은 부모나 가족과의 상호작용의 결과이며, 가정환경이나 학교환경 등에 많은 영향을 받게 된다(류기형 · 박경일, 1990). 현재 청소년 교정기관에서는 청소년 당사자 중심의 프로그램을 대다수 운영하고 있으나, 부모와 학교와 연계된 프로그램은 부족한 실정이다. 따라서 비행청소년에 대한 교정복지의 실천활동이 가정과 학교에 보다 많이 개입될 수 있는 프로그램의 개발이 요청되며, 이 외에도 사회복지기관을 비롯한 종교단체 및 자원봉사단체들이 재소자들과 연결함으로써 재소자들의 사회복귀와 재적응이 용이해질 수 있도록 사회적 연계망을 활용해야 할 것이다.

다섯째, 교정관련 연구의 활성화와 다양한 프로그램의 개발이 시급히 요청된다. 사회적으로 범죄행위가 존속되는 한 교정 분야는 끊임없이 연구 · 개발되고 다양한 프로그램이 적용되어야 하는 필요성을 내포하고 있다. 따라서 이 분야의 연구지원과 교육현장에서의 관심이 증대되어야 하며, 교정기관과 사회복지기관 및 대학간의 연계를 통하여 다양한 교정복지프로그램이 개발되어야 할 것이다(박경일, 2001 : 350-352).

여섯째, 교정현장에의 교정사회복지사의 활동을 위한 제도가 개선되어야 한다. 즉, 사회복지학을 전공한 전문인력이 교정현장에 근무할 수 있도록 개선되어야 한다.

일곱째, 교정복지에 대한 교육 및 연구의 활성화가 요청된다.

여덟째, 교정복지에 대한 시민에의 홍보가 이루어져야 한다. 교정발전을 위하여 시민의 참여가 요구되는 바 교정당국에서 내걸었던 교정의 사회화가 행동으로 옮겨져 시민이 참여할 수 있도록 유도해야 한다(최옥채, 2003 : 78-79).

참고문헌

공정식(1997). 범죄인의 수형적응 태도에 관한 연구. **법무연구 제24호**. 법제연구원.

류기형 · 박경일(1998). **자원봉사론**. 양서원.

박경일 외(2001). **사회복지학강의**. 양서원.

박상하 외(2003). **사회복지개론**. 양서원.

박종삼(2002). **사회복지학개론**. 학지사.

배임호(1996). 소년보호관찰 프로그램의 효과적 운영방안에 관한 연구. **교정연구 제6호**. 245-278. 한국교정학회.

배임호(1997). 범죄피해자의 형벌에 관한 조사-미국과 뉴질랜드를 중심으로 **교정연구 제9호**. 261-277. 한국교정학회.

배임호 외(2001). **교정복지론**. 양서원.

법무부(2003). **범죄백서**.

이영희(1999). **교정복지의 이론과 실제**. 홍익출판사.

이영희(2000). **형사정책**. 박문각.

이윤호(2001). **사회복지관에서의 교정복지 활성화 방안**. 한국복지재단.

최옥채(2003). 교정복지론(제4판). 학지사.
표갑수(2002). 사회복지개론. 나남출판.
한인섭(1997). 교정교화분야의 민간참여에 관한 연구. 형사정책연구원.

Bowker, L. H. (1982). *Corrections : The Science and the Art.* New York: Macmillan Publishing Co.
Byrne, J. M. (1990). The Future of Intensive Probation Supervision and New Intermediate Sanctions. *Crime & Delinquency. 36*(1). Sage Pub.

찾아보기

인명

내용

✲ 저자소개 ✲

서 윤

일본 불교대학 대학원 사회복지학과 박사
현재 : 원광대학교 사회복지학전공 교수
한국노인복지학회 이사

강병연

원광대학교 대학원 사회복지학과 박사 수료
현재 : 광주대학교 사회복지학부 겸임교수
사단법인 무등청소년회 이사장

박연희

원광대학교 대학원 사회복지학과 박사 수료
현재 : 성화대학 사회복지학과 교수
전남 장애인협회 이사

서강훈

원광대학교 대학원 사회복지학과 박사 수료
현재 : 동강대학 사회복지행정학과 겸임교수
영광노인의 전화 사무국장

심미연

원광대학교 대학원 사회복지학과 박사 수료
익산시 정신보건센타 사회복지사 역임
현재 : 원광대학교 사회복지학전공 강사

오복희

원광대학교 대학원 사회복지학과 박사 수료
현재 : 우석대학교 아동복지학부 겸임교수
사회복지법인 아람어린이집 대표

유명원

원광대학교 대학원 사회복지학과 박사 수료
현재 : 원광대학교 사회복지학전공 강사
익산시 부송가정봉사원파견센터 소장

이원식

일본 불교대학 대학원 사회복지학과 박사
현재 : 금강대학교 사회복지학과 교수

사회복지학의 이해

2005년 3월 5일 1판 1쇄 발행
2008년 1월 20일 1판 5쇄 발행

지은이 • 서 윤 外
펴낸이 • 김 진 환
펴낸곳 • **학지사**

121-837 서울시 마포구 서교동 352-29 마인드월드빌딩 5층
전 화 • 326-1500(대) / 팩스 324-2345
등 록 • 1992년 2월 19일 제2-1329호
http://www.hakjisa.co.kr

ISBN 978-89-5891-090-9 93330

정가 13,000원